Frank Schöpp & Sylvia Thiele (edd.)

Kultursprache Italienisch –
eine Standortbestimmung

Italienischdidaktik im Dialog (IDD)

Herausgegeben von Frank Schöpp & Sylvia Thiele

1   *Frank Schöpp & Sylvia Thiele (edd.)*
    Kultursprache Italienisch – eine Standortbestimmung
    ISBN 978-3-8382-1358-3

Frank Schöpp & Sylvia Thiele (edd.)

KULTURSPRACHE ITALIENISCH
–
EINE STANDORTBESTIMMUNG

ibidem
Verlag

Bibliografische Information der Deutschen Nationalbibliothek

Die Deutsche Nationalbibliothek verzeichnet diese Publikation in der Deutschen Nationalbibliografie; detaillierte bibliografische Daten sind im Internet über http://dnb.d-nb.de abrufbar.

Bibliographic information published by the Deutsche Nationalbibliothek

Die Deutsche Nationalbibliothek lists this publication in the Deutsche Nationalbibliografie; detailed bibliographic data are available in the Internet at http://dnb.d-nb.de.

ISBN-13: 978-3-8382-1358-3

© *ibidem*-Verlag, Stuttgart 2020

Alle Rechte vorbehalten

Vorwort der Herausgeber

Die Schriftenreihe *Italienischdidaktik im Dialog* (IDD) möchte eine Plattform für Publikationen zum Italienischen als Fremdsprache bieten, da es in Deutschland bisher keine Fachzeitschrift gibt, die sich ausschließlich dem Erlernen des Italienischen als Fremdsprache widmet. Alle am Italienischunterricht Interessierten und Beteiligten, also Studierende, Referendarinnen und Referendare, Lehrkräfte, Ausbilderinnen und Ausbilder der 2. Phase der Lehrerbildung und Lehrende an Hochschulen, müssen in der Regel bei der Suche nach Fachliteratur mit viel Aufwand Beiträge von den verschiedensten Publikationsmedien und -orten zusammentragen. IDD kann diese Recherche erleichtern.

In der Reihe sollen Tagungsbände, Sammelbände und Monographien zum Italienischunterricht sowie zur italienischen Sprache, Literatur und Kultur erscheinen können. Der durch die Reihe intendierte Dialog kann der engeren Vernetzung der ersten und zweiten Phase der Lehrerausbildung ebenso dienen wie dem Austausch zwischen universitärer Fachdidaktik und den Lehrkräften an den verschiedenen Schulformen. In Bezug auf die Lernendenzahlen an allgemeinbildenden Schulen und Universitäten liegt das Italienische zwar hinter seinen romanischen Schwestersprachen Französisch und Spanisch, als eine der bedeutendsten Kultursprachen Europas verdient es jedoch nachhaltige Unterstützung.

Italienischdidaktik im Dialog reiht sich in die Schriftenreihen *Romanische Sprachen und ihre Didaktik* sowie *Französischdidaktik im Dialog* ein, die der *Zeitschrift Romanische Sprachen und ihre Didaktik* angegliedert sind. Auch diese Reihe erscheint im *corporate design*, der türkisfarbene Streifen auf dem Cover konnotiert die Farbe des Mittelmeers, die das Zielsprachenland in weiten Teilen umgibt.

Um den Facettenreichtum der Kultursprache Italienisch zu beleuchten, Forschungsergebnisse sowie methodisch-didaktische Vorschläge im Kontext der Italianistik und Italienisch als Fremdsprache zu präsentieren und eine Standortbestimmung vorzunehmen, werden im vorliegenden, ersten Band dieser Reihe Beiträge zweier Tagungen publiziert: „Standortbestimmung und Perspektiven des Italienischunterrichts", 11. und 12. November 2016, Julius-Maximilians-

Universität Würzburg sowie „Quo vadis, italiano? – Wege der Sprache, der Kultur und der Italianistik", 16. und 17. November 2017, Johannes Gutenberg-Universität Mainz.

FRANK SCHÖPP (WÜRZBURG) & SYLVIA THIELE (MAINZ)

Inhaltsverzeichnis

Vorwort

Am 11. und 12. November 2016 fand an der Julius-Maximilians-Universität Würzburg die 1. Würzburger Tagung zur Fachdidaktik des Italienischen statt, die den Titel „Standortbestimmung und Perspektiven des Italienischunterrichts" trug. Ziel dieser Veranstaltung war es, eine stärkere Vernetzung aller am Italienischunterricht Beteiligten anzubahnen. Dementsprechend waren Ausbilderinnen und Ausbilder an Studienseminaren, Lehrkräfte im Schuldienst sowie universitäre Fachdidaktikerinnen und Fachdidaktiker aufgerufen, sich mit einem Vortrag an der Tagung zu beteiligen. Von den zwölf Vortragenden haben sich zehn bereit erklärt, ihren Beitrag zu verschriftlichen und ihn damit einem breiteren Publikum zugänglich zu machen. Diese zehn Aufsätze bilden den ersten Teil des vorliegenden Sammelbandes. Vor dem Hintergrund der Tatsache, dass die in stetigem Wandel begriffenen Rahmenbedingungen des Italienischunterrichts sowie dessen Schwerpunkte eine weitaus geringere Diskussion in Form von Publikationen erfahren als dies in den anderen modernen Schulfremdsprachen der Fall ist, ist diese Bereitschaft besonders positiv zu bewerten, erlaubt sie doch allen am Italienischunterricht Interessierten, die Texte in *einem* Band nachzulesen – zudem noch erweitert um die Beiträge der Mainzer Arbeitstagung „Quo vadis, italiano? – Wege der Sprache, der Kultur und der Italianistik", die fast genau ein Jahr später stattfand. Tatsächlich gibt es für die Praxis des schulischen Italienischunterrichts kein Publikationsorgan, während für den Englisch-, den Französisch-, den Spanisch- und den Russischunterricht sprachbezogene Fachzeitschriften existieren. Der Grund dafür liegt natürlich in der zahlenmäßigen Bedeutung des Fachs Italienisch, das im Schuljahr 2017/18 von 47.972 Schülerinnen und Schülern an allgemeinbildenden Schulen in Deutschland gelernt wurde (Statistisches Bundesamt 2018[1]). Dies entspricht in der Reihenfolge der meist gelernten Fremdsprachen dem sechsten Rang hinter Englisch, Französisch, Latein, Spanisch und Russisch.

---

[1] https://www.destatis.de/DE/Themen/Gesellschaft-Umwelt/Bildung-Forschung-Kultur/Schulen/_inhalt.html;jsessionid=69D774937BE27F6FE18436F81FE538DD.internet711#sprg233806.

Die nachfolgenden Beiträge von Lehrkräften, Ausbilderinnen und universitären Fachdidaktikerinnen aus zwei österreichischen und sechs deutschen Bundesländern stellen thematisch höchst unterschiedliche, aber doch stets alltagsbezogene und lernerorientierte Konzepte für den schulischen Italienischunterricht vor, die für die Leserinnen und Leser – das ist unser Wunsch – eine Inspiration für den eigenen Unterricht darstellen mögen.

Der Band wird mit einem Beitrag zum individualisierten Lernen von Gabriele Kroes eröffnet. Die Autorin zeigt am Beispiel des in Prosa geschriebenen Monologs *Novecento* von Alessandro Barrico (1994), wie durch eine Individualisierung und Öffnung des Unterrichts für mehr Selbststeuerung einerseits und ein breit gefächertes Spektrum an Lernaufgaben andererseits ein für alle Schülerinnen und Schüler herausfordernder Italienischunterricht gestaltet werden kann.

Simona Bartoli Kucher geht in ihrem Beitrag der Frage nach, wie sich eine Perspektive für kulturelle (Sprachen-)Bildung in die Ausbildung von Fremdsprachenlehrkräften integrieren lässt. Diese Funktion, so die zentrale These, können im Italienischunterricht unter anderem italophone transkulturelle Texte übernehmen, die zu einem produktiv orientierten Sprach- und Kulturerwerbsprozess beitragen.

Der Artikel von Michaela Rückl und Rachele Moriggi beschreibt die Konzeption multimedialer Lehr-/Lernmaterialien für den Italienischunterricht in der Sekundarstufe II. Die Entwicklung dieser Materialien erfolgte im Zuge eines interdisziplinären Lehrprojekts, das die Vernetzung einer fachdidaktischen mit einer literaturwissenschaftlichen universitären Lehrveranstaltung sowie den Einbezug eines Fortbildungsseminars für Lehrkräfte vorsah. Ziel war es, literarische und kulturelle Themen im Kontext der *commedia settecentesca* für einen handlungsorientierten Fremdsprachenunterricht aufzubereiten, um für den Mehrwert literarischer Texte zu sensibilisieren, die in den aktuellen (österreichischen) Lehrplänen nur noch eine marginale Rolle spielen.

Ausgehend vom großen Erfolg des *giallo* in Italien nimmt sich Monica Zama in einem weiteren italienischsprachigen Beitrag des Potenzials dieses Genres für den schulischen Italienischunterricht an. Die Autorin skizziert eine *unità didattica* für Lernende auf dem Niveau A2 des GER, bei der die Schülerinnen und Schüler, ausgehend von einem Krimi-Kurzfilm, ihre eigene Kriminalgeschichte verfassen.

Im Mittelpunkt des Beitrags von Sylvia Thiele steht die Frage nach dem didaktisch-methodischen Potenzial der Geschichtensammlung *Il bar sotto il mare* von Stefano Benni (1987). Die Autorin zeigt am Beispiel ausgewählter Texte die Einsatzmöglichkeiten des Bandes in der Sekundarstufe II zur Entwicklung der Schreib- und Sprechkompetenz.

Der Schulung der Schreibkompetenz bzw. einzelner Teilkompetenzen, die das Schreiben betreffen, widmet sich auch Michaela Banzhaf. Ausgehend vom baden-württembergischen Bildungsplan Italienisch hält die Autorin ein überzeugendes Plädoyer für die Eignung von Gianni Rodaris *Grammatica della fantasia* zur Ausbildung der im Bildungsplan genannten Teilkompetenzen. Während Rodari hierzulande in erster Linie als Autor humorvoller (Kurz-)Geschichten bekannt ist, handelt es sich bei der *Grammatica della fantasia* um einen der vielen interessanten Texte, die im schulischen Kontext bislang keine besondere Würdigung erfahren.

Christina Maier zeigt in ihrem Beitrag das Potenzial des Films *Alla luce del sole* des italienischen Regisseurs Roberto Faenza (2004) zur Förderung der schülerseitigen Text- und Medienkompetenz auf. Die Geschichte des Priesters Giuseppe Puglisi, seines Kampfes gegen die organisierte Kriminalität und seines Engagements vor allem für Kinder und Jugendliche ist insbesondere für Schülerinnen und Schüler im deutschsprachigen Raum, die die Gewalt, die *Mafia* und *Cosa nostra* anzuwenden imstande sind, nicht aus eigener Erfahrung kennen, ein spannendes und bewegendes Thema.

Eine konkrete Unterrichtseinheit stellt Monika Rueß in ihrem Beitrag vor. Die Autorin zeigt, wie Schülerinnen und Schüler der Qualifikationsphase einen interkulturellen Vergleich am Beispiel von Kommunikationsstilen in Deutschland und Italien vornehmen und dabei nicht nur Unterschiede erarbeiten, sondern im Rahmen von Rollenspielen italienische Identitäten annehmen.

Manuela Franke widmet sich in ihrem Beitrag der mündlichen Sprachmittlung im Italienischunterricht und legt dabei einen Fokus auf den/die Mittler/in. Zwar besteht in der fachdidaktischen Diskussion weitestgehend Konsens bezüglich der Neutralität der/des Sprachmittelnden, Franke weist jedoch völlig zu Recht darauf hin, dass Sprachmittelnde in der Regel eine emotionale Verbindung zu einer der involvierten Parteien haben und daher nicht gänzlich objektiv handeln können. Die Autorin stellt in der Folge eine interessante Erweiterung eines gängigen Modells zur Diskussion und fordert eine stärkere Berücksichtigung der Rolle der Sprachmittelnden in Aufgabenstellungen.

Abgeschlossen wird der erste Teil des Doppelbandes durch den Beitrag von Stefan Witzmann, der anhand von Lernaufgaben aus dem Italienischunterricht des zweiten Lernjahres das Nutzungsspektrum zweier Web-2.0-Werkzeuge vorstellt und auslotet.

Abschließend möchte ich mehreren Personen, die am Zustandekommen dieses Teilbandes maßgeblich beteiligt sind, meinen Dank aussprechen. Zuerst sind dies die Autorinnen und der Autor der hier abgedruckten zehn Aufsätze, die in allen Phasen der Entstehung dieses Bandes ausgesprochen konstruktiv mit mir zusammengearbeitet haben. Frau Valerie Lange und dem ibidem-Verlag danke ich für die freundliche und kompetente Beratung bei allen Fragen im Zusammenhang mit der neu gegründeten Reihe *Italienischdidaktik im Dialog*. Weiterhin bin ich Claudia Schlaak für ihre unermüdliche Unterstützung in allen Fragen der korrekten Formatierung zu großem Dank verpflichtet. Alle Links, die in den hier zusammengetragenen Forschungsergebnissen genannt sind, wurden kurz vor der Publikation auf Erreichbarkeit geprüft. Last, but by no means least, danke ich meiner Freundin und Kollegin Sylvia Thiele, die diesen ersten Band der neuen Reihe mit mir gemeinsam herausgibt für Vieles: für ihre Geduld in allen Phasen der Arbeit an diesem Band, ihre fachdidaktische Expertise bei inhaltlichen Fragen und dafür, dass sie mir zu jeder Zeit eine geschätzte Gesprächspartnerin und einfühlsame Zuhörerin war.

FRANK SCHÖPP (WÜRZBURG), im November 2019

Individualisiertes Lernen mit einer Ganzschrift im fortgeschrittenen Italienischunterricht am Beispiel von Alessandro Bariccos *Novecento*

Gabriele Kroes (Münster)

Heterogene Lerngruppen sind in deutschen Schulen der Normalfall; besonders sichtbar werden auseinander driftende Lernstände jedoch gerade in den Kursen spät einsetzender Fremdsprachen mit ihrer steilen Progression. Es sitzen dort im dritten Lernjahr engagierte Schülerinnen und Schüler, die sich auf die schriftliche oder mündliche Abiturprüfung im Fach Italienisch vorbereiten, neben solchen, die sich mit einem Leistungspunkt begnügen, um immerhin ihre Zulassungschancen zur Prüfung zu wahren. Quereinsteiger in die gymnasiale Oberstufe *müssen* die neue (und also für sie erst zweite) Fremdsprache häufig belegen – auch ohne ihr ein spezifisches Interesse entgegenzubringen; andere *wollen* nach Erfahrungen in Englisch, Französisch und/oder Latein oder Spanisch nun auch noch die dritte oder vierte Sprache lernen. Sie nutzen umfangreiche Lernerfahrungen und ein ausgebildetes Sprachbewusstsein und erreichen gerade auch im Lese- und Hörverstehen schnell solide Kompetenzen, während andere erkennbare Schwierigkeiten haben, dem Unterrichtsgeschehen in der Zielsprache zumindest in groben Zügen zu folgen. Will man in einer solch heterogenen Ausgangslage dennoch möglichst viele Schülerinnen und Schüler erreichen und *allen* die Chancen auf Kompetenzzuwachs bieten, so müssen Lernprozesse individualisiert und auch für ungewohnte und deutlich niveaudifferente Aufgabenstellungen geöffnet werden.

Im Folgenden soll skizziert werden, wie sich ein längeres Unterrichtsvorhaben (etwa ein Quartal) auf Basis einer Ganzschrift so organisieren lässt, dass Lernzuwachs auf unterschiedliche Weise und auf unterschiedlichen Niveaustufen möglich wird, um Frustration durch Unter- oder Überforderung zu vermeiden[1].

---

[1] Der „Teufelskreis des Misslingens" muss durchbrochen werden (vgl. von der Gröben 2012, 34).

Die Schülerinnen und Schüler eines Grundkurses im dritten Lernjahr[2] hatten
Buch (und Film) aus mehreren Vorschlägen durch Mehrheitsvotum selbst gewählt. Ihnen gefiel die Geschichte um den merkwürdigen Schiffspianisten, der
im Jahr 1900 als Neugeborenes auf einem Ozeanriesen mit Kurs New York ge-
funden wird, auf diesem Schiff aufwächst und es nie mehr verlässt. *Danny
Boodmann T.D. Lemon Novecento*: Sein Name ist so außergewöhnlich wie sein
Talent als Pianist, das ihn und seine Musik bald zur Legende werden lässt. So
skurril wie sein Leben auf dem Ozean ist seine Sicht auf die Welt.

Die Auswahl des Textes ist in mehreren Bundesländern durch Lehrpläne bzw.
Vorgaben für die Zentralen Abiturprüfungen legitimiert.[3] Zielspannung beim
Lesen und Unbestimmtheit der Gattung zwischen *monologo* und Erzählung mögen für die Schülerinnen und Schüler motivierend wirken. Für den Unterricht
geeignet erscheint *Novecento* zudem durch den geringen Umfang und die Tatsache, dass es eine für deutsche Schülerinnen und Schüler annotierte Version mit
Vokabelhilfen gibt und der Text zudem in deutscher Übersetzung vorliegt. Fer-
ner lassen sich die Verfilmung durch Giuseppe Tornatore und eventuell auch
eine aktuelle Bühnenfassung nutzen.

In einer Einstiegsphase *prima della lettura*, die Vorkenntnisse aktivieren,
(hoffentlich) Neugier auf den Text und Leselust wecken soll, wird vor allem mit
Bildmaterial und der Anfangsszene des Films gearbeitet, um den kontextspezifi-
schen Wortschatz grundzulegen. Leitfragen dieser Phase mit viel Plenumsunter-
richt sind „Andare in America all'inizio del Novecento – chi? perché? come?"
und „Viaggiare sull'oceano", die zugleich die Textrezeption vorbereiten. Die
Lektüre erledigen die Schülerinnen und Schüler sodann selbstständig über die
Ferien. Aufgabe für alle ist es, den Plot zu kennen und Inhalte für sich systematisch zu notieren. Dabei bleibt es den Lernenden überlassen, ob sie den Originaltext lesen, die deutsche Übersetzung oder den Film schauen.[4] Auf dieser Grund-

---

[2] Neu einsetzend mit Beginn der Oberstufe, d.h. in NRW mit vier Wochenstunden.

[3] In Baden-Württemberg z.B. *Partire o restare?* (mit *Novecento* als Pflichttext in 2018); in
NRW z.B. (ehemals) *Migration;* in Rheinland-Pfalz z.B. *Immigrazione e emigrazione*
(mit *Novecento* als Leseempfehlung).

[4] Das mag nach schneller Kapitulation klingen, doch passt sich die Aufgabenstellung nur der
Realität schulischer Praxis an. Leseunlust oder mangelnde Lesekompetenz in der Fremdsprache sollen nicht gleich zu Anfang des Unterrichtsvorhabens eine Teilmenge von Schülerinnen und Schülern ausschließen. Es erweist sich im weiteren Verlauf ohnehin als un-

lage können sich hernach alle an der Planung des weiteren Vorgehens beteiligen und Fragen an den Text formulieren, die sie für interessant in der Sache und inhaltlich ertragreich halten. In etwa diese Fragen kamen zusammen:

- Com'è il mondo della nave?
- I passeggeri: chi sono e da dove vengono?
- Novecento: che tipo è? (il suo carattere, il suo talento)
- Com'è la relazione tra Novecento e il suo amico trombettista?
- Il duello tra Novecento e Jelly Roll Morton
- Che cosa significa la musica per Novecento?
- La donna e il disco: perché Tornatore ha inventato questi due episodi?
- Perché un giorno Novecento voleva lasciare la nave – e perché non ci è riuscito?
- La fine del monologo: una catastrofe?

Für die Organisation der nachfolgenden Sequenzen ist zentral, dass jede Schülerin und jeder Schüler an einer selbst gewählten Frage und nach eigenem Interesse arbeitet, dass jede/r etwas findet, das ihr/ihm und zu den eigenen Lernvoraussetzungen ‚passt'. Vorzugsweise finden sich Arbeitsteams von in der Regel zwei Personen zusammen; dabei bleibt es den Schülerinnen und Schülern überlassen, ihre Lernpartner zu wählen. Somit kommen sowohl leistungsheterogene als auch -homogene Gruppierungen zustande, die sich im Rahmen ihres Themas jeweils für ein geeignetes Lernprodukt entscheiden, das am Ende auch einer größeren Schulöffentlichkeit, z.B. in einer kleinen Ausstellung am ‚Tag der Sprachen', präsentiert werden soll.[5] Möglich sind u.a. die Gestaltung eines (Lern-/Info-) Plakats, eines Vortrages mit Visualisierungen, ein längerer Text zum Lesen (Text-/Filmanalyse; kreatives Schreiben). Die Lernprodukte können also unterschiedlichen Aufgabentypen und Anforderungsbereichen zugeordnet werden:

- Verstandenes reorganisieren und darstellen (*riassumere, elencare, presentare*)
- Inhalte und ihre Darstellung analysieren (*analizzare, confrontare, spiegare, caratterizzare*)

---

umgänglich, sich auch mit dem italienischen Originaltext auseinanderzusetzen; die Bereitschaft dazu wächst, wenn nicht bereits am Beginn ein Misserfolgserlebnis steht.

[5] Alternativ ist auch eine Präsentation im Rahmen eines Themenabends für einen anderen Italienischkurs denkbar.

- Textinhalte kommentieren und einordnen (*spiegare, commentare, giudicare*)
- Hintergründe recherchieren und adressaten- und kontextgerecht aufbereiten (*ricercare, spiegare, presentare*)
- ausgehend von Inhalten Neues gestalten (*inventare, produrre, mettere in scena*).[6]

Die gewählten Themen und inhaltlichen Fragestellungen fasst die Lehrkraft zu (hier) fünf Sachgruppen A bis E zusammen.

Abb. 1: Gesamtübersicht über die inhaltlichen Fragestellungen

Die genaue Aufgabenstellung entwickeln die Schülerinnen und Schüler aus den eingangs zusammengetragenen Fragen möglichst selbst; gerade bei leistungsschwächeren Lernenden unterstützt die Lehrkraft im Hinblick auf die die passende Wahl des Lernprodukts, die Dimensionierung eigener Recherchen, sie weist auf zu erwartende Schwierigkeiten hin und stellt nötigenfalls Hilfen (etwa Modelltexte und textsortenspezifisches Vokabular) bereit. Beispiele für gewählte Aufgaben[7] und das Anforderungsniveau sind hier kurz skizziert:

---

[6] Operatoren hier orientiert am Kernlehrplan für die Sek. II (NRW 2013).

[7] Hier auf Deutsch; am Schluss italienische Titel bzw. Überschriften zu wählen, ist Teil der Aufgabe der Autoren- und Autorinnenteams.

livello di base (o meno) – AFB I/II

- Eine Zeichnung (Aufriss) eines Ozeanriesen mit Beschriftung (Vokabeln und verortete Episoden als *riassunti* aus dem Ausgangstext) – A
- Bebilderter Lebenslauf von Danny Boodmann T.D. Lemon Novecento – B

livello medio – AFB II/III

- Fiktives Interview einer New Yorker Gazette mit dem berühmten Pianisten, der das Schiff nicht verlässt (gestaltete Zeitungsseite mit Fotos) – B oder D
- Analyse der Beziehung zwischen dem narratore und Novecento (Text) – B
- Reisetagebuch eines Passagiers der Dritten Klasse – A
- Meine 3 Lieblingsszenen. Kommentare zu Standbildern aus dem Film – E

livello avanzato – AFB III

- Dialog auf der Gangway – ein inszeniertes Gespräch zwischen Novecento und dem *narratore*, in dem dieser versucht ihn zu überreden, doch an Land zu gehen (Baricco 1994, 49) – B oder D
- Vortrag mit Bildern und Musikbeispielen über Entwicklungen (Ragtime, Dixie) im Jazz der 30er Jahre – C
- *Come raccontare la vita eccezionale di Novecento?* Vergleich von Erzähltechnik im Film und der literarischen Vorlage (Analyseaufsatz) – E

Diese Aufstellung verdeutlicht unmittelbar, wie unterschiedlich die gewählten Aufgaben in Bezug auf die inhaltliche Komplexität bzw. den Umfang und die erforderlichen zielsprachlichen Kompetenzen sind. Doch zweifellos ermöglichen auch die Aufgaben auf dem *livello di base* Kompetenzentwicklung sowohl im Bereich des Leseverstehens als auch hinsichtlich der Schreibfähigkeit. Hier werden die Schülerinnen und Schüler Könnenserfahrungen machen, die ihnen angesichts komplexerer Aufgabenstellungen schon aus Gründen der mangelnden Sprachkompetenz verschlossen blieben.

Parallel zur inhaltlichen Arbeit fokussieren die Schülerinnen und Schüler *eine* funktionale kommunikative Teilkompetenz, die sie im Laufe dieses Unterrichtsvorhabens vorrangig erweitern wollen. Je nach Aufgabe sind das Schreiben, dialogisches/monologisches Sprechen, Text- und Medienkompetenz, methodische

Kompetenzen, Sprachlernbewusstsein, eventuell auch Hör- bzw. Hör-Seh- und Leseverstehen. Diesen Schwerpunkt setzen die Schülerinnen und Schüler generell selbst, gegebenenfalls berät die Lehrkraft gemäß früherer Lernstandserhebungen. Entscheidend ist, dass die Lernenden sich anhand der Deskriptoren in vorgegebenen Kompetenzrastern[8] selbst einschätzen, und zwar einmal zu Beginn und ein zweites Mal am Ende des Unterrichtsvorhabens.

Das gesamte Unterrichtsvorhaben lässt sich schematisch etwa so darstellen:

Sequenz 0: Einstieg: *prima della lettura* – Planung					5[9]
Sequenz 1: Textrezeption (individuell)					
Sequenz 2: Organisation, individuelle Zielsetzung, Arbeitsplanung					2
Sequenz 3A	Sequenz 3B	Sequenz 3C	Sequenz 3D	Sequenz 3E	4
wechselseitige Information zum Arbeitsstand, Feedback geben und einholen					2
Sequenz 3A	Sequenz 3B	Sequenz 3C	Sequenz 3D	Sequenz 3E	4
Korrekturen und Fertigstellung der Produkte (Plakate, Stellwände, PPPs…) Einüben der Vorträge					2
Sequenz 4: Präsentation, Reflexion, Auswertung der Ergebnisse und des Vorhabens					4

Abb. 2: Schematische Darstellung des Sequenzverlaufs

Grau unterlegt sind die arbeitsteiligen Phasen, in denen die Schülerinnen und Schüler an ihren Fragestellungen arbeiten und die das inhaltliche Zentrum des Vorhabens darstellen.

Wenngleich zentrale didaktische Entscheidungen den Lernprozess für Selbststeuerung öffnen und den Lernenden ein hohes Maß an Wahlfreiheit eingeräumt wird, ist es doch auch von entscheidender Bedeutung, dass diese Freiheit nicht in Beliebigkeit mündet. Deshalb führen die Schülerinnen und Schüler fortlaufend ein Arbeitstagebuch[10], das auch als Grundlage der Beratungsgespräche durch die Lehrkraft dient. Falls erforderlich, wird überdies ein Bogen zur (Selbst-)Kontrolle[11] ausgeteilt, in dem jede/r Einzelne für jede Stunde Beobachtungen zum eigenen Arbeitsverhalten notiert. Auf dieser Basis kann die Lehrkraft beraten, Anregungen zur Weiterarbeit geben, nötigenfalls auch Leistungen

---

[8] Vgl. Material 3 im Anhang.
[9] In dieser Spalte ist der ungefähre Zeitbedarf in Unterrichtsstunden zu 45 min. angegeben.
[10] Vgl. Material 1 im Anhang.
[11] Vgl. Material 2 im Anhang.

einfordern und Hilfen und Unterstützung anbieten, wo dies notwendig erscheint. Ebenso wichtig ist jedoch das Feedback, das sich die Lernenden untereinander geben und das in einer klar definierten zweistündigen Phase etwa zur Hälfte der inhaltlichen Arbeit stattfindet.

Realistisch ist davon auszugehen, dass die Arbeitssprache der Schülerinnen und Schüler untereinander Deutsch und die Förderung der Mündlichkeit in diesem Unterrichtsvorhaben folglich relativ gering ist. Daher soll die Phase der wechselseitigen Berichte und Rückmeldungen unbedingt in italienischer Sprache stattfinden. Zur Unterstützung erhalten die Schülerinnen und Schüler sprachliche Hilfen und Strukturmuster.[12]

Während der zentralen Arbeitsphase (Sequenz 3) beobachtet die Lehrkraft die Arbeit der Schülerinnen und Schüler und gibt Feedback, das sich auf die jeweilige Aufgabe, den Prozess, die Selbstorganisation der Einzelnen und der Kleingruppen beziehen kann. Wichtig ist hier insbesondere der Bezug zu den von den Lernenden selbst gesetzten, individuellen Zielen; diese Rückmeldungen erfolgen möglichst in der Zielsprache, wobei Nachfragen der Schülerinnen und Schüler nötigenfalls auch auf Deutsch erfolgen dürfen, da hier die Ausbildung der Sprachlernkompetenzen Vorrang vor der Förderung der funktionalen kommunikativen Kompetenzen hat (De Florio-Hansen 2014, 153). Überdies macht die Lehrkraft Korrekturangebote für fertige Texte, wobei die Autorenteams Schwerpunkte in Form von Korrektur*aufträgen* möglichst selbst setzen sollen. Generell ist das Kriterium bei diesen Korrekturen nicht die unbedingte Beachtung der sprachlichen Norm, sondern die Verständlichkeit der Äußerungen. Bewährt haben sich auch Korrekturzeichen in verschiedenen Farben, etwa Rot für *imperfezioni*, die die Schülerinnen und Schüler selbst verbessern können, und Schwarz für Positivkorrekturen, insbesondere Vorschläge zur lexikalischen Optimierung. Auch kürzere Phasen nachhelfender Instruktion (Weinert 1997, 52) für Teilgruppen von Schülerinnen und Schülern können sich in stockenden Arbeitsprozessen als sinnvolle Unterstützung erweisen.

Die Präsentation aller Produkte erfolgt im Museumsgang und in zwei Runden. Die Arbeitsteams besetzen je eine Station; etwa zwei bis drei Präsentationen finden simultan statt. Die Zuhörenden erhalten je zwei Rückmeldekarten in drei

---

[12] Vgl. Material 3 im Anhang.

Kategorien: „Quello che mi piace molto…", „Una domanda sul vostro tema: …"
und „La mia proposta per farlo ancora meglio: …". Diese Karten füllen die Zu-
hörerinnen und -hörer aus und geben sie an zwei Stationen ihrer Wahl ab. Auf
diese Weise ist relativ sicher, dass jedes Arbeitsteam Peer-Feedback erhält[13] und
alle sich zumindest mit zwei fremden Produkten vertieft auseinandersetzen. Diese Phase der Rezeption wird zusätzlich durch eine schriftliche (Haus-)Aufgabe
gesichert: „Scegliete una presentazione che volete descrivere e commentare.
Scrivete un testo – minimo 300 parole." Selbstverständlich nimmt auch die
Lehrkraft reihum an Präsentationen teil und kann ihrerseits Kommentare und
Verbesserungsvorschläge schriftlich hinterlassen.

Im Anschluss an die zweite Präsentationsrunde müssen im Plenum ggf. noch
Absprachen über die Schlussredaktion (Aufgreifen der Rückmeldekarten) und
die Gestaltung der Präsentationen in der Schulöffentlichkeit getroffen werden.
Zusätzlich findet noch ein Reflexionsgespräch im Kugellager statt, während dessen sich je zwei Schülerinnen bzw. Schüler kurz austauschen über Impulse wie
z.B.

- Ti piace il libro? Perché? Perché no?
- E il film?
- Cosa dici della fine del libro?
- Su quale aspetti vorresti sapere di più? Perché?
- Qual è secondo te la presentazione più informativa/bella/divertente? Per-
  ché?
- Quale presentazione non hai capito bene? Spiega le tue difficoltà!
- In generale: ti è piaciuto il lavoro in questo progetto?
- Hai un'idea per una possibile ripetizione nel prossimo corso Q2? Che cosa
  si potrebbe fare meglio?

Nach jeweils ca. drei Minuten rücken die im Außenkreis Stehenden einen Platz
weiter und sprechen mit einem anderen Gegenüber über die nächste Frage, die
jeweils von der Lehrkraft vorgegeben wird. Dieses formal inszenierte Gespräch
dient zum einen der Förderung der Mündlichkeit im Omniumkontakt, zum ande-

---

[13] Falls die Teams mit den schwierigsten oder umfangreichsten Produkten leer ausgehen,
muss die Lehrkraft für Ausgleich sorgen.

ren liefert es Ansatzpunkte für den Austausch über die Arbeitsweise in diesem Unterrichtsvorhaben.[14]

Die Kriterien der Leistungsfeststellung und Bewertung sind den Lernenden von Beginn an transparent. Bewertet werden Engagement im Arbeits*prozess* einschließlich der Feedbackphasen (als Grundlage dienen neben den Notizen der Lehrkraft die individuellen Arbeitstagebücher und Lernprotokolle einschließlich der in Eigenregie geführten Wortschatzlisten der Schülerinnen und Schüler) sowie die Qualität des Lern*produkts* (insbesondere inhaltliche Komplexität, sachliche Richtigkeit, Darstellungsleistung einschließlich Sprachrichtigkeit). Herausforderungen in der Bewertung liegen allerdings in der Schwierigkeit, zwischen Einzel- und Gruppenleistung zu unterscheiden und inhaltlich, sprachlich, methodisch differente Anspruchsniveaus gerecht zu beurteilen. Dass individueller und sozialer Bezugsnorm hier ein größeres Gewicht vor kriterialer Orientierung eingeräumt wird, mag gerade in der gymnasialen Oberstufe unüblich erscheinen. Die individuelle Passung von Lernaufgabe und Leistungsvermögen hat in diesem Unterrichtsvorhaben jedoch Vorrang vor der Orientierung am bzw. an der imaginären Durchschnittslernenden. Gleichwohl erwachsen aus der weitreichenden Individualisierung Probleme in der Leistungsbewertung – und dies nicht nur im Blick auf die Konzeption der einen, gleichen Klausur für alle. Diese Schwierigkeiten werden größer, je häufiger differenzierende Lernarrangements im Unterricht eingesetzt werden, ohne dass es im Rahmen der schulischen Bewertungspraxis grundsätzliche Lösungen gäbe, erst recht nicht im stark verrechtlichten Bereich der Qualifikationsstufe. Durch die erfolgreiche Bewältigung selbst gesetzter Anforderungen wächst jedoch bei leistungsschwachen wie - starken Schülerinnen und Schülern das Vertrauen in die eigenen Fähigkeiten, und ihre Lern- und Leistungsmotivation nimmt in der Regel zu. Beides sind wichtige Voraussetzungen für den Kompetenzerwerb in einem Kurs, in dem der

---

[14] Die Kursteilnehmerinnen und -teilnehmer beurteilten das Projekt *Novecento* überwiegend positiv; es habe die Zusammenarbeit gefördert, sei jedoch „anstrengender" als „normaler" Unterricht gewesen; es gefiel insbesondere den leistungsstarken Schülerinnen und Schülern, habe jedoch auch auf niedrigerem Niveau Lernfortschritte ermöglicht. Dass die Erstlektüre notfalls auch auf Deutsch habe erfolgen dürfen, sei hilfreich gewesen, um sich dem Text überhaupt nähern zu können, auch wenn man schließlich doch mit dem italienischen Text habe arbeiten müssen.

Lernerfolg so offensichtlich von kontinuierlichem Arbeitsaufwand und selbstständiger Sprachverwendung abhängt, wie das in einer spät einsetzenden Fremdsprache mit steiler Progression der Fall ist.

Bibliographie

BARICCO, Alessandro. 1994. *Novecento. Un monologo*. Milano: Feltrinelli (UEF 1302).
BARICCO, Alessandro. 1999. *Die Legende vom Ozeanpianisten*. München: Piper (dt. Übers. von E. Christiani).
BARICCO, Alessandro. 2012a. *Novecento. Un monologo*. Stuttgart: Klett (mit Zeilenzählung und wenigen Vokabelangaben in der Fußzeile).
BARICCO, Alessandro. 2012b. *Novecento. Un monologo*. Stuttgart: Reclam (ebenfalls mit Zeilennummern und deutlich mehr *annotazioni*; zudem Nachwort, Literaturverzeichnis, Informationen zur Verfilmung).
DE FLORIO-HANSEN, Inez 2014. *Fremdsprachenunterricht lernwirksam gestalten*. Tübingen: Narr.
MINISTERIUM FÜR SCHULE UND WEITERBILDUNG. 2013. *Kernlehrplan für die Sekundarstufe II Gymnasium/Gesamtschule in Nordrhein-Westfalen. Italienisch*.
VON DER GROEBEN, Annemarie & KAISER, Ingrid. 2012. *Werkstatt Individualisierung*. Mühlheim/Ruhr: Bergmann & Helbig.
WEINERT, Franz E. 1997. „Notwendige Methodenvielfalt. Unterschiedliche Lernfähigkeiten erfordern variable Unterrichtsmethoden", in: *Friedrich Jahresheft. Lernmethoden – Lehrmethoden – Wege zur Selbstständigkeit*, 50-52.

Film

La leggenda del pianista sull'oceano. 1999. Verfilmung von Giuseppe Tornatore.

Materialien

Scheda di protocollo

tema: _____   autori: _____
prodotto: _____

data	compito/obiettivo	materiale	commenti/il prossimo passo

Mat. 1: Maske für das Arbeitsprotokoll, das jedes Team ausfüllt

Datum	anwesend?	Arbeitsunterlagen vollständig?	Vorbereitung vollständig?	Intensität der Mitarbeit?	Konzentration und Effizienz?	Bin ich mit meiner eigenen Leistung heute zufrieden?	Meine Aufgaben heute: Bemerkungen

Mat. 2: Falls notwendig: Bogen zur (Selbst-)Kontrolle des Arbeitsverhaltens

Selbsteinschätzung Hörverstehen und Hörsehverstehen	+ ~ - 1.	Bemerkungen Vorsätze	+ ~ - 2.
Ich kann dem Unterrichtsgespräch auf Italienisch folgen und verstehe alle Anweisungen und Aufgabenstellungen die meisten Gesprächsbeiträge Ich frage nach, wenn ich nicht alles verstanden habe.			
Ich kann Filmszenen verstehen fast komplett nur sinngemäß kaum.			
Ich kann Inhalte der Präsentationen von Mitschüler*innen verstehen, auch wenn ich nicht an demselben Thema gearbeitet habe: ohne Schwierigkeiten nur wenn es geschriebene oder bildliche Hilfen gibt. Ich frage nach, wenn ich nicht alles verstanden habe.			
Verbessern möchte ich mich in… Wie? …		Gelungen??	

Mat. 3: Bogen zur Vorher-/Nachher-Einschätzung in einer ausgewählten funktionalen kommunikativen Kompetenz

Team A berichtet:	Team B hört zu, fragt nach:
Abbiamo scelto questo tema perché… Finora abbiamo fatto… Ci piace… Il problema ora è… Una domanda che vi facciamo…	- Nachfragen: Non ho capito perché…/potete spiegare…? - Bezug nehmen: a proposito di…/per quanto rigurada… - Werten und Kommentieren: tener conto di qc a prima vista a mio parere sotto questo aspetto si può dire in generale che… ho l'impressione che… - Vorschläge machen: bisogna fare… vorrei far notare che… vorrei richiamare la vostra attenzione su…

Mat. 4: Beispiel für sprachliche Hilfen zum Geben und Entgegennehmen von Feedback

LehrerInnenbildung NEU: storie transculturali nella didattica della letteratura di lingua straniera

Simona Bartoli Kucher (Graz)

1. "Was lernt man, wenn man Sprachen lernt?" (Krumm 2009, 104)

Da quando la realtà della scuola è caratterizzata da classi eterogenee, è fuori dubbio la necessità di riflettere sul collegamento tra lingue e culture diverse, sulla possibilità di un rapporto dialogico che, proprio nell'insegnamento delle lingue straniere, potrebbe assumere la funzione di sensibilizzare gli apprendenti nei confronti della pluralità e dell'ibridità di culture, di lingue – e quindi di identità – determinate dai processi migratori.

Per questo partiamo dal presupposto che, confrontarsi con autori, personaggi e testi nati e cresciuti nell'*in-between*, nello

> Zwischenraum der Kulturen, die sich zwischen verschiedenen kulturell geprägten Identifikationsangeboten (Werten, Traditionen, Lebensstilen, Rollen und Lebensentwürfen) entscheiden können und bisweilen auch müssen (Freitag-Hild 2010, 55)

possa motivare gli studenti – all'università durante la formazione, e a scuola come insegnanti di lingue straniere – a riflettere e far riflettere sul *métissage* culturale della società e sui processi identitari, anche conflittuali, tipici dei processi transculturali (Schumann 2008, 82).

Dando al contempo risposta alla domanda – posta da Hans-Jürgen Krumm (2009) – a proposito dei contenuti nell'insegnamento delle lingue straniere.

1.1 Insegnamento integrativo della lingua e della letteratura

Da quando la pubblicazione del *QCE/GeR* e la diffusione dei *Bildungsstandards* hanno dato nuovi impulsi alla ricerca nell'ambito della didattica delle lingue moderne, si lamenta spesso il vuoto di contenuti su cui poggia l'insegnamento tradizionale delle lingue moderne (Lüger & Rössler 2008; Reimann 2014, 12).

L'obiettivo delle critiche sono in particolare i testi didattizzati, costruiti ad hoc per i manuali: testi strutturati per venire decodificati e compresi quasi al cento per cento, perché lessico e strutture della lingua di ogni unità didattica costituiscono, nella progressione del sillabo, i presupposti per l'unità successiva (Hermes 1998, 233).

Insegnare le lingue straniere sulla base anche di testi letterari e/o film inseriti in scenari didattici orientati all'azione e alla produzione, costituisce invece un'alternativa efficace per rendere possibile lo sviluppo integrativo di tutte le competenze linguistico-comunicative, in stretta connessione con competenze testuali, competenze narrative e culturali (Nünning & Surkamp 2006, 29).

Al dilemma sui contenuti la didattica della letteratura di lingua straniera può offrire risposta, a patto che, in una prospettiva di *Content and Language Integrated Learning*, metta a disposizione degli insegnanti in formazione, e degli insegnanti in servizio, modelli e metodi concreti per integrare i contenuti con l'insegnamento comunicativo delle lingue moderne (Krumm 2009, 107).

È proprio questo che il seguente contributo intende mettere a fuoco, proponendo scenari didattici per la formazione degli insegnanti di lingua, in cui la competenza linguistico comunicativa sia strettamente collegata alla competenza di lettura, alla competenza estetico letteraria e alla competenza interculturale/transculturale[1], attraverso una rete intertestuale al cui centro sta il testo letterario (Surkamp & Nünning 2009).

2.   Scelta dei testi

Se nell'insegnamento delle lingue straniere si vuole dare ai testi letterari un posto di primo piano, è fondamentale scegliere quelli più idonei per motivare gli apprendenti – sia all'università che a scuola – alla lettura in lingua straniera (Surkamp 2012, 80). Tenendo presente la crescente estraneità dei giovani alla lettura, si dovrà pensare allo stesso tempo al canone nel suo significato etimologico di

---

[1] Per quanto riguarda il rapporto e la differenza tra i due termini – interculturalità versus transculturalità – secondo Welsch il concetto di *transculturalità* corrisponde meglio al livello estensivo del concetto di cultura in quanto "nach dem Modell von Durchdringung und Verflechtung" scavalca il concetto tradizionale di interculturalità, caratterizzato invece da omogeneità e differenza, rendendo conto della crescente realtà di ibridazione (Welsch 2011, 294-322). Per quanto riguarda il discorso dell'interculturalità e della transculturalità nella didattica delle lingue straniere, si rimanda a Delanoy (2008).

strumento di selezione e valutazione di testi, autori, saperi che sono dentro o fuori della cultura tradizionale, «classica» di una società in un certo momento storico (Benvenuti & Ceserani 2012, 168).

Su questo sfondo, si ritiene importante proporre testi della letteratura contemporanea, della letteratura transculturale (Kleinhans & Schwaderer 2013) e postcoloniale, se presentano aspetti e caratteristiche di interesse per il lettore apprendente della lingua straniera, se lo invitano a confrontarsi con la lingua e/o a riflettere in lingua straniera su un tema del discorso culturale attuale (Hallet 2007, 33).

Tra queste caratteristiche testuali, rientrano senza dubbio alcuni aspetti pragmatici come la lunghezza e la complessità linguistica, e soprattutto il legame del testo con la realtà degli apprendenti, oltre che la possibilità di collegarlo con altri testi che trattano lo stesso argomento. Infatti:

> Erst durch die intertextuelle Arbeit beim Vergleich verschiedener Texte können Lernende erarbeiten, welche Wahrnehmungsmuster oder Kollektivvorstellungen in einer bestimmten Gesellschaft oder Kultur existieren und auf welch unterschiedliche Weise sie in literarischen Werken verarbeitet werden (Nünning & Surkamp 2006, 43).

Perché la classe di lingua straniera funga da 'terzo spazio' in cui le attività comunicative diventano "cross cultural activities" (Kramsch 1993, 231), è fondamentale scegliere testi autentici: letterari, filmici e giornalistici.

Testi che possono creare collegamenti con il vissuto degli apprendenti e con la cultura di chi li ha prodotti, sottraendosi così alle regole nazionalculturali di gerarchizzazione a cui viene di solito sottoposta la scelta del canone.[2]

Ecco perché la mia proposta è di dare ampio spazio a testi caratterizzati, sul piano testuale, da una lingua relativamente semplice, sul piano narratologico da storie vicine a quelle della realtà, narrate in testi brevi oppure in romanzi di cui, a seconda del livello linguistico e delle esigenze del gruppo classe, possono essere letti singoli capitoli o singole sequenze. Una condizione rappresentata da molti testi della letteratura transculturale italofona, la cui lingua è

> un italiano più semplice, ma d'altra parte anche più *pulito* [...], cioè meno colonizzato dall'enfasi della tradizione [...] o dal vizio molto radicato, non solo in letteratura, di una sintassi pomposa (Brogi 2011a, 6).

---

[2] Aleida Assmann, nel corso del congresso della Deutsche Forschungsgemeinschaft "Kanon-Macht-Kultur", si era espressa in modo critico nei confronti del corsetto gerarchico a cui viene sottoposta la scelta del canone (Assmann 1998, 47-59).

Che questi testi letterari siano più semplici dal punto di vista della lingua, non riduce in nessun modo il loro valore estetico: lo dimostrano anche molti esempi della letteratura transculturale francofona di sfondo maghrebino[3], oltre che la letteratura di lingua tedesca con *background* migratorio, che ormai da anni ha assunto un peso notevole nel panorama letterario germanofono.[4]

3.   Competenza visiva e didattica delle immagini: proposte applicative

Sia il giallo interculturale *Divorzio all'islamica a viale Marconi* di Amara Lakhous (2010), che il romanzo per ragazzi *Oggi forse non ammazzo nessuno. Storie minime di una giovane musulmana stranamente non terrorista* di Randa Ghazy (2007) hanno un titolo e una copertina accattivanti: in chiave didattica un ottimo impulso per accedere, attraverso le immagini, ai 'mondi' che i testi rappresentano (Hallet 2010b, 51).

Non serve insistere sul fatto che il rapporto tra immagine e testo mette in azione nel lettore processi affettivo-emotivi che generano sia possibilità di identificazione che di rifiuto, suscitando al contempo sentimenti legati a esperienze e a ricordi individuali (Hecke 2010, 68).

In prospettiva di analisi culturale, è altrettanto chiaro che le immagini fanno sempre parte di un contesto discorsivo il cui significato è costituito anche da altri segnali, per lo più verbali. Per questo motivo, lavorare con copertine come quelle dei testi letterari da cui siamo partiti, potrebbe servire a sviluppare anche la capacità discorsiva multimodale in lingua straniera (Hallet 2010b, 52).

---

[3] Ne è un chiaro esempio il romanzo di Tahar Ben Jelloun *Le mariage de plaisir* (2016), che in un linguaggio sintatticamente semplice racconta la storia d'amore di Amir, "un homme bon, optimiste et sans imagination, qui ne ratait aucune des cinq prières quotidiennes. Il avait été marié très jeune à Lalla Fatma, un mariage arrangé avec une fille issue d'une grande famille de Fés, et était père de quatre enfants. Trois garçons et une fille" (17).

[4] Si pensi al premio letterario Ingeborg Bachmann, che negli ultimi cinque anni ha premiato più volte scrittori e scrittrici di madrelingua non tedesca, testi redatti secondo strutture linguistiche talvolta devianti dalla norma: nel 2016, del rinomato premio letterario è stato insignito il testo *Herr Göttrup setzte sich hin* della scrittrice angloafricana Sharon Dodua Otoo, caratterizzato da una sintassi assolutamente 'semplice'.

Fig. 1: Copertina di *Divorzio all'islamica a viale Marconi*, Amara Lakhous

In una classe di principianti, basterebbe cominciare dalla lettura del paratesto del romanzo di Lakhous (copertina animata, titolo) e dalla co-lettura di altri, semplici testi informativi (p.e. una cartina del quartiere, cfr. bibliografia), per calare il giallo nel suo contesto storico e culturale (tecnica del *wide reading*). Contestualizzare il luogo evidenziato dal titolo del romanzo è già un inizio significativo. *Viale Marconi* è l'indirizzo di un microcosmo popolare della capitale in cui, insieme a italiani provenienti da diverse parti d'Italia, interagiscono molti cittadini provenienti da altre culture:

> Ci sono fisionomie di tutti i tipi: giovani neri e asiatici che vendono merce contraffatta sui marciapiedi, bambini arabi che passeggiano con il papà e la mamma col velo, <u>fimmini rom</u> con gonne lunghe che chiedono l'elemosina. Insomma, sono nell'Italia del futuro, come dicono i sociologi (Lakhous 2010, 12).[5]

Sono riflessioni del protagonista maschile Christian, tra italiano standard e siciliano (sottolineato nella citazione), mentre passeggia avanti e indietro nel quartiere cercando di calarsi nella parte dell'immigrato tunisino Issa.

Se gli scolari o gli studenti vogliono saperne di più, la lettura dei primi due capitoli evidenzia che la storia di Christian/Issa si incrocia – anche dal punto di vista della tecnica narrativa – con quella di Safia, una donna con *background* egiziano, diventata Sofia da quando si è trasferita a Roma in seguito al matrimonio combinato con un architetto egiziano, emigrato in Italia per fare il pizzaiolo.

Dopo la lettura della copertina animata, i brevi capitoli in prima persona – intitolati una volta "Issa", quella successiva "Sofia" – permettono di concre-

---

[5] Da ora in poi, quando si citerà il romanzo di Lakhous *Divorzio all'islamica a viale Marconi*, si indicherà la pagina direttamente nel testo.

tizzare in lingua straniera il significato della focalizzazione multipla, attraverso cui "lo stesso avvenimento può essere evocato diverse volte a seconda del punto di vista dei numerosi personaggi corrispondenti" (Genette 1976, 237).

Fig. 2: Copertina di *Oggi forse non ammazzo nessuno*, Randa Ghazy

La copertina animata del romanzo per adolescenti di Randa Ghazy[6] mette al centro lo sguardo sicuro di una giovane donna, convintamente avvolta in un hijab nero, che porta altrettanto convintamente occhiali da sole dalle lenti nere e dalla montatura rossa. Sotto il volto, iscritto nella sagoma di una teiera, il titolo del romanzo, che contiene un potenziale implicito di forte provocazione: *Oggi forse non ammazzo nessuno*. Una frase completa, che suggerisce che l'attività consueta della giovane donna velata sia quella di uccidere, evocando con ciò il pregiudizio latente del potenziale di violenza dei cittadini musulmani. Al titolo segue un sottotitolo con funzione contrastiva, stampato in caratteri più piccoli, ma evidenziato dal colore rosso: *Storie minime di una giovane musulmana stranamente non terrorista*.

Il collegamento tra i segnali visivi delle immagini della copertina, e gli ambivalenti segnali testuali offre tutta una serie di stimoli linguistici multimodali e culturali: una tempesta di cervelli può servire a raccogliere le impressioni e le percezioni a favore della protagonista o contro di lei.

In ogni caso una copertina del genere stimola a fare previsioni sulla base delle proprie conoscenze pregresse, forse sulla base di pregiudizi latenti. Senza dubbio, per quanto riguarda le competenze, entrano in gioco ambiti diversi: quello della riflessione e della sensibilizzazione (attraverso l'analisi dei segnali

---

[6] Nata in Italia nel 1987 da una famiglia egiziana, Ghazy è entrata, già all'età di 15 anni, nel dibattito europeo sul multiculturalismo col romanzo *Sognando Palestina*.

divergenti), il che può diventare anche occasione di produzione scritta e di produzione orale, consentendo di integrare il livello emotivo, motivazionale, con quello linguistico funzionale.

Come sottolinea Hallet, la *viewing culture* è una competenza ancora mancante, ma necessaria sia nella formazione degli insegnanti, che nella didattica delle lingue straniere, al fine di sviluppare la capacità discorsiva multimodale,

damit das Sehen als wichtige kulturelle Praxis eine reflexive Dimension gewinnen und Teil einer umfassenderen diskursiven Partizipationsfähigkeit werden kann, die das Ziel aller schulischen Bildung ist (Hallet 2010b, 52).

La tabella che segue è una proposta di attività didattiche per apprendenti principianti, volte a potenziare – a partire dal paratesto o dall'incipit di testi letterari – la competenza linguistico comunicativa, parallelamente alla competenza interculturale/transculturale e a quella estetico letteraria:

Primo/secondo anno di studio		
COMPETENZE LINGUISTICO DISCORSIVE		
Attività di pre lettura	**Gli apprendenti, prima di leggere il testo:** o fanno previsioni sul contenuto sulla base di immagini, del cover, di videoclip, di articoli di giornale o si confrontano con elementi lessicali e sintattici o collegano elementi/temi del testo con il loro mondo o attivano le loro preconoscenze sul tema o attivano e attualizzano, su input dell'insegnante, le loro conoscenze culturali (sul tema specifico, sul periodo storico, sull'autore)	
Attività durante la lettura	**PRODUZIONE SCRITTA** **Gli apprendenti, dopo aver capito il testo:** o formulano semplici dialoghi tra i personaggi o redigono un diario di lettura (prime impressioni sul testo) o descrivono persone, luoghi immagini o fanno un glossario dei nuovi termini	**PRODUZIONE ORALE** **Gli apprendenti, dopo aver capito il testo:** o discutono sulle prime impressioni o mettono in scena un breve dialogo tra i personaggi o verificano la comprensione del testo sulla base di domande guida o altre attività di comprensione proposte dall'insegnante o suggerite da altri alunni (Bredella 2004, 140-142)

Attività dopo la lettura	Gli apprendenti, dopo aver letto il testo: o scrivono una breve continuazione o immaginano una storia	Gli apprendenti, dopo aver letto il testo: o mettono in scena la storia o simulano semplici dialoghi

COMPETENZA ESTETICO-LETTERARIA
Gli apprendenti compilano una semplice tabella:
o autore
o titolo
o anno di edizione/produzione
o personaggi/attori
o genere letterario/cinematografico
o individuano la voce del narratore (chi racconta?)

COMPETENZA INTERCULTURALE/TRANSCULTURALE
Gli apprendenti:
o preparano un poster culturale o una bacheca elettronica (raccolgono termini, temi o fatti individuati nel testo letterario o filmico per contestualizzarlo, corredando ogni definizione con un'immagine o un link per avere ulteriori informazioni, approfondimenti)
o confrontano la situazione, la storia del testo letterario/del film con le vicende del loro mondo

4. Attivare il discorso comunicativo transculturale nella classe di lingua straniera

La trama del giallo multietnico di Lakhous (2006) anticipava in maniera lungimirante la realtà contemporanea. Nella scuola superiore se ne possono proporre anche brevi sequenze o singoli capitoli, in base ai quali enucleare le principali coordinate narrative tramite un'interpretazione immanente/*close reading* (Hallet 2010a, 294).

La fabula del romanzo riflette e interpreta tutta una serie di situazioni e di conflitti, delicati e sensibili, che ne fanno un caso esemplare di come la letteratura transculturale contemporanea possa attivare, nella classe di lingua straniera, un dialogo creativo tra culture, lingue e testi letterari (Eisenmann 2015, 221).

2005, Roma: un'informativa dei servizi segreti ha messo le forze di polizia sulle tracce di un attentato organizzato dalla comunità islamica della capitale. L'indiziato numero uno è il titolare del Call Center "Little Cairo", la cui insegna è visibile già sulla copertina del romanzo. Il giovane siciliano Christian – che per la storia migratoria della sua famiglia di origine padroneggia l'arabo tunisino, ed è laureato in lingua e letteratura araba – viene infiltrato, nei panni del tunisino Issa, disoccupato e senza fissa dimora, nel quartiere multiculturale di viale Marconi, dove presto trova un posto libero in un appartamento di 60 metri quadri (cucina, bagno, due camere da letto), in cui vivono già otto egiziani, un senegalese, un marocchino e un bengalese, tutti musulmani.

In prospettiva didattica, si offre la possibilità di insegnare a descrivere abitazioni, oltre che per proporre aggettivi di nazionalità difficilmente reperibili nei manuali di lingua, per lo più eurocentrici.

Safia, in tasca una laurea in lingue che non le è mai interessata molto, aveva scelto di sposare un giovane emigrato in Italia, dopo che lui aveva sborsato un bel po' di quattrini per la *shebka*. Lakhous usa in questo caso l'espressione araba, il sostantivo che si riferisce ai gioielli con cui si omaggia la fidanzata prenotata. Un sostantivo che "però assomiglia a *shabaka*, un'altra parola che significa rete, come quella del pescatore" (Lakhous, 37): in questo caso una vera e propria trappola.

Safia aveva interpretato il trasferimento nella Mecca della moda come un segno del *maktùb*, del destino (op. cit. 38). Vivere a Roma le avrebbe permesso di realizzare il sogno coltivato fin dall'infanzia, nonostante le recriminazioni del padre per la sua scarsa ambizione: quello di diventare parrucchiera. Se non che il sogno si era infranto quando il promesso sposo, qualche giorno prima del matrimonio, le aveva imposto di portare il velo.

Come si può riconoscere già dalle poche informazioni e dalle coordinate del romanzo, nel suo testo Lakhous affronta volutamente – in un impianto linguistico plurilingue – aspetti culturali di carattere controverso, adatti per la motivazione e per la comunicazione in lingua straniera su temi della vita contemporanea; la diffusa paura del diverso, dello straniero, immagini stereotipate del mondo occidentale relativamente alla pericolosità di tutto ciò che diverge dalla norma e segnala, già in un nome straniero, una sorta di non appartenenza di carattere strutturale:

> La prima domanda che ti fanno sempre è: come ti chiami? Se hai un nome straniero si crea immediatamente una barriera fra il "noi" e il "voi". Il nome ti fa sentire subito se sei dentro o fuori, se appartieni al "noi" o al "voi". Un esempio? Se vivi a viale Marconi e ti chiami Mohamed vuol dire automaticamente che non sei un cristiano o un ebreo, ma

un musulmano. Giusto? Molto probabilmente non sei nemmeno italiano perché i tuoi
genitori non lo sono. E allora? Allora niente. Non conta se sei nato in Italia, se hai la
cittadinanza italiana, parli perfettamente l'italiano eccetera eccetera. Mio caro
Mohamed, agli occhi degli altri non sei (e non sarai mai) un italiano doc, un italiano al
cento per cento, un italianissimo. Diciamo che il nome è il primo marchio della nostra
diversità (Lakhous, 22-23).

Queste riflessioni, che non sono solo percezioni fittizie di un personaggio del
romanzo, ma indirettamente esprimono anche quelle meno fittizie dell'autore (di
cui, in rete, si possono trovare molte interviste e videoclip), continuano con i
primi ricordi di Safia riguardo ai primi mesi successivi all'arrivo in Italia. Ne
fanno parte sia riserve mentali relative alle esperienze della vita sociale
quotidiana, che difficoltà legate al fallimento della comunicazione, contestua-
lizzate però in modo ironico. Questo si riferisce in particolare alla paura della
gente nei confronti di una donna velata, che non soltanto viene indirettamente
respinta, ma anche sovraccaricata del ruolo di potenziale simpatizzante del
terrorismo:

I primi tempi in Italia sono stati durissimi. Quando uscivo per strada la gente mi
guardava con una morbosità quasi ossessiva. [...] negli occhi delle persone vedevo
spesso fastidio, disagio, insofferenza e timore. E mi chiedevo: perché hanno paura di
me? [...] Ero sempre a braccetto con tanti accompagnatori fantasma: i loro nomi? Jihad,
guerra santa, kamikaze, undici settembre, terrorismo, attentati, Iraq, Afghanistan, Torri
gemelle, bombe, undici marzo, al-Qaeda, talebani. [...] Insomma ero una sorta di Bin
Laden, travestito da donna! (op. cit. 62)

In questo contesto si possono affrontare e discutere anche tradizioni quotidiane
del mondo arabo, che rappresentano problemi e generano conflitti tra i cittadini
arabi stessi, oltre che uno specifico uso della lingua, come emerge dalle riflessioni di Safia a proposito di sua figlia Aida:

Il nostro vicino di casa al Cairo, lo zio Attia, diceva: «Avere figlie è come tenere delle
bombe a mano: è meglio sbarazzarsene in fretta!». A chi gli chiedeva quanti figli
avesse, lui rispondeva sempre: «Tre maschi, quattro bombe a mano (da sistemare da
qualche parte, insciallah) e due bombe atomiche (una zitella e una divorziata)» (op. cit.
29).

Le motivazioni con cui Safia/Sofia spiega la sua solidarietà con il velo, nata
dopo aver subito a Roma un triste episodio di razzismo quotidiano – un signore
cinquantenne aveva preteso di essere servito prima di lei al mercato, insul-
tandola: "Una mummia che parla! Perché non te ne torni nel tuo paese? Perché

venite qua da noi a fare casini, a diffondere fanatismo e a mettere le bombe, eh?" (Lakhous, 105) – si può leggere come un'argomentazione in chiave sociologica, una risposta al problema del velo. In un certo senso una replica al modo in cui una parte del mondo politico e della società sta affrontando la questione, scorporandola da aspetti identitari:

> È vero che all'inizio non l'ho scelto, però adesso è il simbolo della mia identità, anzi è la mia seconda pelle. E allora? Allora niente. Non solo devo accettarlo, ma difenderlo pubblicamente. Non è più una questione di velo, di vestito, di tessuto, ma di dignità. Se non accettano il mio velo, vuol dire che rifiutano la mia religione, la mia cultura, il mio paese di origine, la mia lingua, la mia famiglia, in breve la mia intera esistenza. E questo è inaccettabile (op. cit. 105-106).

Per sottolineare ancora l'importanza della funzione educativa (e di conseguenza della funzione didattica) che i testi letterari possono rappresentare per la scuola, si riportano proprio le parole di Lakhous che, nel suo romanzo fa riferimento a problematiche attuali, presenti nella vita quotidiana della scuola, p.e. a proposito dell'abbigliamento:

> La presenza dei musulmani in Italia e in Europa è una grandissima sfida per verificare lo stato della democrazia e il rispetto delle leggi. La costituzione italiana garantisce le libertà individuali, ma sul piano della realtà i musulmani si sentono discriminati perché non riescono ad avere luoghi di preghiera decenti. Sofia si chiede: perché le altre donne possono andare in giro semisvestite mentre lei deve combattere quotidianamente per il suo velo (Brogi 2011b, 8)?

Testi, o sequenze testuali come quelli presentati, contestualizzano un dibattito attuale, sempre più presente nelle classi multiculturali. Una rete intertestuale – che partendo da un testo letterario, lo mette in collegamento con interviste autentiche a uno scrittore con esperienze migratorie, per riflettere poi su altri materiali di attualità – potrebbe rendere più oggettivo, in una classe di lingua straniera, a scuola e all'università, un dibattito che invece, nella realtà, assume spesso toni molto emotivi, rischiando di portare i singoli a barricarsi su posizioni estreme relative alla cultura italiana, o a quella araba, per esempio.

Discutere in lingua straniera su diversi punti di vista può aiutare a mettere in primo piano non tanto le diversità, quanto piuttosto il diritto alle libertà individuali, garantito dalla Costituzione, che spesso non è invece garantito nella prassi, e che per questo può determinare impressioni di marginalizzazione, diventando terreno fertile per fraintendimenti culturali e conflitti. Proporre in classe punti di vista diversi, proprio a partire dall'input di un testo letterario, potrebbe contribuire a sviluppare negli apprendenti "die Fähigkeiten und die Bereitschaft zum Perspektivenwechsel, zur Perspektivenübernahme und zur Perspektivenkoordinierung" (Nünning 2007, 124).

Segue una proposta di attività didattiche per studenti universitari o scolari di livello progredito:

Quinto/sesto anno di studio/università		
COMPETENZE LINGUISTICO DISCORSIVE		
Attività di pre-lettura	**Gli apprendenti, prima di leggere il testo** o sulla base di immagini fornite dall'insegnante, del cover del testo letterario o del film, sulla base di articoli di giornale o di videoclip fanno previsioni sui contenuti, individuano il tema o si confrontano con elementi lessicali e sintattici o collegano elementi/temi del testo con il proprio mondo o attivano le loro preconoscenze sul tema, sul testo o attivano le loro conoscenze culturali (sul tema, sul periodo storico, sull'autore)	
	PRODUZIONE SCRITTA	**PRODUZIONE ORALE**
Attività durante la lettura PRODU-ZIONE ORALE	o redigono un **diario di lettura** (impressioni di lettura, collegamenti con altri testi letti, o con situazioni della propria vita) o dopo aver letto una sequenza, ne scrivono una continuazione o fanno un **glossario** dei nuovi termini	o discutono sulle prime impressioni o mettono in scena un breve dialogo tra i personaggi o descrivono immagini sul tema o parlano di problemi connessi al tema
Attività dopo la lettura	o trasformano il testo di partenza in un **articolo di cronaca**, in **un'intervista a uno dei personaggi**, in una **lettera**, in un altro tipo testuale o si mettono nei panni di uno dei protagonisti del testo e scrivono una lettera a un amico/membro della famiglia (→cambio di prospettiva) o leggono i dati di un grafico o formulano **un finale diverso** o considerano la fabula del testo come l'inizio di una *web novel*, redigendo poi in gruppo la continuazione della storia	o discutono sulle caratteristiche dei paesi e delle culture conosciute attraverso i testi o preparano **un monologo** sugli aspetti controversi del tema trattato (come la penso? quali soluzioni/ alternative propongo)? o organizzano un *talk show*, assegnando ai partecipanti dei ruoli precisi, anche controversi o cercano e discutono articoli di giornale o altri testi sul tema o simulano un'intervista ai personaggi o simulano **un'intervista all'autore**

COMPETENZA ESTETICO-LETTERARIA
Compilano una scheda informativa sul testo: ○ autore – titolo – anno di edizione/produzione- personaggi/attori ○ genere letterario ○ riflettono sulle caratteristiche testuali dell'incipit, dell'explicit, dei personaggi ○ individuano la voce del narratore (chi racconta? da quale prospettiva vengono visti i fatti?) ○ riflettono sulle strutture estetiche del testo (*close reading*) ○ contestualizzano il testo (*wide reading*) ○ scrivono per il giornalino della scuola una breve recensione del testo visto /letto per invitare i loro compagni di altre classi a vedere lo stesso film, a leggere lo stesso libro ○ formulano un testo scritto sul libro letto o sul film visto: "Mi è piaciuto perché"/ "Non mi è piaciuto perché"
COMPETENZA INTERCULTURALE/TRANSCULTURALE
○ preparano un **glossario culturale** (definizione/spiegazione in italiano di termini, o temi o fatti individuati nel testo letterario o filmico, corredando ogni definizione con un'immagine o un link per avere ulteriori informazioni, approfondimenti)[7] ○ cercano altri testi sugli stessi temi e organizzano una discussione ○ raccontano storie personali simili a quelle lette/viste ○ si mettono nei panni di uno dei personaggi del testo (scritto o visto) ○ preparano un progetto sulla multiculturalità nella loro città e nella loro scuola (provenienza degli alunni con background migratorio, ricerca sulle culture dei paesi di provenienza, lingue parlate) ○ confrontano il proprio modo di vedere con quello dei personaggi del testo ○ mettono in collegamento quanto letto/visto con il proprio mondo

4.1 Plurilinguismo

Come abbiamo già visto attraverso la storia di Christina/Issa e di Safia/Sofia, nella narrativa di Lakhous ha un grande ruolo anche l'ibridità della lingua: all'italiano standard e alle sue varianti regionali, si mescolano parole arabe e frasi che imitano il parlato dei migranti. Lo esplicita il commento di Saber, l'inquilino egiziano dell'appartamento di viale Marconi, che dietro il suo letto ha messo la fotografia di una velina ritagliata da una rivista, l'unica donna in una casa musulmana in cui "è strettamente vietato portare alcolici, carne di maiale e soprattutto fimmine" (Lakhous, 68).

---

[7] La bacheca elettronica, il Padlet rappresenta a questo scopo un'ottima possibilità, volta anche a potenziare la competenza mediatica degli apprendenti.

Con Saber, Lakhous ha inserito nel suo romanzo un personaggio che – tenendo religiosamente accanto al letto l'immagine di una certa Simona Barberini, che sogna un giorno di conquistare, limitandosi per il momento a darle un bacio prima di addormentarsi, e a salutarla appena si sveglia – manifesta l'enorme solitudine degli immigrati. Quando Saber, in Italia da quattro anni come aiuto pizzaiolo senza permesso di soggiorno, si accorge che qualcuno gli ha rubato la foto dell'attrice, reagisce così:

> «Oggi è toccato alla bovera Simona, domani sarà il turno di qualcun altro», «Bresto o tardi ci costringeranno a portare la barba fino al collo, ad andare in giro con i camicioni e a sbosare donne con burqa!». Oppure: «Borca buttana, questa casa è un covo di talebani!» (op. cit. 155)

Gli argomenti del giovane egiziano evidenziano le contraddizioni e le incomprensioni esistenti tra i cittadini musulmani stessi. Lakhous le esprime servendosi di una lingua che imita quella dei migranti – simulando p.e. la difficoltà dei parlanti egiziani di pronunciare la labiale 'p', pronunciata per lo più come 'b': una forma di *mimikry* (Bhabha 1994, 51), che non soltanto commenta in modo ironico le strategie di adattamento a una cultura straniera, ma si esprime anche in modo critico nei confronti dei codici culturali della cultura di provenienza.

4.2 La faccenda del velo: proposte applicative

Il tema del velo, sul quale abbiamo già visto esprimersi Safia/Sofia, è senza dubbio un tema attuale anche per la scuola. Per questo ci pare importante proporre un metodo e un modello per affrontare la riflessione in classe.

> La faccenda del velo è complicata.
> Io credo molte cose, ma la prima in assoluto è che gli uomini non ci devono mettere il naso.
> Come se una donna accettasse consigli dal marito su come affrontare la gravidanza. Un uomo, a meno che non sia Arnold Schwarzenegger forse-bravo-come-attore-ma-come-governatore-no-comment nel film dove rimane incinto, non dovrebbe neanche distrattamente né vagamente pensare di avere un'idea di cosa vuol dire avere le mestruazioni, imbottirsi di Buscofen, farsi la ceretta in certe zone, o peggio ancora, avere un feto irrequieto nella pancia che non vede l'ora di essere catapultato fuori.
> Perciò zitti, prego.
> Tolti di mezzo gli uomini, non esiste dibattito. Ognuna faccia come si sente.

Il velo è come la ceretta: falla quando ti pare, ignora quello che gli altri si aspettano da te. Quando senti di potercela fare. Quando non è un sacrificio troppo grande (Ghazy 2007, 15).[8]

Sono riflessioni di Jasmine – la protagonista del romanzo per ragazzi di Ghazy – che vive a Milano, studia legge e ha l'impressione di "essere spaccata a metà" (op. cit. 83). Innanzitutto si sente straniera in casa propria: è italiana, ma i suoi genitori sono egiziani; è musulmana, ma non porta il velo; ama la sua famiglia e la rispetta, ma non accetta che gli "ometti musulmani" si sentano superiori alle donne "e quindi autorizzati a ergersi al ruolo di Giudici" (op. cit. 17). Lei e Amira, la sua amica del cuore, adorano entrambe Jonny Depp: è un chiaro segnale del consumo di una cultura sovversiva rispetto a quella del mondo musulmano al quale tutte e due sono strettamente legate, un indizio della loro doppia appartenenza. Per questo Jasmine è sconvolta quando Amira decide di lasciare l'università per sposare quel 'microcefalo' di "Shedi Abdel-Quel-che-è, perché...[...] «Perché non esiste che lui permetta a sua madre di farti fare una visita ginecologica!»" (op. cit.).

Il romanzo di Ghazy, suddiviso in capitoli brevi, dal titolo tagliente – p.e. "Quando il gioco si fa duro", "Se uno ha voglia di giocare, mica è costretto" – racconta in prima persona e con tecnica multimodale la condizione di Jasmine e della donna musulmana. Si pensi alla grafia della citazione di cui sopra; si veda il sovvertimento ironico di alcune frasi con richiamo intertestuale: la futura suocera dell'amica del cuore di Jasmine, ha preteso dalla ragazza una visita ginecologica allo scopo di "verificare la necessaria e imprescindibile immacolata condizione per sposare il Santissimo di Lei Figlio[9]" (op. cit. 14).

La protagonista del romanzo, come molte altre donne musulmane, nell'Italia del dopo 11 settembre si sente vittima dei più banali pregiudizi circolanti tra gli italiani sul mondo arabo. Ma come si è già visto nella citazione iniziale, sono anche i pregiudizi della comunità di appartenenza a rendere complicata la vita alle donne musulmane, nello specifico a dare a Jas la sensazione che "dentro di me c'è la guerra" (Ghazy, 83). La guerra, cioè uno scontro tra culture, ma – a

---

[8] Da ora in poi le citazioni dal romanzo di Ghazy verranno indicate direttamente nel testo.
[9] Le sottolineature, di S. Bartoli Kucher, fanno riferimento al sovvertimento ironico dei richiami intertestuali di Ghazy.

causa della difficile convivenza di pratiche e codici culturali diversi – anche all'interno della stessa cultura di origine.

Jasmin si stupisce che addirittura suo padre e sua madre, da lei sempre ritenuti moderni, aperti, "occidentalizzati", non appena si accorgono che lei sta frequentando un ragazzo italiano, si pieghino "a tutti quei meccanismi di costrizione che i paesi arabi applicano quotidianamente all'universo femminile" (op. cit. 146). Riflessioni di questo genere esprimono non soltanto le esperienze della protagonista del romanzo, ma articolano anche il dissenso di Ghazy nei confronti della propria cultura di appartenenza; una critica dall'interno, che rappresenta un'offerta anche per gli apprendenti, confrontati con analoghe sfide culturali.

I compiti legati alla competenza performativa potrebbero in questo caso rappresentare un grande potenziale linguistico comunicativo, intriso di competenze transculturali:

• mettere in scena un dialogo tra le due amiche musulmane che intendono in modo diverso il ruolo della donna e il legame alle tradizioni, può aiutare a sviluppare la competenza parziale dell'argomentazione, oltre che il cambio e l'assunzione di prospettive diverse, all'interno di una discussione su una tematica di genere;

• un dialogo tra la musulmana Amira e il suo fidanzato musulmano, interessato solo al rispetto delle tradizioni può far emergere in lingua straniera problematiche e punti di vista diversi all'interno della comunità di origine musulmana, oltre che sensibilizzare gli apprendenti di tutte le culture e religioni sullo scontro di civiltà in atto nel mondo globalizzato della società contemporanea (Hallet & Surkamp 2015, 6-10).

Un'ulteriore sfida di questo romanzo per ragazzi è costituita dalle diverse forme di rappresentazione grafica, dai diversi tipi di scrittura e stili tipografici del layout del testo:

> Se le donne devono mettersi il velo, in fondo è colpa loro, degli uomini, dico, perché non riescono a resistere al travolgente fascino seduttivo del corpo femminile, quindi sostanzialmente il vero problema è: Amira, non sposare Shedi Abdel-Quel-che-è, perché... (Ghazy 17).

Anche la grafia del titolo di ognuno dei 30 capitoli, – in cui a una prima frase breve, spesso in corsivo e in stile nominale, segue la chiusura della parentesi tonda (che non è mai stata aperta), prima che la frase continui, spesso con sintagmi presi a prestito dalla lingua parlata: *"Me la sono cercata)* a detta di mia madre"; *"È incredibile)* ma fottutamente vero"; *"Qualcuno mi dica)* che diavolo fare..." – riconduce alle caratteristiche del romanzo multimodale.

La prosa di Ghazy, semplice e ironica, tematizza certi aspetti della cultura italiana ed europea contemporanea, che possono motivare gli apprendenti sia a confrontarsi con la lingua, che a riflettere sul tema, collegandolo ad altri testi sullo stesso argomento: p.e. al dibattito sul burqa/burkini, così come è stato affrontato dall'opinione pubblica e mediatica in Francia, in Germania, in Italia nell'estate 2016.

Si propone qui di seguito una scheda di lavoro per elaborare in classe diverse prospettive intertestuali a partire dalla lettura, dalla comprensione e dall'interpretazione immanente dei primi tre capitoli di *Oggi forse non ammazzo nessuno.* Il titolo del primo è: *"Innanzitutto")* Una volta le cose non erano così" (op. cit. 11-12); quello del secondo: *"Secondo)* Non capisco perché una si debba sposare così giovane" (op. cit. 13-14), mentre il terzo porta il titolo di: *"Quando il gioco si fa duro)* Se uno non ha voglia di giocare, mica è costretto" (op. cit. 15-18).

La posizione di Jasmin sul velo sposta l'accento da ogni forma di autorità culturale o religiosa, per porlo esclusivamente sulla responsabilità e sul diritto di scelta delle donne: "Che razza di senso ha una legge che ci massifica, che ci laicizza a forza, che ci dice come vestirci, anzi, come non vestirci?" (op. cit. 137).

Una posizione che può essere confrontata, facendo ricorso a un videoclip, con il punto di vista di Nesrine, nata a Firenze in una famiglia di origine marocchina che, pur non essendosi mai fatta domande sulla religione nei primi quindici anni di vita, si è avvicinata poi all'Islam e ai suoi valori, decidendo, al compimento del diciottesimo compleanno, di portare il velo e di andare al mare in burkini.

Nel processo di apprendimento linguistico-culturale, l'impiego di un input audiovisivo autentico come un videoclip, non soltanto cattura l'attenzione degli apprendenti, ma consente loro di attivare e potenziare le proprie competenze linguistico-comunicative. Non solo possono mettere alla prova le proprie abilità ricettive, ma in questo caso riflettere anche sulle varietà regionali dell'italiano, mentre affrontano il punto di vista di un'adolescente italiana sul tema del velo.

"Il motivo per il quale porto il velo" – racconta infatti la ragazza, in fiorentino, al giornalista del *Corriere della Sera* –

> è che se una donna è coperta, non vedi niente di lei, quindi non ti resta che conoscerla. Sei costretto a guardarla per le sue qualità e per i suoi punti forti, per il suo intelletto. La parte carnale, sessuale, viene in secundis, non in primis. [...] La donna viene trattata come una principessa, come un gioiello che va preservato, e non esposto (Storni 2016).

Far leggere a questo punto, a ogni studente nella propria lingua madre[10], per poi discutere in italiano la Sura 24 del Corano intitolata "La Luce", in particolare i versi 31 e segg. a cui la stessa Nesrine fa riferimento, può essere utile per strutturare il dibattito in modo più oggettivo e dare riferimenti concreti al contesto storico e antropologico della discussione mediatica, esplosa nell'estate 2016, dopo la polemica – partita dalla Francia e diffusasi in tutta Europa – sul divieto del burkini.

Mentre l'establishment politico francese ha interpretato la scelta relativa all'abbigliamento estivo delle donne musulmane come espressione di un Islam politicizzato, e per questo incompatibile con i valori della Francia, Nasrine ha usato argomenti a sostegno di una prospettiva praticamente contraria.

Sura XXIV An-Nûr (La Luce)

In nome di Allah, il Compassionevole, il Misericordioso.

1 [Questa è] una sura che abbiamo rivelato e imposto e per mezzo della quale abbiamo fatto scendere segni inequivocabili perché possiate comprendere.

30 Di' ai credenti di abbassare il loro sguardo e di essere casti. Ciò è più puro per loro. Allah ben conosce quello che fanno .

31 E di' alle credenti di abbassare i loro sguardi ed essere caste e di non mostrare, dei loro ornamenti, se non quello che appare; di lasciar scendere il loro velo fin sul petto e non mostrare i loro ornamenti ad altri che ai loro mariti, ai loro padri, ai padri dei loro mariti, ai loro figli, ai figli dei loro mariti, ai loro fratelli, ai figli dei loro fratelli, ai figli delle loro sorelle, alle loro donne, alle schiave che possiedono, ai servi maschi che non hanno desiderio, ai ragazzi impuberi che non hanno interesse per le parti nascoste delle donne. E non battano i piedi sì da mostrare gli ornamenti che celano. Tornate pentiti ad Allah tutti quanti, o credenti, affinché possiate prosperare .

Se poi la ricerca intertestuale confronta gli apprendenti con altri testi sullo stesso argomento, alla discussione possono essere aggiunti altri elementi storico

---

[10] La competenza della mediazione linguistica e culturale (QCE 4.4.4) potrebbe avere un ruolo fondamentale in classi multiculturali per affrontare in lingua straniera la discussione su testi letti nella lingua madre di ciascuno degli apprendenti. A proposito di questa competenza, molto rilevante nella pratica dell'insegnamento delle lingue straniere, rimando a: Schöpp (2010); Reimann & Rössler (2013).

culturali: si può p.e. far riflettere su una delle tante lettere aperte pubblicate dai quotidiani durante l'estate scorsa.

Se si mette al centro della discussione una lettera come quella pubblicata dalla *Repubblica* del 3.8.2016, intitolata "Chi ha paura del burkini?":

Da alcuni giorni si tratta l'argomento burkini. Vorrei ricordare ai nostri connazionali che hanno qualche anno sulle spalle che fino agli anni '60 almeno chi frequentava le spiagge del Sud (in particolare, per me, della mia Calabria) spesso poteva assistere al "bagno delle contadine" ("pacchiane" in calabrese). Erano in quello che oggi verrebbe definito burkini. E nessuno avrebbe mai pensato di farne una battaglia di costume e/o tantomeno religiosa. Erano usanze ed abitudini culturali che credo ancora in qualche posto resistano.

si può far notare che l'autore trascura un elemento di fondamentale importanza: mentre la società calabrese e i costumi a cui si fa riferimento, nonostante tutte le differenze sociali, rappresentavano una società omogenea dal punto di vista culturale e religioso, il dibattito attuale ha luogo in un ambito culturale e religioso molto eterogeneo, in cui anche semplici segnali culturali della vita quotidiana, come la scelta di portare il velo, possono assumere per l'interlocutore un significato del tutto diverso.

Sulla base di questi, e di altri testi, letterari e non, si può proporre una scheda di lavoro come quella che segue, per mettere a confronto prospettive diverse, esercitando in lingua straniera la competenza dell'argomentazione:

Scheda di lavoro	Corano: Sura XXIV	Testi letterari	Testi mediatici
Contesto storico e sociale			
Intenzione dell'autore			
Potenziale interpretativo del testo			
Reazioni del lettore			

5. Conclusioni e prospettive

Dal confronto di prospettive dovrebbe emergere la complessità delle culture che nella nostra società convivono. Se in una classe di lingua straniera, attraverso una rete intertestuale come quella proposta, si privilegia lo sviluppo della capacità di cambiare prospettiva, gli apprendenti potrebbero venire sensibilizzati a relativizzare il proprio punto di vista, a sapersi e volersi calare in quello di altri individui e di altri personaggi, riflettendo così anche sulla propria identità e assumendo la consapevolezza che – come dice Jasmine, attraverso l'ironia della sua autrice: "Non esiste la diversità, [...] .... così come non esiste la normalità" (Ghazy 199):

> Desidero svegliarmi di giorno e sentirmi parte di qualcosa che mi accetti, accettarla a mia volta, sapere di poter condurre una vita ibrida senza per questo sentirmi strana, continuare a stare a metà e sentirmi bene [...].

È auspicabile che, anche nella didattica delle lingue straniere, la letteratura assuma il ruolo di un "Handlungsfeld" (Abraham 2013, 89). Questo implica che le competenze parziali cognitive, motivazionali, interattive per la gestione del testo letterario diventino standard nella formazione degli insegnanti di lingua straniera, così che chi insegna sappia portare in classe il 'gusto della ricezione' del testo letterario (anche di lingua straniera), contribuendo a formare negli apprendenti la capacità di contestualizzazione e di cambio di prospettiva (op. cit. 93).

Riferimenti bibliografici

ABRAHAM, Ulf. 2013. "Geteilte Aufmerksamkeit für Literatur? ‚Literarische Kompetenz' als Fähigkeit kulturelle Praxis zu teilen", in: Hallet, Wolfgang. ed. *Literatur- und Kultur-wissenschaftliche Hochschuldidaktik Konzepte, Methoden, Lehrbeispiele.* Trier: Wissen-schaftlicher Verlag, 87-119.

ASSMAN, Aleida. 1998. "Kanonforschung als Provokation der Literaturwissenschaft", in: von Heydebrand, Renate. ed. *Kanon – Macht – Kultur. Theoretische, historische und soziale Aspekte ästhetischer Kanonbildung.* Stuttgart/Weimar: Metzler, 47-59.

BACHMANNPREIS: https://bachmannpreis.orf.at/stories/2783570/.

BEN JELLOUN, Tahar. 2016. *Le mariage de plaisir.* Édition Gallimard 2016.

BENVENUTI, Giuliana & CESERANI, Remo. 2012. *La letteratura nell'età globale.* Bologna: Il Mulino.

BHABHA, Homi. 1994. *The location of Culture.* London, New York: Routledge.

BREDELLA, Lothar. 2004. "Interkulturelles Verstehen mit multikulturellen Jugendromanen", in: Bredella, Lothar & Burwitz-Melzer, Eva. edd. *Rezeptionsästhetische Literaturdidaktik mit Beispielen aus dem Fremdsprachenunterricht Englisch.* Tübingen: Narr, 139-197.

BROGI, Daniela. 2011a. Smettiamo di chiamarla «letteratura della migrazione»?, in: https://www.nazioneindiana.com/2011/03/23/smettiamo-di-chiamarla-%C2%ABletteratura-della-migrazione%C2%BB/ .

BROGI, Daniela. 2011b. "Le catene dell'identità. Conversazione con Amara Lakhous", in: *Between 1,1*, consultabile anche in: http://ojs.unica.it/index.php/between/article/viewFile/ 152/128.

CONSIGLIO D'EUROPA. 2002. *QCE. Quadro comune Europeo di Riferimento per le Lingue: apprendimento, insegnamento, valutazione* (traduzione italiana di Franca Quartapelle e Daniela Bertocchi). Firenze: La Nuova Italia.

CORANO: http://www.islamicbulletin.org/italian/ebooks/quran/il_corano_it.pdf.

DELANOY, Werner. 2008. "Transkulturalität und Literatur im Englischunterricht", in: *Fremdsprachen Lehren und Lernen* 37, 95-108.

EISENMANN, Maria. 2015. "Crossovers – Postcolonial Literature and Transcultural Learning", in: Delanoy, Werner & Eisenmann, Maria & Matz, Frauke. edd. *Learning with Literature in the EFL Classroom*. Frankfurt am Main & Berlin & Bern: Lang, 217-236

FREITAG-HILD, Britta. 2010. *Theorie, Aufgabentypologie und Unterrichtspraxis inter- und transkultureller Literaturdidaktik*. Trier: WVT.

GENETTE, Gérard. 1976. *Figure III*. Torino: Einaudi.

GHAZI, Randa. 2002. *Sognando Palestina*. Milano: BUR ragazzi.

GHAZI, Randa. 2007. *Oggi forse non ammazzo nessuno. Storie minime di una giovane musulmana stranamente non terrorista*. Milano: Fabbri.

HALLET, Wolfgang. 2007. "Ein kulturwissenschaftlicher didaktischer Ansatz", in: Hallet, Wolfgang & Nünning, Ansgar. edd. *Neue Ansätze und Konzepte der Literatur- und Kulturdidaktik*. Trier: Wissenschaftlicher Verlag, 31-48.

HALLET, Wolfgang. 2010a. "Viewing Cultures: Kulturelles Sehen und Bildverstehen im Fremdsprachenunterricht", in: Hecke, Carola & Surkamp Carola. edd. *Bilder im Fremdsprachenunterricht. Neue Ansätze, Kompetenzen und Methoden*. Tübingen: Narr, 26-54.

HALLET, Wolfgang. 2010b. "Methoden kulturwissenschaftlicher Ansätze: Close Reading and Wide reading", in: Nünning, Vera & Nünning Ansgar. edd. *Methoden der literatur- und kulturwissenschaftlichen Textanalyse*. Stuttgart & Weimar: Metzler, 293-316.

HALLET, Wolfgang & SURKAMP, Carola. edd. 2015. *Dramendidaktik und Dramapädagogik im Fremdsprachenunterricht*. Trier: Wissenschaftlicher Verlag.

HECKE, Carola. 2010. "Zum Gewinn bildproduktiven Arbeitens im fremdsprachlichen Literaturunterricht", in: Hecke, Carola & Surkamp, Carola. edd. *Bilder im Fremdsprachenunterricht. Neue Ansätze, Kompetenzen und Methoden*. Tübingen: Narr, 147-180.

HERMES, Liesel. 1998. "Leseverstehen", in: Timm, Johannes-Peter. ed. *Englisch lehren und lernen. Didaktik des Englischunterrichts*. Berlin: Cornelsen, 229-236.

KLEINHANS, Martha & SCHWADERER Richard. edd. 2013. *Transkulturelle italophone Literatur. Letteratura transculturale italofona*. Würzburg: Königshausen & Neumann.

KRAMSCH, Claire. 1993. *Context and Culture in Language Teaching*. Oxford: Oxford University Press.

KRUMM, Hans-Jürgen. 2009. "Was lernt man, wenn man Sprachen lernt? ", in: Bausch, Karl-Richard & Burwitz-Melzer, Eva & Königs, Frank G. & Krumm, Hans-Jürgen. edd. *Fremdsprachenunterricht im Spannungsfeld von Inhaltsorientierung und Kompetenzbestimmung*. Tübingen: Narr, 104-112.

LAKHOUS, Amara. 2010. *Divorzio all'islamica a viale Marconi*. Roma: e/o.

LÜGER, Heinz-Helmut & RÖSSLER, Andrea. edd. 2008. *Wozu Bildungsstandards? Zwischen Input- und Outputorientierung in der Fremdsprachenvermittlung*. Landau: Verlag Empirische Pädagogik.

NÜNNING, Ansgar. 2007. "Perspektivenvielfalt, Perspektivenwechsel und Perspektivenübernahme", in: Hallet, Wolfgang & Nünning, Ansgar. edd. *Neue Ansätze und Konzepte der Literatur- und Kulturdidaktik*, Trier: WVT, 123-142.

NÜNNING, Ansgar & SURKAMP, Carola. 2006. *Englische Literatur unterrichten 1: Grundlagen und Methoden.* Seelze-Velber: Kallmeyer.

REIMANN, Daniel. 2014. *Transkulturelle kommunikative Kompetenz in den romanischen Sprachen. Theorie und Praxis eines neokommunikativen und kulturell bildenden Französisch-, Spanisch-, Italienisch- und Portugiesischunterrichts.* Stuttgart: ibidem.

REIMANN, Daniel & RÖSSLER, Andrea. edd. 2013. *Sprachmittlung im Fremdsprachenunterricht.* Tübingen: Narr.

SCHÖPP, Frank. 2010. "Mediation als praxisrelevante Kompetenz im Italienischunterricht", in: *Italienisch* 32, 1, 88-109.

SCHUMANN, Adelheid. 2008. "Transkulturalität in der Romanistischen Literaturdidaktik. Kulturwissenschaftliche Grundlagen und didaktische Konzepte am Beispiel der *littérature beur*", in: *Fremdsprachen Lehren und Lernen* 37, 81-93.

STORNI, Jacopo. 2016. "Io, 18enne italiana, da quest'anno vado al mare col burkini", in: http://video.corriere.it/io-18enne-italiana-quest-anno-vado-mare-col-burkini/5a454694-66a0-11e6-a871-4e65f9c31faf.

SURKAMP, Carola. 2012. "Literarische Texte im kompetenzorientierten Fremdsprachenunterricht". In: Hallet, Wolfgang & Krämer, Ulrich. edd. *Kompetenzaufgaben im Englischunterricht. Grundlagen und Unterrichtsbeispiele.* Seelze-Velber: Klett/Kallmeyer 77-91.

SURKAMP, Carola & NÜNNING, Ansgar. 2009. *Englische Literatur unterrichten 2. Unterrichtsmodelle und Materialien.* Seelze-Velber: Klett/Kallmeyer.

VIALE MARCONI: https://www.laveracronaca.com/reportage/roma-c-era-una-volta-piazza-vittorio/.

WELSCH, Wolfgang. 2011. "Was ist eigentlich Transkulturalität?" In: Welsch, Wolfgang. ed. *Immer nur der Mensch? Entwürfe zu einer anderen Anthropologie.* Berlin: Akademie Verlag, 294-322; consultabile anche in: http://www2.uni-jena.de/welsch/papers/W_Welsch_Was_ist_Transkulturalit%C3%A4t.pdf.

Elenco delle immagini
1. Copertina di *Divorzio all'islamica a viale Marconi*. Amara Lakhous. Roma: e/o 2010.
2. Copertina di *Oggi forse non ammazzo nessuno. Storie minime di una giovane musulmana stranamente non terrorista.* Randa Ghazi. Milano: Fabbri 2007.

Scoprire la commedia settecentesca.

Un progetto interdisciplinare per promuovere un lavoro creativo e orientato all'azione con testi letterari nella lezione d'italiano LS

Michaela Rückl & Rachele Moriggi (Salisburgo)

1.   Alcune osservazioni sull'insegnamento dell'italiano come lingua straniera in Austria e in Germania

In Austria l'italiano si insegna nei licei e nelle scuole professionali come seconda o terza lingua straniera, in Germania per lo più come terza lingua straniera soprattutto nei licei (Reimann 2016, 513). In entrambi i paesi, l'italiano è molto apprezzato nell'ambito della formazione degli adulti. L'ampia offerta di corsi di lingua a sfondo culturale, artistico o letterario conferma che l'Italia è una meta turistica sempre molto ambita tra coloro che amano il relax e la buona cucina ma che vogliono anche arricchire il loro soggiorno con spunti artistici e culturali. Il difficile raggiungimento di un livello linguistico superiore a B1 rende spesso ostico il lavoro con testi autentici, soprattutto se si tratta di testi di epoche passate.[1] Questa situazione fa sì che nei manuali scolastici i testi letterari vengano pressoché ignorati o, in alcuni casi, trattati in modo poco approfondito, nonostante il Quadro Comune Europeo per le Lingue – pilastro per i programmi ministeriali di tutta Europa – preveda di promuovere anche "le risorse cognitive e affettive, la volontà e tutta la gamma delle capacità possedute e utilizzate da un individuo in quanto attore sociale" (Consiglio d'Europa 2002, 11). Per portare a compimento determinati compiti non solo linguistici, ma anche comunicativi, vanno quindi promosse tutte le competenze degli alunni. Valorizzare il potenziale del testo letterario come strumento per un interagire linguistico che superi la sfera quotidiana è quindi di massima importanza (Santoro 2011).

---

[1]   Dalle descrizioni del Quadro Comune Europeo di Riferimento – che successivamente verrà indicato con l'acronimo QCER – emerge che il lavoro con testi letterari è possibile solo a partire dal livello C1: "Riesco a capire testi letterari e informativi lunghi e complessi e […] apprezzare le differenze di stile." Per il livello B1 è previsto solamente quanto segue: "Riesco a capire testi scritti di uso corrente legati alla sfera quotidiana o al lavoro. Riesco a capire la descrizione di avvenimenti, di sentimenti e di desideri contenuta in lettere personali" (Consiglio d'Europa 2002, 34-35).

In quest'articolo si descrive un progetto interdisciplinare nell'ambito del quale sono stati creati materiali previsti per la scuola superiore secondaria: si tratta di materiali orientati all'azione e alle competenze. Lo scopo era trovare un punto d'incontro che rispettasse le direttive degli standard formativi, l'interesse degli alunni e le caratteristiche del testo letterario: un'impresa che la didattica persegue da anni (Fäcke 2011, 204). Il risultato del progetto sarà illustrato in seguito sulla base di un'unità didattica esemplare che, tematicamente, tratta la commedia settecentesca.

2.   Il ruolo dei testi letterari nella lezione d'italiano come lingua straniera

In Austria la letteratura è sparita dai programmi ministeriali per le lingue straniere a scuola, programmi che rispecchiano i parametri dettati dal QCER (BMBF 2015). Questo riguarda in parte anche la Germania, dove si notano delle differenze tra i vari *Länder*. Tali programmi puntano all'orientamento all'azione[2] per promuovere la competenza comunicativa e descrivono solo in modo indiretto il ruolo della letteratura. Il capitolo 5 presenta una serie di competenze che il discente deve raggiungere per svolgere compiti in situazioni comunicative (Consiglio d'Europa 2002, 125sgg.). Il ruolo della letteratura, al primo sguardo, sembra essere di minore importanza. Sembra comparire solo tra le competenze generali e rientrare, seppur in modo implicito, nella sottocategoria 'sapere dichiarativo' insieme al bagaglio culturale e al sapere socio-culturale. Di conseguenza, in classe, i testi letterari fungono per lo più da spunto introduttivo per trattare tipologie testuali diverse e, a causa dei livelli linguistici relativamente bassi per quanto riguarda le seconde e terze lingue straniere, hanno perso sempre più l'importanza che ricoprivano una volta: in Austria, dove vigono delle direttive a livello nazionale, oggi si mira a un livello B1 per la seconda e A2 per

---

[2] L'orientamento all'azione come punto di partenza per l'insegnamento in generale ha influenzato in modo essenziale la didattica delle lingue straniere degli ultimi decenni. Si sviluppa dall'approccio comunicativo rappresentato da studiosi come Henry Widdowson (1978), Christopher Brumfit e Keith Johnson (1979), Michael Breen e Christopher Candlin (1980) e William Littlewood (1981).

la terza lingua straniera, dando la massima attenzione alle competenze comunicative orali.

In questo contesto risulta dunque molto importante la creazione di materiali didattici riferiti a opere letterarie, materiali che rispecchino sia le caratteristiche peculiari del testo letterario sia i parametri di un approccio orientato all'azione. I manuali scolastici che si attengono rigidamente alle direttive istituzionali e amministrative (nelle quali, per i motivi sopracitati, non si esplicita chiaramente la necessità dell'impiego di testi letterari), li propongono sempre più raramente. Lo dimostra l'esteso saggio di Christine Michler relativo a quattro nuovi manuali di francese: secondo i suoi risultati non è prevista alcuna rubrica riguardante i testi letterari, testi che compaiono solo se in qualche modo collegati al tema della lezione − isolati e in versione non integrale (Michler 2005, 130sgg.). Quest'analisi troverebbe sicuramente conferma nel caso di manuali d'italiano e di spagnolo.[3] Gli insegnanti che nell'ambito del loro percorso universitario hanno potuto conseguire una formazione letteraria approfondita e conoscere approcci didattico-letterari possono quindi contare su pochissimi materiali didattici adeguati di riferimento (cfr. i curricoli, le descrizioni dei corsi di filologia e opere introduttive alla didattica come Sarter 2006, 86sgg.; Fäcke 2010, 189-206; Fäcke 2011, 189-206; Balboni 2014, 155-170). I conosciuti e diffusi *Easy Reader* non possono colmare questa lacuna a causa dell'estrema semplificazione linguistica dei testi proposti: tagli e rielaborazioni didattizzate dei testi non apportano nessun valore (estetico e didattico) aggiunto. Ci sembra quindi di primordiale importanza la pretesa di Fäcke già menzionata in precedenza, secondo la quale è necessario trovare una strada costruttiva che tenga conto degli standard formativi, dell'interesse degli alunni e delle caratteristiche del testo letterario (Fäcke 2011, 204).

---

[3] Per l'italiano, che in Germania si insegna molto meno che in Austria, non ci è noto nessuno studio del genere. Anche Reimann lo conferma (2009).

3.   **Perché lavorare con testi letterari in generale e teatrali in particolare?**

I testi letterari offrono ai lettori spunti inusuali e inaspettati che permettono loro di analizzare criticamente le proprie pratiche sociali e il proprio comportamento, così come abitudini comunicative e interazionali (Hallet 2011, 118).

Il fatto che né gli standard formativi né i programmi ministeriali rilevino il valore aggiunto dei testi letterari costringe la letteratura a doversi legittimare come ambito integrante della lezione per quanto concerne la promozione di competenze specifiche (Bracker 2015, 21). E questo non riguarda solo l'Austria, ma anche la vicina Germania: Daniela Caspari, sulla base delle sue analisi riguardanti la lezione di lingua straniera del 2013, afferma che i testi letterari non sono ancora trattati in modo tale da garantire la promozione di scopi formativi rilevanti. L'ostacolo, però, non sarebbe costituito (solamente) dagli standard formativi. Questi ultimi sottolineano come l'orientamento alle competenze e agli scopi formativi non siano tra di loro contradditori in caso di testi letterari, ma necessari l'un l'altro: il valore formativo di tali testi non si può infatti raggiungere o realizzare senza la competenza letteraria (Caspari 2013, 72).

Sarebbe dunque necessario reintrodurli a scuola in un'altra ottica che rivaluti la promozione delle competenze linguistiche e l'aspetto (inter-)culturale e che dia agli studenti l'occasione di interagire in prima persona con il testo letterario autentico. L'intenzione dell'iniziativa presentata non è, infatti, quella di tornare ai tempi in cui si faceva storia della letteratura durante la lezione di lingua, ma di presentare testi letterari in un'ottica sia orientata all'azione sia alla pura fruibilità estetica ed emotiva. E all'emotività si collega necessariamente l'aspetto del piacere e dell'empatia. Questo perché leggere va considerato un atto necessario per dare forma alle proprie esperienze, per conoscere se stessi e il mondo circostante (Cataldo 2009, 16). Il piacere più immediato che il lettore sperimenta può nascere dal fatto di poter riconoscere strutture narrative, vivere situazioni irrealistiche o provare un'emozione estetica, il che si manifesta poi in una sensazione di evasione, uno degli obiettivi più comuni della lettura (Levorato 2000, 97). Se il lettore riconosce anche somiglianza "tra le proprie concezioni del mondo e del Sé e quelle incarnate dal personaggio", può provare persino il piacere dell'identificazione empatica (op. cit. 213).

D'altro canto, il testo letterario deve essere inteso anche come strumento per un interagire linguistico che rispecchi gli scopi comunicativi. Spesso, nell'ambito dell'insegnamento delle lingue straniere, l'approccio di tipo comunicativo viene però limitato alla sola sfera quotidiana e subisce, di fatto, un'interpretazione riduttiva delle sue potenzialità. L'interazione linguistica non si limita, infatti, al quotidiano (Santoro 2011). Per quanto riguarda la tipologia testuale trattata in quest'articolo, ovvero il testo teatrale, crediamo che si riveli particolarmente adatta a creare stimoli nuovi e forse poco sperimentati nelle classi di italiano L2: promuove le capacità immaginative e soprattutto interpretative degli alunni, permettendo loro di mettersi letteralmente nei panni dei personaggi incontrati.

4. Scopi e svolgimento del progetto

4.1 Premesse e scopi della formazione universitaria degli insegnanti in Austria

Per i motivi menzionati in precedenza, gli studenti austriaci che conseguono l'abilitazione all'insegnamento non avranno probabilmente mai sperimentato in prima persona – durante il loro percorso scolastico – il valore aggiunto dei testi letterari. Si rivela dunque di estrema importanza creare *learning opportunities* che permettano di sperimentare in modo consapevole questo valore. Tali opportunità, insieme a materiali adeguati per la promozione di competenze linguistiche, comunicative e letterarie, dovrebbero stimolarli a basare le loro lezioni su approcci didattico-letterari attuali. Anche se il ruolo dei testi letterari nella lezione di lingua rimarrà comunque marginale, si dovrebbe sfruttarne al meglio il potenziale al fine di coinvolgere emotivamente gli alunni e permettere loro di immergersi nella lingua e nella cultura di altri paesi (Kramsch 1993; Volkmann 2007). Tematizzare generi testuali e registri diversi potrebbe fungere da nesso. Gli alunni dovrebbero avere la possibilità di valorizzare al meglio le proprie esperienze e conoscenze al fine di potersi rapportare emotivamente e cognitivamente al testo in questione. Si mira a risvegliare in loro l'interesse e la curiosità per paesi e culture straniere (Catizone 2006) e ciò rispecchia i principi di un insegnamento linguistico incentrato sul discente e orientato all'azione, principi descritti nei programmi ministeriali relativi alla lezione di lingua straniera (per l'Austria cfr. BMBF 2015). Un tale approccio promuove anche la competenza letteraria che, secondo Rössler (2010), si suddivide in varie sotto-competenze, come quelle cognitivo-analitiche ricettive e produttive, quelle immaginative e infine quelle affettivo-attitudinali.

Nell'ambito del progetto in questione sono state elaborate unità didattiche che permettono di lavorare con opere rappresentanti le varie forme della commedia settecentesca a un livello B1. Le attività proposte rispecchiano l'approccio comunicativo-funzionale dei programmi ministeriali (BMBF 2015) e non si limitano esclusivamente a un apprendimento letterario utilita-ristico (Decke-Cornill & Küster 2014, 261): offrendo spunti per un lavoro linguistico e contenutistico, stimolano alla riflessione sulla lingua e all'analisi critica. Come mostrano gli esempi che seguiranno, mirano alla promozione di competenze sia linguistico-comunicative che letterarie.

4.2 La commedia settecentesca come spunto per un'impostazione interdisciplinare

Il progetto è stato realizzato grazie alla collaborazione interdisciplinare tra più ambiti previsti dal piano di studi universitario, in particolare tra un corso di letteratura e uno di glottodidattica, collaborazione intensa e flessibile che è stata supportata dall'aiuto di un assistente. La preparazione contenutistica e letteraria è avvenuta durante il corso di letteratura incentrato sulla commedia settecen-tesca. Gli studenti hanno osservato le particolarità socioculturali dell'epoca e le caratteristiche testuali specifiche del testo teatrale: ciò ha garantito un'analisi contestualizzata delle opere scelte. L'obiettivo del corso di glottodidattica era trasmettere approfondite conoscenze metodico-didattiche al fine di per-mettere agli studenti una valutazione e una successiva scelta autonoma di fonti e testi adeguati, così come l'elaborazione di attività didattiche orientate alle competenze che illustrassero in modo esemplare il rapporto tra lingua e cultura (PLUS 2013). Gli studenti hanno quindi ampliato le loro conoscenze grazie a un'analisi in prospettiva didattica delle opere trattate nel corso di letteratura per poi elaborare, in piccoli gruppi, materiali didattici per un livello B1, il tutto basandosi su un catalogo di criteri che è servito come strumento sia di guida sia di valutazione trasparente. Agli studenti è stata offerta, inoltre, la possibilità di correggere e rielaborare i materiali prima di consegnare la versione definitiva al fine di poter valorizzare al meglio le conoscenze acquisite durante il corso. Orientamento all'azione e al discente e integrazione di aspetti (inter-)culturali si sono rivelati aspetti qualitativi di rilevanza notevole, compatibili a pieno anche con i criteri fondamentali della lezione di lingua promossi dal QCER (Consiglio d'Europa 2002, 11, cfr. cap.1).

Il progetto si è concluso con un corso di aggiornamento per insegnanti di italiano di scuole superiori secondarie organizzato dalla *Pädagogische Hochschule*,[4] corso che ha messo in contatto diretto studenti, docenti universitari e insegnanti d'italiano. Dopo una breve introduzione letterario-didattica da parte dei docenti, gli studenti hanno presentato e discusso insieme agli insegnanti i materiali da loro svolti. La discussione ha portato a un duplice vantaggio: gli insegnanti hanno ricevuto dagli studenti nuovi impulsi per le loro lezioni; gli studenti, grazie al feedback degli insegnanti relativo all'efficacia pratica e alla rilevanza contenutistica dei materiali per la quotidianità scolastica, hanno potuto riflettere in maniera critica sui materiali elaborati e raccogliere proposte di modifiche. Il contatto immediato con gli insegnanti e con la scuola nell'ambito di un tale seminario è quindi importantissimo: da un lato sia gli studenti sia i docenti universitari ricevono un feedback concernente la praticabilità delle proposte didattiche, dall'altro gli insegnanti ricevono in cambio nuovi materiali per la classe. Queste sinergie portano a una cooperazione proficua che collega le scienze della letteratura con la teoria didattica e la pratica quotidiana.

4.3 Pubblicazione online dei materiali didattici elaborati

Gli studenti universitari e gli insegnanti che hanno partecipato al corso d'aggiornamento hanno ricevuto una versione digitale di tutti i materiali elaborati. I materiali più interessanti ed efficaci sono poi stati caricati sulla piattaforma di didattica italiana dell'Università di Salisburgo www.italianoAscuola.at. Questa piattaforma, online dal 2003, è concepita come punto d'incontro tra formazione universitaria degli insegnanti di italiano come lingua straniera e pratica quotidiana nelle scuole. Gli studenti hanno la possibilità di caricare online i

---

[4] In Austria è l'istituto incaricato della formazione continua di tutti gli insegnanti.

materiali da loro elaborati nell'ambito dei vari corsi di glottodidattica. Agli utenti iscritti è richiesto, in caso di download, un feedback sull'efficacia dei materiali scaricati. La piattaforma funge quindi da borsa di scambio per materiali didattici relativi a vari ambiti dell'insegnamento dell'italiano, materiali che possono essere cercati secondo categoria, autore e testo. Attualmente la piattaforma conta circa 400 moduli didattici e 2.500 iscritti a livello mondiale, tra i quali studenti, insegnanti e alunni (Rückl 2015).

5. Risultati del progetto: unità didattiche concrete

5.1 Caratteristiche generali e temi delle unità didattiche

La lettura di testi in lingua straniera si dimostra indubbiamente più impegnativa rispetto a quella nella madrelingua e questo non solo per i giovani lettori. Naturalmente questo fattore influenza la velocità, la motivazione e le tecniche di lettura (Lutjeharms 1988; Ehlers 2007). È quindi molto importante capire quali difficoltà si devono affrontare durante la lettura in una lingua straniera per poter ideare compiti ed esercizi calibrati. Lo scopo era promuovere in modo efficace abilità, capacità, conoscenze e attitudini degli alunni al fine di rendere possibile un'esplorazione individuale e piacevole della letteratura (Surkamp 2012, 88).

Le unità didattiche elaborate dovevano quindi presentare diversi formati di attività che, secondo il grado di difficoltà linguistica e contenutistica, avrebbero dovuto garantire una comprensione di tipo globale, selettivo o dettagliato. Le soluzioni degli esercizi fornivano una sorta di riassunto delle varie scene, facilitando così la comprensione dei brani successivi.

I temi delle unità si riferivano proprio ai contenuti del corso di letteratura sulla commedia settecentesca e spaziavano da scenari 'noti', come nel caso dell'unità che osserveremo in dettaglio nel capitolo 5.3 – ovvero "Viaggiamo nel Settecento accompagnati da Truffaldino" – a scenari sicuramente meno conosciuti e molto più esotici come nel caso di "Persiani, russi e cinesi – il teatro ispirato da altri paesi", unità che illustrava l'esotismo nelle opere di Gozzi e Chiari. La commedia dell'arte e l'esotismo fungevano da filo conduttore tematico: da un'unità sulla *Bottega del caffè* goldoniana alle vicende della Turandot pucciniana e gozziana. Altre unità erano incentrate sulle origini della commedia dell'arte e sui suoi elementi tipici, come ad esempio: "Ciao, mi chiamo Arlecchino! La commedia dell'arte e i suoi personaggi"; mentre "Esiste la vera amicizia?" era basata sull'opera *I pregiudizi dei paesi piccoli ossia lo scultore ed il cieco* di Camillo Federici.

Nell'elaborazione delle unità gli studenti dovevano applicare una vasta gamma di concetti didattici affrontati nei corsi. In questo modo non solo hanno potuto approfondire le loro conoscenze, ma anche imparare a impiegare i mezzi di comunicazione e le potenzialità del Web 2.0. in maniera efficace e sperimentare in prima persona il lavoro cooperativo.

5.2   Un approccio orientato all'azione per promuovere competenze (letterarie) differenziate

Nelle unità in questione si è sperimentato un tipo di lettura che non fosse prettamente efferente (Rosenblatt 1978), ma estetica. Le attività non erano quindi incentrate sulla mera ricerca di informazioni (lettura efferente), ma miravano anche alle libere associazioni mentali, alle sensazioni e alle idee che scaturiscono durante la lettura (lettura estetica). Si tratta di "forme distinte ma non contraddittorie" di lettura, di "estremi di un continuum tra i quali ci si muove nel processo di lettura" (Di Benedetto 2012, 8), di due approcci che interagiscono e in cui "la predominanza dell'uno o dell'altro dipende dal tipo di testo, dal nostro obiettivo o dalla nostra predisposizione" (Delucia 2012, 37-38).

Era dunque fondamentale fornire situazioni e contesti che non solo fossero autentici o verosimili, ma che permettessero all'alunno di osservare, di scoprire e di agire concretamente.

Attività adeguate per coinvolgere gli alunni in forme di lavoro che richiedano una partecipazione attiva e individuale possono non solo promuovere la comunicazione in lingua straniera, ma preparare gli alunni ad agire nella lingua target, cioè a svolgere compiti usando le proprie competenze per raggiungere un determinato risultato. Questo approccio metodologico non è nuovo. Lo troviamo già in Comenio, che nel XVII secolo ha affiancato alla didattica la matetica, teoria che situa il discente al centro dell'apprendimento (Anton 2003). Si riflette nelle varie forme del *task-based learning* come concepite da Nunan (2004) ed Ellis

(2003), per nominare solo due rappresentati di spicco. Un tale approccio è basato sull'esperienza che l'alunno fa in prima persona partendo da una situazione concreta, è organizzato per compiti e dà importanza non solo al risultato raggiunto, ma al processo svolto (Bach & Timm 2003). Ha influenzato i programmi ministeriali i cui scopi mirano non solo alle competenze linguistico-comunicative che si manifestano sotto forma di abilità linguistiche, ma anche a quelle riferite alla personalità e all'apprendimento stesso.

Nella lezione d'italiano vanno dunque sfruttate al meglio le capacità cognitive ed emotive degli alunni e gli obiettivi didattici devono mirare all'acquisizione di competenze che vadano oltre un sapere di tipo nozionistico.

Le forme di lavoro adottate nelle unità in questione si ispiravano ai principi fondamentali di questi approcci: erano per lo più autonome, richiedevano la ricerca di informazioni, la soluzione di un problema (*problem-solving*), il lavoro cooperativo e la presentazione dei risultati comuni. Stimolavano gli alunni a svolgere compiti mirati a realizzare un progetto, alternando il lavoro individuale a quello di gruppo. Tramite la scelta di obiettivi trasparenti si è provato a guidare il processo di apprendimento e, allo stesso tempo, a permettere agli alunni di partecipare attivamente.

I contesti autentici e coerenti offerti dalle unità invitavano gli alunni ad applicare concretamente ciò che avevano imparato. Coinvolgendo direttamente i discenti, i materiali avrebbero permesso loro di assumersi la responsabilità del loro apprendimento. In classe, un approccio del genere può quindi aumentare sia l'autonomia che la motivazione, fattori importantissimi che l'insegnante può solo promuovere.

Motivazione e apprendimento rimandano, infatti, a un intreccio di fattori cognitivi e affettivi molto complessi che devono essere promossi. Si tratta di un atteggiamento che dipende dalla curiosità, da vari bisogni (p.es. di competenza o di affermazione) e da molteplici capacità personali (Polito 1997). Secondo la gran parte degli studiosi gli elementi fondamentali della motivazione sono l'obiettivo (desiderato o ignorato), le reazioni affettive, personali ed emozionali e le aspettative relative alla capacità di raggiungere l'obiettivo (Mariani 2006). Tramite il lavoro con testi letterari, come descritto qui sopra, si punta a promuovere la motivazione in vari modi: attraverso una realizzazione di compiti concreti e verosimili, una maggiore consapevolezza dei processi di apprendimento e una maggiore autostima che risulta da esperienze gratificanti durante lo svolgimento delle attività. Si prova, infatti, soddisfazione quando ci si impegna di propria iniziativa in un'attività che piace e in cui ci si sente competenti.[5]

5.3 "Viaggiamo nel Settecento accompagnati da Truffaldino" – esempio concreto di un'unità 'settecentesca' orientata all'azione

Per illustrare in modo concreto come i temi letterari possano essere impiegati al meglio in una lezione d'italiano orientata all'azione segue ora la descrizione di un'unità basata sull'opera *Il servitore di due padroni* di Carlo Goldoni (Bonino 2002), unità elaborata da tre studentesse in ambito di un corso di didattica tenuto all'Università di Salisburgo (Großwieser et al. 2012). Per motivi di spazio, i materiali possono essere presentati solo in parte e in maniera riassuntiva. La versione integrale è scaricabile dalla piattaforma sopracitata www.italiano Ascuola.at sotto i nomi delle autrici.

"Viaggiamo nel Settecento accompagnati da Truffaldino" è concepita per un livello B1, offre tutti i materiali necessari per il lavoro in classe e ricopre in tutto approssimativamente nove ore di lezione da 50 minuti l'una. Inizia con un momento atto a svegliare la curiosità degli alunni e a rispolverare le conoscenze che essi hanno sul tema o sul contesto generale. Siccome i discenti quasi sicuramente non sapranno cosa sia la commedia dell'arte, si parte da temi a loro conosciuti: il Settecento, la città di Venezia, il carnevale e le maschere, attivando così le loro preconoscenze relative a tali temi. Il primo contatto con il personaggio di Truffaldino avviene per mezzo di un'immagine e di una breve sezione di testo in veneziano con traduzione a fronte in italiano standard: Truffaldino aspetta il suo padrone (che in realtà è una padrona, travestita da uomo) davanti alla locanda veneziana dove alloggeranno.

---

[5] Secondo la teoria di autodeterminazione di Edward L. Deci & Richard M. Ryan (1985) l'uomo è un soggetto attivo che vuole realizzare le proprie capacità per sviluppare un senso del sé unitario e integrato mentre interagisce con l'ambiente in cui vive. Competenza, autonomia e relazione con gli altri sono i bisogni fondamentali che spingono, o meglio, motivano intrinsecamente l'essere umano ad agire.

Si parte quindi subito da un testo autentico, senza però chiedere una comprensione dettagliata del testo in cui Truffaldino descrive se stesso e la sua vita da servitore. La lettura individuale è guidata da domande che si riferiscono alle particolarità della lingua e al carattere di Truffaldino. I risultati vanno poi raccolti e discussi in plenum e ciò dà la possibilità all'insegnante di aggiungere informazioni importanti. La discussione di aspetti (inter-)culturali, basata su domande come "Conoscete una maschera simile nelle opere teatrali di lingua tedesca?", dovrebbe attivare tutte le preconoscenze degli alunni e quindi facilitare la comprensione del testo.

In una successiva fase di globalità gli alunni dovranno informarsi, a gruppi, su vari aspetti globali dell'unità in modo da poter contestualizzare al meglio le attività successive e creare una sorta di filo conduttore che aiuterà la comprensione dell'opera. Partendo dalla situazione politico-socioculturale del Settecento, il focus si restringe sempre più, fino ad arrivare all'opera goldoniana.

Questa fase è articolata sotto forma di *webquest,* un'attività di ricerca nella quale una parte o la totalità delle informazioni con cui interagiscono gli alunni proviene da risorse disponibili in Internet (Dodge 1995). L'insegnante funge da *coach* e interviene solo laddove ci fossero problemi. Il *webquest* proposto è strutturato in modo davvero efficace: consegne precise guidano gli alunni mentre scoprono le risorse web e le soluzioni permettono un'autovalutazione immediata.

A monte stanno la ricerca, la selezione delle risorse e la scelta delle attività: l'insegnante, invece di abbandonare gli alunni in uno spazio virtuale troppo pieno di informazioni spesso difficili da reperire ed elaborare, li guida e gli indica quali risorse web devono utilizzare per portare a termine il compito assegnato. Gli alunni devono sentirsi competenti e in grado di svolgere il compito assegnatogli: la motivazione intrinseca dipende anche dal bisogno di successo. Nell'unità in questione, un gruppo deve ad esempio ricercare informazioni su Carlo Goldoni, sulla sua riforma teatrale e sulle sue opere e svolgere poi un quiz ed esercizi di completamento in base alle informazioni raccolte: si otterrà così, in modo cooperativo e interattivo, un quadro generale molto completo sull'autore e sulla sua opera. Un secondo gruppo deve raccogliere informazioni sul Settecento: "Che cosa è successo in Europa? Quali furono le invenzioni più importanti? Da quali correnti artistico-filosofiche è caratterizzato?". Il tema dell'unità risulta così ben contestualizzato a livello storico e culturale. La contestualizzazione continua poi a livello geografico: un gruppo si occupa, infatti, della città di Venezia, del Carnevale e di 'veneziani illustri'.

È importante riflettere in base a quali principi scegliere compiti verosimili e didattici (Consiglio d'Europa 2002, 203): devono promuovere e approfondire le competenze richieste dal livello linguistico in modo equilibrato. Il grado di difficoltà può essere ridotto grazie alla scelta di compiti comunicativi adatta al gruppo target e alla loro sequenza logica. La sfida metodico-didattica consiste nell'offrire aiuti adatti per lo svolgimento del compito e nel fornire commenti e aiuti riguardanti le caratteristiche testuali, aiuti basati su una precisa analisi testuale che preparano alle possibili difficoltà.

La scelta della reazione promossa o della risposta (comprensione globale, selettiva e dettagliata, risposta verbale o non) influisce sulla difficoltà delle attività di comprensione. Aiuti linguistici e modelli per dialoghi o attività di scrittura contribuiscono a diminuire il grado di difficoltà di compiti interattivi e produttivi.

Le attività devono comunque anche promuovere un atteggiamento di tipo *problem-solving* e richiedere la rielaborazione dell'informazione reperita prevalentemente sul web, inducendo lo sviluppo di competenze e strategie e fornendo agli alunni la possibilità di esprimersi in modo creativo, andando oltre il semplice reperimento delle informazioni attraverso il web (Mezzadri 2006).

Nell'unità che abbiamo scelto, gli alunni, dopo aver ricercato in rete informazioni riguardanti i temi proposti, elaborano una presentazione *power point* e presenteranno poi i risultati alla classe. In questo modo tutti disporranno delle informazioni globali necessarie che permetteranno di contestualizzare l'opera e di capirla maggiormente. La ricerca online promuove la competenza di comprensione scritta: gli alunni devono ricercare precise informazioni per poter svolgere gli esercizi di verifica. Nella fase di presentazione si promuovono la produzione orale (per il gruppo che presenta) e la comprensione orale (per i gruppi che ascoltano): questa fase offre anche spunti per agganci interdisciplinari, sia con la lezione di Storia che con quella di Educazione Artistica, nell'ambito della quale si trattano anche temi di Storia dell'arte.

Gli obiettivi didattici, definiti in modo molto chiaro, dimostrano l'orientamento all'azione: gli alunni sono in grado di ricercare informazioni specifiche in Internet leggendo testi autentici, di sistemare e di presentare le informazioni trovate e di riassumere i risultati del lavoro cooperativo. Il webquest proposto, che soddisfa anche la definizione di Tom March (2004) secondo la quale è necessario superare il livello della ricerca e dell'acquisizione dell'informazione dal web, permette di trasformare l'informazione in modo tale da creare una nuova forma testuale frutto della comprensione, della rielaborazione critica e dell'acquisizione delle informazioni originali.

In questa fase gli alunni non si concentrano ancora sulle particolarità linguistiche, ma piuttosto su aspetti globali (inter-)culturali che saranno importanti per il successivo lavoro con i testi letterari autentici. Devono sviluppare un pensiero critico, agire autonomamente e impiegare la loro capacità di analisi e sintesi.

Segue la lettura di diverse scene tratte dall'opera di Goldoni: si svolge in gruppi ed è accompagnata da attività atte a verificare la comprensione scritta tramite esercizi variegati di abbinamento, griglie da completare o domande vero/falso. In questo modo si cerca di ridurre la difficoltà che caratterizza i testi proposti. Il lavoro in gruppo dovrebbe aumentare la motivazione e la riflessione sulle strategie di comprensione adottate. Ogni gruppo analizza solo un testo, le domande sono di tipo chiuso. Tramite la presentazione dei propri risultati, ogni gruppo contribuisce alla soluzione del problema che consiste nel comprendere le scene chiave dell'opera. Le domande guida portano anche a una riflessione sulle tecniche teatrali. Ulteriore obiettivo dell'attività collaborativa è preparare gli alunni alla visione di alcuni spezzoni video tratti da *L'Arlecchino servitore di due padroni* di Giorgio Strehler.[6]

La progressione delle attività rende possibile la comprensione di testi letterari che altrimenti sarebbero inaccessibili a un livello B1. È quindi fondamentale pianificare le fasi di lavoro in modo dettagliato, anche se un approccio orientato all'azione potrebbe sembrare molto libero.

---

[6] Rappresentazione del 1974 al Piccolo Teatro https://www.youtube.com/watch?v=SNWlW-pABQs.

Nella fase successiva gli alunni si confrontano con testi autentici attuali relativi alla realtà socio-politica del Settecento, ad esempio con un brano che confronta le vite di Vivaldi e Mozart, due personaggi 'di spicco' del Settecento. Altri testi, invece, si riferiscono alla quotidianità degli alunni (es. un testo informativo sul sistema scolastico italiano e austriaco).

Questa volta gli alunni lavorano piuttosto con materiali cartacei prescelti e corredati da variegati esercizi per promuovere competenze linguistiche e da compiti che invitano anche a collegamenti interdisciplinari con le materie Storia, Geografia e Musica. Gli alunni devono descrivere Vivaldi e Mozart in lingua italiana partendo dai risultati della ricerca e da parole chiave indicate. È richiesto anche il lavoro con una carta muta dell'Europa per rintracciare le tournée delle due 'superstar' del Settecento.

E l'orientamento all'azione continua: dall'analisi si passa a un'attività creativa nella quale gli alunni dovranno elaborare delle scene teatrali ispirandosi agli esempi trattati. Per promuovere anche competenze traslatorie e interculturali le battute saranno in lingua tedesca, anzi in dialetto, quando parlano le maschere buffe. Solo l'introduzione e le istruzioni di scena saranno in italiano. Nell'ultima attività gli alunni devono organizzare la rappresentazione della scena assegnatagli: una conclusione allegra e inaspettata in cui possono impiegare alcuni elementi della comunicazione non verbale, aspetto fondamentale di ogni rappresentazione teatrale. Il ruolo che personificano li aiuterà a familiarizzare ulteriormente con questi personaggi lontani dal loro mondo. Invece della solita drammatizzazione di un testo già pronto, hanno la possibilità di improvvisare, caratteristica chiave della commedia dell'arte. Non solo per questo motivo è sensato proporre una rappresentazione in lingua tedesca. Il QCER vuole innovare le pratiche e le teorie dell'insegnamento, avvicinandole a un'educazione linguistica basata sul plurilinguismo e sull'interculturalità (Consiglio d'Europa 2002, 213-215). L'attività proposta aiuterà gli alunni a riconoscere la propria identità linguistica e culturale, integrando esperienze diverse e sviluppando le proprie competenze e capacità.

6. Conclusione

Il progetto interdisciplinare appena presentato rispecchia i criteri di un approccio incentrato sull'azione e permette agli studenti che non hanno conosciuto questo approccio a scuola di sperimentarlo in prima persona: collega tra di loro obiettivi didattici di diversi ambiti previsti dal piano di studio di Italianistica (con abilitazione all'insegnamento) tramite l'elaborazione cooperativa di unità didattiche riferite a opere chiave della commedia settecentesca. Ciò promuove la riflessione su aspetti rilevanti per la lezione d'italiano sia in prospettiva accademica sia dal punto di vista della pratica linguistica. Grazie a tale collaborazione, che all'Università di Salisburgo vanta già una modesta tradizione, è stato possibile mostrare come anche testi letterari di elevata difficoltà potessero sensibilizzare alunni germanofoni alla molteplicità della cultura e della società italiana attuale, così come a particolarità stilistiche e pragmatiche della lingua. Imparare una lingua significa anche avvicinarsi a una cultura straniera, e la letteratura è senza dubbio uno degli elementi più importanti dell'identità culturale di un paese o di una nazione.[7]

Anche se la letteratura nel QCER sembra giocare un ruolo marginale, pare indispensabile integrarla nelle lezioni d'italiano, in quanto specchio socioculturale del suo tempo. I tentativi di combinare gli argomenti dei corsi di letteratura e di didattica sembrano offrire agli studenti universitari e futuri insegnanti d'italiano spunti per un impiego creativo della letteratura a scuola, così da coinvolgere la classe e permettere agli alunni di partecipare attivamente al processo d'apprendimento linguistico.

L'unità didattica presentata, essendo incentrata sulla commedia settecentesca, permette agli alunni di tuffarsi nel passato per scoprirne origini e caratteristiche attraverso esercizi variegati e attività creative che favoriscano un avvicinamento interculturale ed esplorativo alla letteratura, alla storia e al contesto sociale. L'unità prevede l'uso dei nuovi media e permette inoltre agli alunni di approfondire in modo equilibrato tutte le competenze linguistiche richieste dal QCER per un livello B1.

---

[7] Secondo Volkmann l'apprendimento linguistico non può verificarsi in un vacuum culturale, ma necessita un contesto socio-culturale concreto al quale riferirsi costantemente (2007, 122).

Il confronto diretto con insegnanti di scuole superiori secondarie nell'ambito di un corso d'aggiornamento e la pubblicazione online di materiali didattici prescelti avrebbero dovuto assicurare la messa in pratica a lezione dei risultati ottenuti. Gli insegnanti che hanno partecipato al corso si sono, infatti, offerti di impiegare a scuola i moduli presentati. Per motivi di tempo e di organizzazione non è stato possibile raccogliere un feedback in modo sistematico da parte dei loro alunni. Una ricerca empirica relativa alla messa in pratica a scuola dei materiali descritti costituirebbe perciò un progetto conclusivo gratificante.

Riferimenti bibliografici
ANTON, Michael. 2003. "Erziehung und Sich-bilden – Lehren und Lernen – Didaktik und Mathetik", in: *Lernwelten*, 5/2, 73-76.
BACH, Gerhard & TIMM, Johannes-Peter. 2003. "Handlungsorientierung als Ziel und als Methode", in: Bach, Gerhard & Timm, Johannes-Peter. edd. *Englischunterricht. Grundlagen und Methoden einer handlungsorientierten Unterrichtspraxis.* Tübingen & Basel: Francke, 1-21.
BALBONI, Paolo Ernesto. 2014. *Didattica dell'italiano come lingua seconda e straniera.* Torino: Loescher.
BMBF. ed. 2015. *Lehrpläne der allgemeinbildenden und berufsbildenden Schulen in Österreich.* https://bildung.bmbwf.gv.at/schulen/unterricht/index.html.
BONINO, Guido Davico. ed. 2002. *Carlo Goldoni: Il servitore di due padroni.* Torino: Einaudi.
BRACKER, Elisabeth. 2015. *Fremdsprachliche Literaturdidaktik. Plädoyer für die Realisierung bildender Erfahrungsräume im Unterricht.* Wiesbaden: Springer.
BREEN, Michael & CANDLIN, Christopher. 1980. "The essentials of a communicative curriculum in language teaching", in: *Applied Linguistics*, 1/2, 89-112.
BRUMFIT, Christopher J. & JOHNSON, Keith. 1979. edd. *The Communicative Approach to Language Teaching.* Oxford: Oxford University Press.
CASPARI, Daniela. 2013. "Literatur in offiziellen Vorgaben für den Fremdsprachenunterricht: Ein Vergleich des Berliner Rahmenplans (1984), der Bildungsstandards (2003), der EPA (2002/04) und der Abiturstandards (2012)", in: Grünewald, Andreas & Plikat, Jochen & Wieland, Katharina. edd. *Bildung – Kompetenz – Literalität. Fremdsprachenunterricht zwischen Standardisierung und Bildungsanspruch.* Seelze: Klett Kallmeyer, 60-73.
CATALDO, Claudia. 2009. *C'è più gusto. Far crescere e stimolare il piacere della lettura.* Roma: Armando Editore.
CATIZONE, Piero. 2006. *Come scegliere un brano letterario*, in: http://www.itals.it/articolo/come-scegliere-un-brano-letterario.
CONSIGLIO D'EUROPA. 2002. *Quadro Comune europeo di riferimento. Apprendimento insegnamento valutazione.* Oxford & Milano: La Nuova Italia.

DECI, Edward L. & RYAN, Richard M. 1985. *Intrinsic motivation and self-determination in human behaviour*. New York: Plenum.

DECKE-CORNILL, Helene & KÜSTER, Lutz. 2014. *Fremdsprachendidaktik. Eine Einführung*. Tübingen: Narr.

DELUCIA Sarah. 2012. "Invito alla lettura estetica nelle classi di italiano LS", in: *Didattica e linguistica dell'italiano come lingua straniera – RIVISTA ITALS* X/29, 37-38.

DI BENEDETTO, Donatella. 2012. "Per una didattica estetico-affettiva della letteratura nella classe di lingua", in: *Officina.it. La rivista di Alma edizioni*. http://www.almaedizioni.it/en/officina/2011/officina-16/.

DODGE, Bernie. 1995. "Some Thoughts About WebQuests", in: http://webquest.org/sdsu/about_webquests.html.

EHLERS, Swantje. 2007. "Übungen zum Leseverstehen", in: Bausch, Karl-Richard & Christ, Herbert & Krumm, Hans-Jürgen. edd. *Handbuch Fremdsprachenunterricht* (4. vollständig bearbeitete Auflage). Tübingen: Francke, 287-292.

ELLIS, Rod. 2003. *Task-based Language Learning and Teaching*. Oxford: Oxford University Press.

FÄCKE, Christiane. 2010. *Fachdidaktik Französisch. Eine Einführung*. Tübingen: Narr.

FÄCKE, Christiane. 2011. *Fachdidaktik Spanisch. Eine Einführung*. Tübingen: Narr.

FEDERICI, Camillo. 1988. *I pregiudizi dei paesi piccoli ossia lo scultore e il cieco*. Torino: Einaudi (e-book realizzato dal progetto Manuzio, tratto da "Il teatro Italiano" volume IV, La commedia del Settecento, tomo secondo).

GROSSWIESER, Astrid & HIGUERAS RUIZ, Susana & KRUMPHOLZ, Claudia. 2012. "Viaggiamo nel Settecento accompagnati da Truffaldino", in: www.italianoAscuola.at.

HALLET, Wolfgang. 2011. *Lernen fördern: Englisch. Kompetenzorientierter Unterricht in der Sekundarstufe I*. Seelze-Velber: Klett Kallmeyer.

KRAMSCH, Claire. 1993. *Context and Culture in Language Teaching*. Cambridge: Cambridge University Press.

LEVORATO, Maria Chiara. 2000. *Le emozioni della lettura*. Bologna: Il Mulino.

LITTLEWOOD, William. 1981. *Communicative Language Teaching*. Cambridge: Cambridge University Press.

LUTJEHARMS, Madeline. 1988. *Lesen in der Fremdsprache*. Bochum: AKS.

MARCH, Tom. 2004. "What WebQuests Are (…really!)", in: http://collierschools.com/its/WQWebsite/tmarch_EdLeadership.pdf.

MARIANI, Luciano. 2006. *La motivazione a scuola*. Roma: Carocci.

MEZZADRI, Marco. 2006. "Una proposta di utilizzo didattico di Internet: la webquest", in: *Init* 18, 2-7.

MICHLER, Christine. 2005. *Vier neuere Lehrwerke für den Französischunterricht auf dem Gymnasium. Eine kritische Fallstudie mit Empfehlungen für zukünftige Lehrwerke*. Augsburg: Wißner.

NUNAN, David. 2004. *Task-based Language Teaching*. Cambridge: Cambridge University Press.

PLUS. 2013. *Curriculum für das Bachelorstudium Lehramt an der Universität Salzburg (Version 2013)*. http://www.uni-salzburg.at/index.php?id=30467&MP=44700-200607%2C200731-200747%2C107-44803.

POLITO, Mario. 1997. *Guida allo studio: la motivazione*. Padova: Muzzio.

REIMANN, Daniel. 2009. *Italienischunterricht im 21. Jahrhundert. Aspekte der Fachdidaktik Italienisch.* Stuttgart: ibidem.

REIMANN, Daniel. 2016. "Italienisch", in: Riemer, Claudia & Burwitz-Melzer, Eva & Mehlhorn, Grit & Bausch, Karl-Richard & Krumm, Hans-Jürgen. edd. *Handbuch Fremdsprachenunterricht.* (6., völlig überarbeitete und erweiterte Auflage). Tübingen: Narr, 512-514.

ROSENBLATT, Louise M. 1978. *The Reader, the Text, the Poem: A Transactional Theory of the Literary Work.* Carbondale: Southern Illinois University Press.

RÖSSLER, Andrea. 2010. "Literarische Kompetenz", in: Meißner, Franz-Joseph & Tesch, Bernd. edd. *Spanisch kompetenzorientiert unterrichten.* Seelze-Velber: Klett Kallmeyer, 131-136.

RÜCKL, Michaela. 2015. "www.italianoAscuola.at. Retrospettiva allo sviluppo e alle potenzialità di una piattaforma concepita come punto d'incontro fra docenti d'italiano in formazione universitaria e pratica quotidiana nelle scuole in occasione del suo 10° anniversario", in: Ramsey-Portolano, Catherine. ed. *The Future of Italian Teaching: Media, New Technologies and Multi-Disciplinary Perspectives.* Newcastle upon Tyne: Cambridge Scholars Publishing, 81-95.

SANTORO, Elisabetta. 2011. "Lingua e letteratura", in: *Officina.it. La rivista di Alma edizioni.* http://www.almaedizioni.it/en/officina/2011/officina-16/ (alla voce INTERVISTA).

SARTER, Heidemarie. 2006. *Einführung in die Fremdsprachendidaktik.* Darmstadt: WBG.

SURKAMP, Carola. 2012. "Literarische Texte im kompetenzorientierten Fremdsprachenunterricht", in: Hallet, Wolfgang & Krämer, Ulrich. edd. *Kompetenzaufgaben im Englischunterricht. Grundlagen und Unterrichtsbeispiele.* Seelze-Velber: Klett Kallmeyer, 77-90.

VOLKMANN, Laurenz. 2007. "Die Rolle literarischer Texte beim Erwerb von kommunikativer Kompetenz", in: Werlen, Erika & Weskamp, Ralf. edd. *Kommunikative Kompetenz und Mehrsprachigkeit. Diskussionsgrundlagen und unterrichtspraktische Aspekte.* Baltmannsweiler: Schneider Hohengehren, 103-128.

WIDDOWSON, Henry. 1978. *Teaching Language as Communication*, Oxford: Oxford University Press.

Film

Piccolo Teatro 1974: https://www.youtube.com/watch?v=SNWlW-pABQs.

Bianco, rosso e... giallo.
Unità didattica per alunni principianti
Monica Zama (Stadtallendorf)

1.   Il genere *giallo* nell'insegnamento dell'italiano

Negli ultimi anni il genere *giallo* sta riscuotendo anche in Italia un crescente successo, dimostrato dal moltiplicarsi di pubblicazioni: libri per adulti e ragazzi, racconti, antologie. Molte case editrici pubblicano gialli per stranieri attraverso i quali gli studenti più giovani, oltre ad appassionarsi alla narrazione, possono imparare a conoscere città, usi e costumi di diverse regioni e capire meglio il nostro paese. L'approccio di questi libri alla lingua è certamente effettivo ed interessante, ma a volte ripetitivo: lettura, esercizi di lessico, di comprensione e di grammatica. Tutto utile, ma dopo poche pagine gli studenti adolescenti perdono spesso la motivazione, piegandosi ad un lavoro 'rassegnato'. Proprio il contrario di quello che dovrebbe suscitare un giallo!

L'unità didattica, partendo dalla visione del cortometraggio "Garbati omicidi", cercherà di illustrare alcune proposte didattiche per lavorare con il genere *giallo* in ambito scolastico con alunni aventi una conoscenza ancora limitata dell'italiano. Fornendo loro materiali in grado di attivare molteplici canali di elaborazione delle informazioni e attività a difficoltà graduale, saranno messi nella condizione di avvicinarsi a questo genere, in lingua, e verranno guidati nella realizzazione di un percorso inverso: dal cortometraggio alla creazione del loro giallo in italiano.

Le attività sono pensate per alunni dei ginnasi tedeschi in cui venga offerta la possibilità di studiare la lingua italiana, generalmente come terza lingua o a partire dalla Einführungsphase. Il curricolo di italiano prevede l'utilizzo di materiali video e racconti brevi, e, nella Qualifikationsphase di testi letterari del ventesimo e ventunesimo secolo, di cui il genere *giallo* fa parte.[1]

Gli alunni di queste classi possiedono già competenze pregresse acquisite grazie alla lingua madre e alle altre lingue imparate, generalmente l'inglese e il

---

[1]   Le indicazioni sono prese da Hessische Lehrkräfteakademie o.J.

francese o il latino, e questo consente anche a principianti, indicativamente un livello A2, di affrontare testi o filmati di una certa difficoltà.

2.   Obiettivi, competenze e schema del lavoro

Obiettivi culturali: spiegare agli studenti perché i racconti polizieschi in italiano si chiamano *gialli*; introdurre il vocabolario tipico che consentirà loro di affrontare letture che li avvicineranno anche alla cultura italiana; molti racconti gialli infatti vengono ambientati in città italiane e ne fanno conoscere aspetti turistici e culturali.

Obiettivi linguistici: utilizzare le forme grammaticali già acquisite in un nuovo contesto; apprendere il vocabolario di base legato al genere giallo per facilitare successive letture.

Le competenze linguistico-comunicative che entrano in gioco nelle nostre attività sono principalmente la competenza lessicale, quella fonologica e la competenza semantico-grammaticale. Importanti sono anche la competenza pragmatica e quella funzionale, mentre le competenze ortografiche e ortoepiche non rivestono un ruolo primario.

Il lavoro si svolgerà secondo lo schema seguente:

ATTIVITÀ PRE-VISIONE→VISIONE→COMPRENSIONE GLOBALE→
VISIONE→COMPRENSIONE ANALITICA→PRODUZIONE→
ATTIVITÀ EXTRA

3.1   Attività pre-visione

Prima della visione del cortometraggio, verrà svolta una breve introduzione frontale, completata da esempi concreti, che spiegherà come mai in italiano i racconti polizieschi si chiamino *gialli*, diversamente dalle definizioni date in altre lingue: *Krimi* in tedesco, *thriller* o *criminal novel* in inglese, *noir* o *roman policier* in francese e come la definizione provenga dal colore delle copertine delle prime edizioni dei racconti Mondadori pubblicati in Italia intorno al 1929 e sia arrivata fino a noi. Per completare la fase pre-visione vengono poi proposte alcune attività che utilizzano flashcards riferite al lessico specifico. Eccone alcuni esempi:

Fig. 1: L'investigatore

Alcune cards non hanno una doppia traduzione possibile, per evitare l'uso di termini molto conosciuti che tenderebbero a prevalere sulla parola italiana più usata, per es. detective/investigatore.

Fig. 2: Il veleno

Gruppi di tre, massimo quattro alunni potranno svolgere tutte o alcune delle seguenti attività di apprendimento del lessico:

- Memory (5 minuti) + eventualmente gioco di memoria (osservazione per due minuti e scrittura su quaderno)
- Gioco in cui l'insegnante pronuncia una parola o un verbo e un alunno deve 'pescare' il più velocemente possibile l'immagine corrispondente.
- Attività : le flashcards (immagini) vengono messe sul tavolo e osservate per due minuti, uno dei membri del gruppo viene fatto voltare e gli altri eliminano una carta e mescolano le rimanenti. L'alunno girato deve poi indovinare quale carta manca
- Attività: trovare almeno tre vocaboli che sono simili in francese, inglese o spagnolo (a seconda delle lingue imparate o della madrelingua)
- Attività: allineare due o più immagini e scrivere una frase coniugando i verbi, per es.:

L'investigatore   *scopre*   *il ladro*

Fig. 3: L'investigatore, scoprire, il ladro

3.2   Visione del cortometraggio e attività per la comprensione globale

Si procederà poi alla visione del cortometraggio *Garbati omicidi*[2] fino al minuto 5°, non rivelando il finale.

I fattori che hanno portato alla scelta di questo cortometraggio sono diversi: Innanzitutto è reperibile su *youtube* ed immediatamente utilizzabile; la durata è limitata, circa sei minuti, e la lingua autentica, ma non troppo complicata. Inoltre è una storia semplice, ma con un colpo di scena finale.

Dopo la prima visione si continuerà con attività di comprensione globale: esercizio di vero-falso; tabella con aggettivi che descrivono i personaggi;

	CASA	INVESTIGATORE	RAGAZZO	NICOLE
isolato/a				
preoccupato/a				
misterioso/a				

Tab. 1:

o ancora, ricostruzione della storia riordinando i fotogrammi tratti dal filmato.

  □    □    □ ...

Fig. 4: Fotogrammi da "Garbati omicidi"

Inserendo un fumetto vuoto, verrà poi chiesto agli alunni di immaginare e scrivere la fine della storia; la visione del finale confermerà o smentirà le varie ipotesi.

---

[2]   https://www.youtube.com/watch?v=m_M1R3EhW4U.

3.3   Comprensione analitica

Nella fase di comprensione analitica, da svolgersi a coppie o a piccoli gruppi con massimo tre componenti, verranno attivate in modo più complesso le competenze degli alunni.

Si procederà ad una seconda visione del cortometraggio concentrata sulla comprensione dei dialoghi: gli alunni dovranno cercare di capire quali domande l'investigatore rivolge al ragazzo.

A seguire verrà chiesto loro di fare uno schema della storia secondo una struttura data, in cui vengono messe in evidenza le forme interrogative già apprese:

Fig. 5: Schema della storia

Di seguito un esempio di come potrebbe essere realizzato lo schema:

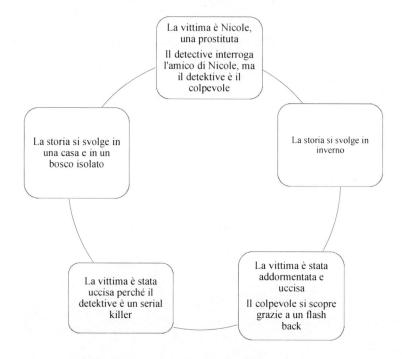

Fig. 6: Proposta di realizzazione schema

4.1   La fase di produzione

Partendo dallo schema compilato, che costituirà lo scheletro del testo, viene chiesto agli alunni di scrivere un breve riassunto della storia. Per gli alunni più deboli vengono dati esempi di frasi con cui iniziare:

Ora scrivete un breve riassunto della storia; potete iniziare con queste frasi:

> Un ragazzo si sveglia nella casa di vacanza e trova una ragazza morta. Un detective suona alla porta...
> Un detective arriva a una casa isolata. Nella casa ci sono un ragazzo e una ragazza morta...

Le attività fin qui proposte sono sistematizzate per induzione dall'insegnante, per consentire agli alunni di acquisire una struttura di lavoro da riutilizzare più volte, anche quando le loro competenze linguistiche saranno più sviluppate.

Costruzione di un racconto giallo come un puzzle

In questa fase sintetico-produttiva gli alunni sceglieranno, di volta in volta, un'opzione tra quelle proposte nello schema, o create dalla loro fantasia, per produrre brevi testi scritti rielaborando le informazioni e le tecniche acquisite. A lavoro concluso dovranno scegliere un titolo coerente con la trama del loro giallo.

Usa questo schema e componi il tuo racconto giallo. Puoi usare gli elementi indicati oppure altri secondo la tua fantasia.

DOVE si svolge la storia
• a scuola/in biblioteca/al ristorante/al parco…
• al Colosseo/a Venezia/a Berlino…

QUANDO
• durante la pausa/un pomeriggio/ieri sera…
• durante una vacanza/a Carnevale/…

CHI è la vittima
• un compagno di classe/l'insegnante d'italiano…
• una guida/una ragazza bellissima/un cameriere…

COME è stata uccisa
• con una pistola/con un coltello…
• con una corda/con un veleno nell'aranciata…

CHI fa le indagini
• un compagno di classe/un amico/tu…
• un detective/un poliziotto…

CHI è il colpevole
• tu!/l'insegnante di matematica/un ladro…
• la signora della caffetteria/la segretaria…

PERCHÉ la vittima è stata uccisa
• per un problema a scuola/per non rivelare un segreto…
• per amore/ per gelosia…

COME si scopre il colpevole
• un'indagine/le prove/una lettera anonima…
• domande ai sospettati/l'alibi non funziona…

Fig. 7: Elementi per costruire la storia

Per gli alunni più deboli è previsto un ulteriore schema di guida alla scrittura del testo:

Titolo_____

Situazione iniziale_____

Crimine_____

Indagine_____

Soluzione_____

Fig. 8: Guida alla scrittura

4.2   Possibili attività aggiuntive

Il lavoro svolto finora offre molti spunti per sviluppare il tema del giallo, ma non solo. Di seguito un elenco di alcune attività possibili:

Percorso 'a ritroso': Una volta scritta la breve storia, gli alunni possono dividerla in sequenze e abbinare ad ognuna una foto trasformandosi nei protagonisti.

Cambio di prospettiva: riscrivere la storia dal punto di vista dell'assassino o della vittima.

Cronaca protagonista: gli studenti cercano titoli autentici di cronaca e li utilizzano come 'ispirazione' per scrivere il titolo del loro crimine

> **Giovane Miss trovata senza vita nel suo letto: la polizia indaga**

> **Ladro spara ad autista, che si salva grazie al suo 'grasso'**

> **Bologna, il corpo di una donna trovato in un freezer. Polizia**

Fig. 9: Titoli di cronaca

'Festival del racconto giallo': alcuni alunni leggono ad alta voce il racconto. Gli ascoltatori danno un voto da 1 a 10 e si calcola chi è il vincitore.

Dopo aver personalizzato i racconti con immagini, disegni o altro, questi vengono raccolti in un piccolo dossier.

Si può organizzare una 'merenda con delitto' cioè una versione più semplice delle 'cene con delitto' o murder party tanto di moda.[3] Si tratta però di un role-play piuttosto elaborato più adatto ad alunni almeno di livello B1.

Riferimenti bibliografici

CORBUCCI, Gloria. 2011. *Il romanzo giallo nella didattica dell'italiano L2: Giorgio Scerbanenco*. http://elearning.unistrapg.it/dspace/bitstream/2447/101/1/scerbaneco.pdf.

CROVI, Luca. 2002. *Tutti i colori del giallo. Il giallo italiano da De Marchi a Scerbanenco a Camilleri*. Venezia: Marsilio.

HESSISCHE LEHRKRÄFTEAKADEMIE. O.J. *Kerncurriculum gymnasiale Oberstufe (KCGO). Einführung in die Konzeption*, https://kultusministerium.hessen.de/sites/default/files/me dia/konzeption_kcgo_ita.pdf.

LANGÉ, Gisella. ed. 2013. *Il curricolo verticale di lingua straniera*.Torino: Loescher.

ZANASI, Fabia. 2004. *Una macchina narrativa per un finale sorprendente, il romanzo poliziesco*, http://www.homolaicus.com/letteratura/genere_poliziesco.htm.

Alle Bilder stammen aus: Clipsartfree – https://www.clipartsfree.de/.

Film

GARBATI OMICIDI: https://www.youtube.com/watch?v=m_M1R3EhW4U.

---

[3] http://it.wikihow.com/Organizzare-una-Cena-con-Delitto.

Die kommunikativen Kompetenzen *Schreiben* und *Sprechen* – Trainingsmöglichkeiten mit Stefano Bennis *Il bar sotto il mare*

Sylvia Thiele (Mainz)

Der Klappentext der Reclam-Ausgabe *Il bar sotto il mare* beschreibt Stefano Bennis Werk [ergänzt durch den Werbetext bei Amazon] mit folgenden Worten:

> In der Bar auf dem Meeresgrund treffen sich [– wie das in einer Bar so ist –] die unterschiedlichsten Typen und erzählen ihre Geschichten. Unglaubliche, groteske, makabre und zuweilen brutale Geschichten. Sie führen den Leser auf eine Reise durch verschiedene Genres und Epochen der Literatur. Manche erinnern an Homers Ilias, manche an Märchen, andere an Agatha Christie oder Edgar Allan Poe. Stefano Benni, 1947 geboren, zählt zu den beliebtesten und auflagenstärksten Autoren Italiens.

Es ist daher sinnvoll, diese Geschichtensammlung einmal auf ihr didaktisch-methodisches Potential zu prüfen, ruft dieser Kurztext doch u.a. die Stichworte ,bar', ,barista', ,*caffè*' oder z.B. Boccaccios Rahmenhandlung des *Decameron* und Intertextualität quasi institutionell ins Gedächtnis.

Im Rahmen dieses Beitrags werden ausgewählte Geschichten für den Italienischunterricht aufbereitet: Ein besonderer Schwerpunkt liegt dabei auf dem Training der Sprech- und der Schreibkompetenz, das bereits vor dem Eintritt in die Qualifikationsphase/Oberstufe einsetzen muss und mit dem Rahmenthema ,*il bar*' über verschiedene Lernjahre hinweg verbunden werden kann. Ausgehend von Bennis Geschichtensammlung soll hier sukzessive ein ,*listino materiali*' mit einer breiten Palette an unterschiedlichen Texttypen (im Sinne des erweiterten Textbegriffs, der neben ,klassischen' gedruckten Texten auch auditive bzw. audiovisuelle Texte mit einschließt) für den Italienischunterricht zusammengetragen werden.

Kompetenzen getrennt voneinander zu betrachten ist sinnvoll, wenn man sich vor Augen halten möchte, welche Fähigkeiten im Rahmen von erfolgreicher Kommunikation gebraucht werden. Es ist u.U. denkbar, diese auch isoliert zu trainieren, auch wenn das nur in Ausnahmefällen gelingt (Thiele 2013) und dann meist in wenig authentischen Kommunikationssituationen, für deren Bewältigung nämlich ein Bündel an Kompetenzen erforderlich ist. Deshalb ist es im Fremdsprachenunterricht nicht nur legitim, sondern vielmehr unabdingbar,

verschiedene Kompetenzen dauerhaft integriert zu trainieren bzw. eben einzusetzen:

> Kompetenzen können weder kurzfristig antrainiert noch aus statisch-isolierten (,trägen')
> Wissensbeständen aktiviert werden. Sie müssen vielmehr längerfristig (über systemati-
> sche, vernetzte und kumulative Lernprozesse) aufgebaut bzw. erworben werden
> (Zydatiß 2010, 60).

Die Bildungsstandards (BilStan 20 f.) unterstreichen die Text- und Medienkompetenz: Lernende sollen auf der Ebene der Rezeption Texte (im Sinne des
erweiterten Textbegriffs) selbständig, zielgerichtet, in historisch-sozialen Kontexten verstehen und analysieren/interpretieren sowie Erkenntnisse über die
charakteristischen Merkmale der Textsorte zur selbständigen Produktion derselben nutzen können. Darüber hinaus sollen sie das geeignete Medium bei der Rezeption, Produktion und dem Austausch von Texten integrativ und effektiv, also
zielgerichtet und zeitökonomisch verwenden können[1]. Im Unterricht werden
dann u.a. die Fachsprache zur Charakterisierung einzelner Textsorten und ihr
spezifisches Vokabular eine zentrale Rolle spielen.

> Text- und Medienkompetenz ermöglicht das Verstehen und Deuten von kontinuierlichen
> und diskontinuierlichen – auch audio- und audiovisuellen – Texten in ihren Bezügen
> und Voraussetzungen. Sie umfasst das Erkennen konventionalisierter, kulturspezifisch
> geprägter Charakteristika von Texten und Medien, die Verwendung dieser Charak-
> teristika bei der Produktion eigener Texte sowie die Reflektion [sic!] des individuellen
> Rezeptions- und Produktionsprozesses (BilStan 20).

Analysiert werden also literarische (fiktionale, hier: Epik, Drama, Lyrik, Bilder,
Bild-Text-Kombinationen, auditive und audiovisuelle Texte) bzw. nicht-litera-
rische (nicht-fiktionale, hier: Sachtexte, etwa: Informationstexte, Meinungstexte
und appellative Texte), sprachlich und inhaltlich komplexe Texte. Im produktiven Bereich stehen die besprechende und/oder die gestaltende Textproduktion
im Mittelpunkt des Unterrichts. Im Folgenden wird ein Überblick über Textsorten, die rezeptiv oder produktiv im Italienischunterricht eine Rolle spielen,
erarbeitet.

---

[1]   Medienkompetenz im Hinblick auf Präsentationen, Internetrecherche, Verbreitung von In-
    formationen, Meinungen, Texten, Bildern oder Filmen im Netz sollte mit Beginn der
    Schullaufbahn sukzessive trainiert werden, jede Schule sollte ein eigenes
    Mediencurriculum fächerübergreifend verbindlich einführen.

Das Wort *bar* ist – neben den sich damit verbindenden Kontexten und Konzepten – in vielerlei Hinsicht ein sehr interessantes, wird es doch zum Beispiel überall auf der Apenninen-Halbinsel verwendet und ruft den mannigfaltigen italienischen Varietäten und abweichenden Idiomen zum Trotz gewissermaßen automatisch die Charakteristika eben einer italienischen Bar ins Gedächtnis. Die folgenden kurzen Texte, Definitionen zur Bar, können in der Oberstufe/der Sekundarstufe II gelesen werden, z.B. aus dem Zingarelli:

Bar (1) /bar/ [fr. bar, dall'ingl. bar ,barra', per la barra che esisteva in alcuni bar per appoggio] s. m. inv. **1** Locale pubblico in cui si consumano caffè, liquori, bibite, spec. al banco. **2** Mobile per tenervi liquori e bevande in genere. ‖ **barretto**, dim. | **barino**, dim. (Zingarelli [12]2007, 183)

Auch der italienische Wikipedia- Eintrag beschreibt die Bar exakt:

Il bar è un esercizio pubblico in cui si sosta brevemente per consumare bevande, dolci e cibi leggeri stando in piedi, o seduti su alti sgabelli, presso il bancone di mescita che separa gli avventori dal personale di servizio; può anche far parte di alberghi, teatri e uffici. [1] La persona adibita a svolgere il lavoro nel bar viene detto barista. […].

Im Anfangsunterricht bietet es sich an, einen ,*listino prezzi*' genauer zu betrachten. Schüler und Schülerinnen können sogar ohne Vorkenntnisse verstehen, worum es sich handelt. Ergänzt durch Bezeichnungen für weitere typische Nahrungsmittel (*spaghetti, gnocchi, ciliegie…*) ließen sich in den ersten Stunden die Ausspracheregeln für /g/ und /c/ in bestimmter orthographischer Umgebung entdecken und erarbeiten. Das erste Kapitel in *Mille e un esercizio* (Heidtke et al. 2001, 6ff.) liefert unterschiedlichstes Material zum Training der Artikel und von Singular vs. Plural in den semantischen Kontexten ,Einkaufen, Essen, Küche, Rezepte' auf verschiedenen Spracherwerbsniveaus.

Der folgende Ausschnitt aus einer Preisliste könnte auch dazu dienen, über die italienische Währung vor dem Euro zu sprechen – im Zeitalter des Brexits und des Beinahe-Grexits ein wichtiger historischer Kontext, den Italienischlernende kennen sollten.

Abb. 1: Listino prezzi, Ausschnitt, Foto privat

Diese Preistafel führt bereits verschiedene Kaffeespezialitäten (*caffè*, in Kombination mit *freddo, Hag, orzo, latte, [...] cappuccino*) auf – die in italienischen Bars häufig konsumiert werden, wie die Abbildungen von großen Konferenztischen aus dem Lehrwerk *Giro* (2012, 29) mit Sicherheit ein wenig überzeichnet unterstreichen: Auf der ganzen Welt („*in tutto il mondo*") antwortet man auf die Frage „*Un caffè?*" mit „*Sì, grazie*", in Italien („*in Italia*") hingegen mit:

> doppio, al suo posto prendo un tè, gocciato, con la schiuma, a parte un po' di latte, decaffeinato, corretto con grappa, macchiato, con la cioccolata in polvere sopra, in bicchiere, bollente, con la saccarina, con zucchero di canna, espresso, un cappuccino in bicchiere, nero, senza zucchero, un cappuccino, corretto, forte, d'orzo, con la panna, molto dolce ristretto, lungo freddo, solo se viene dal commercio equo e solidale... .

Auch der Youtube-Clip von Bozzetto, der Stereotype, die man Europäern im Unterschied zu Italienern zuordnet, aufgreift, bietet den gleichen Inhalt als audiovisuellen Text in der entsprechenden Episode zum *coffee*. Italiens Kaffeekultur ist zweifelsohne sehr facettenreich, vielleicht ähnlich vielfältig wie italienische Varietäten, vergleicht man sie mit z.B. der Österreichs oder Frankreichs. Lernende sollten diese kulturelle Besonderheit kennenlernen und beim Gespräch über die Preisliste auch erfahren, dass Bar- und Tischpreise in der Höhe voneinander abweichen, dass man in der Regel für ein Getränk an der Bar zunächst zahlt, um dann den Bon an den oder die *barista* weiterzuleiten, der/die das Gewünschte dann zubereitet. Bekanntlich kann man z.B. in Venedig auf der Piazza San Marco etwa ein Fünftel der Summe an der Bar für ein Getränk bezahlen, wenn man auf einen Sitzplatz am Tisch verzichtet. Fotos aus italienischen Bars könnten beschrieben werden, selbstgestaltete Gespräche an der Bar zwischen Freunden oder mit den *baristi* wären ebenfalls als Übungen denkbar.

Darüber hinaus wäre es möglich, den Bozzetto-Clip ohne Bilder als Hörverstehen im zweiten oder dritten Lernjahr einzusetzen, denn die einzelnen Bestellungen werden mit sehr schnellem Sprechtempo aufgegeben, oder aber als audiovisueller Text bereits auf niedrigerem Spracherwerbsniveau, da durch sehr einfache Zeichentrickgraphik die jeweilige Kaffeesorte semantisiert wird und auf diese Weise sehr leicht verstanden werden kann.

Ein sehr komplexer, aber in seiner Komik kaum zu übertreffender audiovisueller Text zum Thema ‚Bar' liegt als Trailer zum Film *Bar Sport* unter der Regie von von Massimo Martelli vor, einer Verfilmung des gleichnamigen

Werks von Stefano Benni. Eine zentrale Rolle spielt die ‚Luisona', „la decana delle paste" (Benni 1976, 13), ein Gebäck, dem ein Wikipedia-Artikel gewidmet wurde, aus dem Ausschnitte ggf. im Unterricht rezipiert werden könnten:

> Secondo il surreale (ma verosimile) ritratto che Stefano Benni fa dei bar italiani, nella maggior parte dei bar dei paesi di provincia (di cui il „Bar Sport" è il prototipo), la bacheca delle paste è *„puramente coreografica"*, e le paste sono *„ornamentali, veri e propri pezzi di artigianato"*. Perciò restano in bacheca per anni tanto che gli avventori ormai le chiamano familiarmente per nome.

Die Luisona, „una pastona bianca e nera, con sopra una spruzzata di granella in duralluminio" (ebd.), fristet aufgrund ihrer Masse, der Cremehauben und zu vermutender schwerer Verdaulichkeit also ein langes Leben in der Auslage der Gebäckstücke, die in italienischen Bars in der Regel zum Frühstückskaffee auf dem Weg zur Arbeit gewählt werden. Zum Entsetzen aller Anwesenden beißt ein Mailänder Handelsvertreter tatsächlich hinein und „fu trovato appena un'ora dopo, nella toilette di un autogrill di Modena, in preda ad atroci dolori" (ebd.).

Text, Film und Trailer sind für Italianisten ein Genuss, aufgrund ihrer sprachlichen, intertextuellen und kontextbelasteten Komplexität jedoch eher in der universitären Lehre, maximal in Auszügen in einem ausgesprochen leistungsstarken Oberstufenkurs einsetzbar.

Bennis zweites Werk hingegen, das wieder die ‚Bar' im Titel trägt, bietet vielfältige Einsatzmöglichkeiten im Italienischunterricht. Will man sich zunächst über verschiedene Ausgaben informieren, stößt man im Netz auf ein römisches Restaurant gleichen Namens mit folgender Beschreibung (Roma/Ristorante/Bar sotto il mare).

> Aperto nel 2000, con il nome di Crostaceria, in poco si è ampliato, vista la grande affluenza e il riscontro positivo di chiunque si fermasse a mangiare da loro. Il locale, che omaggia nel nome un romanzo di Benni, è uno dei punti di riferimento per gli amanti del buon pesce cucinato con fantasia.
> L'atmosfera è informale, allegra e amichevole. Piatti forti del brioso ristorante a conduzione rigorosamente familiare sono gli antipasti crudi e in particolare scampi, ostriche e tartufi di mare, ma anche primi piatti come i vermicelli con moscardini o le penne alla norma con pescespada.
> I palati più raffinati apprezzeranno senz'altro gli involtini di cernia con lardo di colonnata o il granchio alla veneta e non resisteranno ai saporiti dolci provenienti direttamente dalla costiera amalfitana, come i gelatini di frutta di Lancusi.

Dieser Sachtext kann in der Oberstufe eingesetzt werden: Er ist komplex und birgt u.a. fachsprachliche Elemente zu spezifisch mediterranen Speisen, kann aber gewinnbringend für ein Training des Globalverstehens genutzt werden. Worum es geht – Präsentation eines Restaurants und der dort erhältlichen Gerichte – ist in jedem Fall erschließbar. Interessierte Schüler und Schülerinnen könnten darüber hinaus zu Meeresfrüchten oder Rezepten (z.B. *Penne alla Norma*) recherchieren, diese vorstellen und ihre Lieblingsrezepte ergänzend präsentieren.

Die Beschreibung des Gemäldes von Giovanni Mulazzani auf dem Cover der Reclam-Ausgabe (bzw. auf Seite 3) oder auf Feltrinelli-Ausgabe zu *Il bar sotto il mare* in der Phase vor der Lektürearbeit kann – alternativ zu einem Brainstorming dazu, was sich möglicherweise hinter einem solchen Titel verbergen könnte – den Übergang zur Arbeit mit visuellen Stimuli rund um ‚klassische' Texte einleiten. Die Konturen der abgebildeten Personen auf Mulazzanis Illustration sind auf Seite 4 mit Ziffern versehen, die in einer Legende mit den Personennamen der einzelnen Erzähler aufgelistet werden. Interessant wäre es, vorab die Liste der Titel aller Geschichten und deren Kurzzusammenfassungen (Geschichten/Resümees) vorzulegen und diese begründet zuordnen zu lassen; alternativ könnten zu diesen Titeln passende Geschichtenerzähler in der Legende auf Seite 4 ausgewählt werden:

Abb. 2: Cover der Feltrinelli-Ausgabe und passende Kontur-Skizze zu den dargestellten Figuren aus der Reclam-Ausgabe

L'anno del tempo matto: parodia delle variazioni climatiche indotte dall'uomo e dei racconti di paese

Il più grande cuoco di Francia: parodia della nouvelle-cuisine, della storia di Peter Schlemihl e in genere dei romanzi in cui compaiono patti col diavolo (il Faust per esempio)

Il verme disicio: parodia dei bestiari medievali, dei giochi letterari e dei fissati di grammatica

Matu-Maloa: parodia dei racconti di mare alla Stevenson o alla Melville

Il dittatore e il bianco visitatore: come dice il titolo, parodia dei regimi totalitari, in particolare africani

Achille ed Ettore: altra parodia dei racconti di paese, centrato sulle diatribe fra compaesani (sorta di guerre civili)

Quando si ama davvero: parodia dei romanzi epistolari romantici

Il marziano innamorato: parodia dei romanzi di fantascienza, temi dell'alienazione (vedere una realtà quotidiana sotto ottiche diverse)

Nastassia: parodia dei romanzi russi di inizio '900, tema dell'amore impossibile

Californian Crawl: parodia dei romanzi di formazione americani e dei romanzi "on the road", tema della criminalità organizzata e arricchita

Oleron: parodia dei romanzi di Edgar allan Poe, temi del mistero gotico e dell'occulto

La traversata dei vecchietti: riflessione sulla terza età

La storia di pronto soccorso e beauty case: storia d'amore metropolitana, sorta di parodia dei romanzi underground

Shimizé: parodia dei racconti tribali africani

Priscilla Mapple e il delitto della II C: parodia dei romanzi di Agatha Christie... e un po' dei romanzetti rosa per teenager

Il destino dell'isola di San Lorenzo: temi alla "sogno di una notte di mezza estate" di Shakespeare, storia d'amore mischiata a componenti mistico-tribali

La chitarra magica: altra parodia di romanzi underground/di formazione

Il folletto delle brutte figure: temi presi dalle novelle irlandesi mischiati a romanzi "dell'alta società"

I quattro veli di Kulala: altra parodia delle leggende africane

Autogrill horror: parodia dei romanzi horror alla Stephen King (quindi più underground che gotici)

Racconto breve: esperimento letterario alla Quenau

Il pornosabato dello Splendor: terza parodia dei racconti di paese, ovviamente temi sulla pornografia commerciale e sul "perbenismo"

Arturo perplesso davanti alla casa abbandonata sul mare: tematiche della morte e dell'innocenza dei bambini.[2]

Die Liste zeigt mögliche Kontexte bzw. Ansatzpunkte für Intertextualität auf. Vermutlich fällt es Schülern und Schülerinnen sehr schwer, letztere zu

---

[2] Nach der letzten Geschichte der Liste findet sich das „*Finale: il racconto dell'ospite*", ein Gespräch verschiedener Anwesender mit dem Ich-Erzähler in der Bar, die darüber diskutieren, auf welchem Wege man diese wieder verlassen kann.

entdecken und zu beschreiben. In heterogenen Lerngruppen ist nicht von gleichen Leseerfahrungen auszugehen. Die Ankunft des Forschers Aronnax in der Nautilus aus Jules Vernes *Vingt mille lieues sous les mers* ließe sich z.b. mit dem Eintritt des Ich-Erzählers in die Bar aus dem *prologo* vergleichen. Boccaccios *Decameron* liefert 100 Geschichten von zehn Erzählern in zehn Tagen, in Bennis Werk erzählen 23 Personen jeweils eine Geschichte, gebunden an den zeitlichen Rahmen einer Nacht.

Im Rahmen dieses Beitrags ist es nicht möglich, alle Geschichten vorzustellen und auf ihr didaktisch-methodisches Potential zu prüfen. Exemplarisch sollen deshalb „Il racconto della sirena. Shimizé" sowie „Il racconto della ragazza col ciuffo: La chitarra magica" präsentiert werden.

Kurzgeschichten bieten sich im Italienischunterricht der Sekundarstufe II bzw. der Oberstufe oder Qualifikationsphase an, da sie eine überschaubare Textmenge liefern, die aufgrund relativer Kürze auf Lernende motivierend wirken kann. In der genannten Reclam-Ausgabe sind die Texte effektiv und zielgerichtet mit Vokabelhilfen versehen. Jeder Geschichte ist ein Aphorismus vorangestellt. „In nessuna lingua è difficile intendersi come nella propria lingua. (Karl Kraus)" bzw. „Ogni ingiustizia ci offende, quando non ci procuri direttamente alcun profitto. (Luc de Vauvenargues)", der jeweils interpretiert und kommentiert werden kann.

Die Geschichte der Meerjungfrau weist eine ganz besondere Struktur auf. Für Substantive, Adjektive, Interjektionen, Adverbien, evtl. auch Nebensätze usw. werden Phantasie-Wörter verwendet: *oshammi, shammi, oshammi shammi, wesesheshammi, wooba, oogoro, shimì, shammizé, de shimite deé, weseshe, woof, woolanda, tsezehé, shimideé, woorogorom woro, orogoro, tzuke shimite* sowie *shimé no shimé*. Diese Wörter oder auch Syntagmata weisen z.T. Parallelelemente im Wortinneren auf, stehen in bestimmter syntaktischer Position und können mit Inhalt gefüllt werden, vergleicht man den Originaltext, hier unten zitiert, mit einer möglichen Lösung im Anschluss daran:

C'era un oshammi shammi che viveva in una wesesheshammi in cima a una wooba.
Venne una notte un oogoro e disse all'oshammi shammi:
- Shimì non voglio né la tua corona né il tuo bastone, voglio la tua shammizé.
- De shimite deé – rise l'oshammi shammi – cerca pure. Se vedi qua nella weseshe la mia shammizé, prendila pure.

- L'oogoro frugò in lungo e in largo tutta la wesesheshammi e alla fine vide una woolanda e trionfante gridò:
- Shimì, eccola qui, l'ho trovata.
- Sei furbo come il tsezehé dalle lunghe orecchie - disse l'oshammi shammi - l'hai trovata ed è tua.
L'oogoro corse giù dalla wooba cantando e ridendo:
- Ho una shammizé! Per tutta la vita shimideé, avrò una shammizé!
Sulla strada incontrò un vecchio woorogoro.
- Shimì woro, ti piace? - disse l'oogoro - guarda, ti piace la mia shimmizé?
- Woof - disse l'orogoro - stupido come uno tsezehé! Non vedi che quella che tieni tra le braccia è una woolanda?
- Alla luce della luna l'oogoro guardò bene, vide il suo errore e se ne andò tzuke shimite no scimé, triste come chi ha perso il nome delle cose.

Ein möglicher Geschichtenbeginn könnte dieser sein:

C'era un **suricato alpino** che viveva in una **tana alpina** in cima a una **montagna**. Venne una notte un **gufo** e disse al **suricato alpino**:
- **Adesso** non voglio né la tua corona né il tuo bastone, voglio la tua **rosa alpina**.
...

Das Phantasiewort *shammi* kommt sowohl in *oshammi shammi*, als auch in *wesesheshammi* und *shammizé* vor. Es ist deshalb durch das Adjektiv *alpino* – in jeweils morphologischer Angleichung – vertreten. Die Verschmelzung von Artikel und Präposition „all'" muss vor *suricato* zu ‚al' umgeformt werden usw. Der Text lässt also während des Ersetzens der Phantasiewörter auch das Training der Sprachbewusstheit sowohl im syntaktischen, wie auch im morphologisch-orthographischen Bereich zu. Die im Unterricht neu entstehenden, unterschiedlichen Geschichten können dann vorgetragen, zusammengefasst oder kommentiert werden.

„La chitarra magica" bietet klassische Elemente der Gattung Kurzgeschichte – z.B. das unerwartete Ende. Vor diesem Wendepunkt kann die Lerngruppe die Geschichte weiter- bzw. auch ein abweichendes Ende schreiben, vorausgesetzt, man teilt den Text unvollständig aus. Horoskope für Protagonisten wären ebenfalls denkbar. Die Figuren weisen Bezüge zum Schüleralltag auf: Schüler und Schülerinnen beschäftigen sich in ihrer Freizeit mit Rock- und Popstars sowie deren Musik. Ob sie Sting und Prince kennen, soll an dieser Stelle offen gelassen werden, weitere genannte Künstler existieren in der Realität nicht, spielen aber auf real existierende Personen an: ‚Stingsteen' z.B. ruft institutionell Bruce Springsteen ins Gedächtnis. Der Titel – der ebenfalls ein

Brainstorming zum Inhalt zulässt – lässt durch *magica* auch einen Bezug zur Gattung Märchen herstellen. Strukturmerkmale dieser Gattung könnten mit einer Textanalyse korreliert werden.

Das Internet bietet Zugriff auf Lernzielkontrollen zu diesem Text: Multiple-Choice-, Zuordnungs- und kleine Textproduktionsaufgaben auf Fragen zum Inhalt im Kompetenzbereich Leseverstehen oder auch Grammatikaufgaben können für eine Unterrichtssequenz ausgewählt werden (vgl. hier die Einträge zu Lernzielkontrollen, ‚LZK zu *la chitarra magica*').

Zusammenfassend ist festzuhalten, dass sich für die mündliche und oder schriftliche Textproduktion im Unterricht u.a. im besprechenden Kontext Notizen, Resümees, Figurencharakterisierungen, Vorlagen zu einer Diskussion, Bildbeschreibungen, Sprachmittlungsaufgabe in L1 oder eine andere Fremdsprache eignen. Im Hinblick auf gestaltende Aufgaben können Briefe, E-Mails, Kurznachrichten (und entsprechende Alternativen), Blogs, Horoskope, innere Monologe, Vorlagen zu einem Rollenspiel, Drehbücher, Gedichte, Zeichnungen (ggf. sogar Comics geübte Zeichner in der Lerngruppe vorausgesetzt), Rezensionen, Bearbeitungen von Phantasietexten etc. eingesetzt werden. Dazu müssen diese Textsorten auch rezeptiv analysiert, spezifische sprachliche Mittel gelernt werden und aktiv zur Verfügung stehen.

Stefano Bennis *Il bar sotto il mare* liefert für eine Text- und Medienvielfalt unterschiedlichste Schreib- und Sprechanlässe auf der Basis kurzer Geschichten, mit denen auch die rezeptive Lesekompetenz trainiert werden kann. Das Thema ‚bar' kann in den Sekundarstufen I und II gewinnbringend eingesetzt werden und den Italienischunterricht durchziehen, zahlreiche Wiederholungsmöglichkeiten bieten sich an, folgt man dem ein oder anderen in diesem Beitrag präsentierten Text- bzw. Medienvorschlag, gewissermaßen im Rahmen eines hier kommentierten ‚*listino materiali*'.

Bibliographie
BENNI, Stefano. [6]1999. *Bar Sport*. Milano: Feltrinelli.
BENNI, Stefano. 1987. *Il bar sotto il mare*. Milano: Feltrinelli.
BENNI, Stefano. 2010. *Il bar sotto il mare*. Stuttgart: Reclam.
BILSTAN. http://www.kmk.org/fileadmin/Dateien/veroeffentlichungen_beschluesse/
2012/2012_10_18-Bildungsstandards-Fortgef-FS-Abi.pdf.

BOCCACCIO, Giovanni. 1992. *Decameron*, a cura di Vittore Branca. Torino: Einaudi.

BOZZETTO-CLIP. https://www.youtube.com/watch?v=XkInkNMpI1Q.

GESCHICHTEN/RESÜMEES. http://www.minuticontati.com/forum/viewtopic.php?t=1431.

GIUNTA, Luigi et alii. 2011. *Giro*. Braunschweig & Paderborn & Darmstadt: Schöningh.

HEIDTKE, Hermine & SÖFFKER, Sybille & THIELE, Sylvia. 2001. *Mille e un esercizio*. Bamberg: Buchner.

LUISONA. https://it.wikipedia.org/wiki/La_Luisona.

LZK zur *chitarra magica*. https://www.asu.edu/clas/silc/ola/Moduli/Fiaba%20e%20Favola/ Stefano%20Benni_la_chitarra_magica_DM_CC.htm.
    http://italianolinguadue.altervista.org/wp-content/uploads/2012/09/La-chitarra-magica.pdf

ROMA/RISTORANTE/BAR SOTTO IL MARE. http://www.ilbarsottoilmare.it/pesce_fresco _ottaviano_a_roma/.

THIELE, Sylvia. 2013. „Auditive Kompetenzen trainieren und prüfen – Herausforderungen und Perspektiven für den Italienischunterricht", in: Franke, Manuela & Schöpp, Frank. edd. *Auf dem Weg zu kompetenten Schülerinnen und Schülern. Theorie und Praxis eines kompetenzorientierten Fremdsprachenunterrichts im Dialog.* Stuttgart: ibidem, 107-132.

VERNE, Jules. 2012. *Vingt mille lieues sous les mers*. Texte établi, présenté et annoté par Henri Scepi. Paris: Gallimard.

ZINGARELLI, Nicola. [12]2007. Vocabolario della lingua italiana. Bologna: Zanichelli

ZYDATIß, Wolfgang. 2010. „Kompetenzen und Fremdsprachenlernen", in: Hallet, Wolfgang & Königs, Frank G. edd. *Handbuch Fremdsprachendidaktik*. Seelze-Velber: Klett-Kallmeyer, 59-63.

Film:

MARTELLI, Massimo. 2012 *Bar Sport*. Rai Cinema: Aurora Film.

Mit Gianni Rodaris *Grammatica della fantasia* (1973) kreative Schreibprozesse bei Schülerinnen und Schülern anregen
Michaela Banzhaf (Tübingen)

0. Einleitung

Im Vorwort zur achten Auflage (2013) des mittlerweile zum Standardwerk avancierten Handbuchs *Kreatives Schreiben* stellt seine Herausgeberin Ingrid Böttcher hocherfreut fest:

> Zu Beginn des 21. Jahrhunderts ist das kreative Schreiben ‚angekommen': in der Schreibdidaktik aller Schulformen und -fächer, den diversen Studiengängen der Universitäten, der Lehreraus- und -fortbildung, den Lehrplänen, den Bildungsstandards, aber auch in den unterschiedlichen Berufsfeldern und der Wirtschaft (Böttcher 2013, 7).

Schreiben ist eine Schlüsselqualifikation, deren Beherrschung die Teilhabe am gesellschaftlichen und beruflichen Leben voraussetzt, wie Eva-Maria Jakobs (2001, 11) formuliert:

> Die globale Vernetzung und die in den Kommunikationsnetzen möglich gewordenen Formen des Informationstransfers, der Selbstdarstellung und des Austauschs haben zu einem raschen Zuwachs schriftsprachlicher Kommunikation geführt. (...) Im beruflichen Bereich werden nicht nur fachliches Wissen und Können, sondern auch Fähigkeiten im sicheren Umgang mit Sprache, insbesondere beim Vertexten von Konzepten, Sachverhalten und Entscheidungen gefordert. In vielen (akademischen) Berufen entscheiden schriftsprachliche Kompetenzen in zunehmendem Maße über den beruflichen Werdegang.

Vor allem digitale Medien, die von jungen Leuten zunehmend genutzt werden[1], setzen eine Beherrschung der Schreibkompetenz voraus. Aber auch der produktive Umgang mit klassischen Medien fordert von Kindern und Jugendlichen, dass sie schreiben können.

Im folgenden Beitrag soll aufgezeigt werden, wie anhand von Gianni Rodaris *Grammatica della fantasia* die u.a. im baden-württembergischen Bildungsplan 2016 für das Gymnasium G8 Italienisch als dritte Fremdsprache Profilfach geforderten Kompetenzen im Bereich des Schreibens geschult werden können.

---

[1] Vgl. hierzu die Bitkom-Studie *Jung und vernetzt – Kinder und Jugendliche in der digitalen Gesellschaft* (2014).

Ziel des Beitrages ist es demnach, den Klassiker Rodari und sein Werk neu bzw. wiederzuentdecken.

Vorab ist ein kurzer Blick auf den Bildungsplan 2016 nötig; nach der Darstellung der bildungspolitischen Vorgaben folgen eine kurze Reflexion über verschiedene Funktionen des Schreibens und eine Definition von Kreativität. Es schließt sich eine Synthese der Methoden kreativen Schreibens an, so, wie Böttcher sie im o.g. Standardwerk gibt. Im letzten Teil des Beitrags werden Beispiele aus der *Grammatica della fantasia* vorgestellt, die Gianni Rodari als einen Vorreiter und Visionär der gegenwärtigen Schreibdidaktik erkennen lassen werden.

1.   Die Anforderungen des baden-württembergischen Bildungsplans

In Absatz 3.1.3 *Funktionale kommunikative Kompetenz* des baden-württembergischen Bildungsplans (2016, 28-29) werden speziell für das Schreiben unter 3.1.3.5 für die Klassen 8 bis 10 u.a.[2] folgende Teilkompetenzen formuliert:

> Die Schülerinnen und Schüler können Notizen und Mitteilungen zu einfachen Texten schreiben, sie können eine (erlebte oder **fiktive**) Geschichte schreiben, nach **Vorlagen** Textsorten verfassen, Berichte und Beschreibungen zu vertrauten Themen verfassen, **Wünsche, Pläne, Vorstellungen** zusammenhängend schriftlich darstellen und begründen, eigene und fremde Ansichten und Meinungen formulieren und kommentieren, auf appellative Texte **reagieren**.

Für den Standardraum 11/12[3] sieht der Bildungsplan folgende Teilkompetenzen vor:

> Die Schülerinnen und Schüler können Informationen sinngemäß und kohärent wiedergeben, literarische und nicht literarische Texte analysieren, interpretieren und kommentieren, literarische und nicht literarische Textvorlagen **umgestalten**, auf der Basis von verbalen, visuellen oder auditiven **Impulsen** (z.B. anhand von Begriffen, Zitaten, Bildern, Graphiken, Karikaturen, Höreindrücken) Texte verfassen.

---

[2]   Die Verfasserin trifft hier lediglich eine Auswahl der im Bildungsplan 2016 geforderten Teilkompetenzen für das Schreiben; Hervorhebungen von ihr.

[3]   Vgl. vorige Fußnote.

2.   Funktionen des Schreibens

Die Funktionen des Schreibens sind vielfältig und dementsprechend viele Fachleute haben Kategorisierungen von Schreibanlässen und Schreibabsichten unternommen. Für die im Folgenden angestellten Überlegungen zu Rodari wird auf die Einteilung von Werner Kieweg (2009, 3) verwiesen. Kieweg unterscheidet folgende Funktionen:

- Schreiben, um etwas zu lernen oder zu behalten
- emotives Schreiben
- informatives Schreiben
- argumentatives Schreiben
- unterhaltsames/kreatives Schreiben
- Schreiben zum Erhalten persönlicher Kontakte

Diesen Funktionen lassen sich sehr leicht die im Bildungsplan geforderten Teilkompetenzen des Schreibens zuordnen. Dem von Kieweg identifizierten emotiven Schreiben entspricht die Forderung des Bildungsplanes, dass „Schülerinnen und Schüler Wünsche, Pläne, Vorstellungen zusammenhängend schriftlich darstellen und begründen können"; dem informativen Schreiben in der Kategorisierung Kiewegs entsprechen die Anforderungen des Bildungsplans, dass „Schülerinnen und Schüler Berichte und Beschreibungen verfassen können"; argumentatives Schreiben bei Kieweg findet seinen Niederschlag im Bildungsplan in der Forderung, dass „Schülerinnen und Schüler Ansichten und Meinungen formulieren und kommentieren können"; die Entsprechung von Kiewegs kreativem Schreiben liest sich im Bildungsplan wie folgt: „Die Schülerinnen und Schüler können eine erlebte oder fiktive Geschichte schreiben. Sie können nach Vorlagen Textsorten verfassen. […] Sie können literarische und nicht literarische Textvorlagen umgestalten." Dem Aufrechterhalten persönlicher Kontakte in Kiewegs Kategorisierung entspricht die Forderung im Bildungsplan, dass Schülerinnen und Schüler in der Lage sein sollen, E-Mails, Anfragen und dergleichen zu verfassen.

3.   Definition von „Kreativität"

Für die in Kapitel 5 vorgestellten Ausführungen zum kreativen Schreiben anhand Rodaris *Grammatica della fantasia* wird die Definition von Kreativität nach Caspari (Caspari 1995, 23)[4] zugrunde gelegt, nach der

> unter Kreativität (...) die prinzipiell jedem Menschen angelegte Fähigkeit (als Kombination unterschiedlicher Fähigkeiten und Eigenschaften) verstanden werden (müsste), verschiedene ihm bekannte Elemente in neuen Zusammenhängen so miteinander zu verbinden, dass daraus etwas für ihn bzw. für seine Gruppe „Neues" und „Sinnvolles" entsteht.

Wenn man den Kern von Casparis Definition – bekannte Elemente in neuen Zusammenhängen so zu verbinden, dass daraus etwas Neues entsteht – mit dem baden-württembergischen Bildungsplan vergleicht, erkennt man sehr schnell, dass die dort geforderte Teilkompetenz, nach der Schülerinnen und Schüler vorgegebene Texte (im Originaltext: Textvorlagen), also ihnen bekannte Elemente, umgestalten können sollen, Kreativität bzw. kreatives Schreiben impliziert.

Bei ihrer Darstellung des Kreativitätsbegriffs fokussiert Böttcher (Böttcher 2013, 10) die Aspekte Originalität, Spontaneität, Innovativität, Produktivität, Inspiration und Fantasie. Damit scheint der Übergang zur Beschäftigung mit der *Grammatica della fantasia* fließend zu sein.

4.   Methoden kreativen Schreibens

In ihrem mittlerweile zum Standardwerk avancierten Buch zum kreativen Schreiben legt Böttcher (ebd. 23ff.) eine systematische Strukturierung der Methoden kreativen Schreibens dar. Dabei unterscheidet sie fünf Kategorien: i) assoziative Verfahren, ii) Schreibspiele, iii) Schreiben nach Vorgaben, Regeln, Mustern, iv) Schreiben zu Stimuli, v) Weiterschreiben zu und nach (literarischen) Texten.

Die erste Kategorie umfasst assoziative Verfahren. Diese haben den Vorteil, die Schreibpraxis schnell eröffnen zu können, sie liefern und vernetzen Ideen, geben Themen vor. Die individuellen Gedanken, Vorstellungen, Bilder, Erinnerungen, Gerüche, Farben (...), die sie bei jedem Schreiber evozieren, nehmen

---

[4] Vgl. hierzu auch Caspari (2003).

durch das Schreiben eine individuelle Gestalt an. Assoziative Verfahren bilden in Schreibarrangements oft die erste Phase des Schreibprozesses (Böttcher 2013, 24).

Die zweite Kategorie, Schreibspiele, wird oft zusammenfassend für alle kreativen Schreibmethoden und Schreibarrangements gebraucht (ebd.).

Schreiben nach Vorgaben, Regeln und Mustern, die dritte Kategorie in Böttchers Systematik, ist immer auch angeleitetes Schreiben (ebd. 25), in diesem Fall strukturorientiertes Schreiben. Kreativität ist hier im Spannungsfeld zwischen Begrenzung und Spontaneität (ebd.) zu sehen.

Die vierte Kategorie, Schreiben nach Stimuli, funktioniert auf der Grundlage von Reizen, die im Schreibenden spontan Assoziationen und Imagination frei setzen, die ihrerseits dazu anregen, diese Reize sprachlich kreativ umzusetzen (ebd. 27).

Die fünfte und letzte Kategorie, Weiterschreiben zu und nach (literarischen) Texten, folgt dem Prinzip des imitativen Schreibens. Einerseits gibt der Text durch sich selbst Vorgaben, andererseits bietet er dem Schreibenden die Möglichkeit, „sich probehandelnd in andere Wirklichkeiten, andere Perspektiven hineinzubegeben und sich von ihnen forttragen zu lassen" (ebd. 26).

5.   Kreatives Schreiben in Gianni Rodaris *Grammatica della fantasia*

Gianni Rodari ist einerseits bekannt als Klassiker der italienischen Kinderliteratur, andererseits kennt man ihn als Vordenker und Visionär der Pädagogik. Auch mit Blick auf die Schreibdidaktik kann er als Pionier gesehen werden. In seiner *Grammatica della fantasia* wartet er bereits 1973 mit Ideen auf, die erst ein gutes Vierteljahrhundert später systematisch durch die Fachdidaktik, in diesem Fall durch Ingrid Böttcher, bearbeitet wurden. Besonders augenfällig ist die Tatsache, dass die bei Rodari vorgestellten Verfahren zum kreativen Schreiben in identischer Abfolge wie bei Böttcher erfolgen, ohne dass Rodari sie natürlich genauso bezeichnet.

Im Folgenden orientiere ich mich an der Systematik Böttchers und ordne den von ihr aufgestellten Kategorien ausgewählte Beispiele aus Rodaris *Grammatica della fantasia* zu.

5.1   Assoziative Verfahren bei Rodari

Die erste Technik, die Rodari als Möglichkeit zum Erfinden von Geschichten (vgl. hierzu den Untertitel der *Grammatica della fantasia*: *Introduzione all'arte di inventare storie*) nennt, ist den assoziativen Verfahren in der Kategorie Böttchers zuzuordnen. Rodari betitelt sein erstes Verfahren *„Il sasso nello stagno"*, worin er wie folgt ausführt (Rodari 2013, 25):

> (Come) una parola gettata nella mente a caso [...] provoca una serie infinita di reazioni a catena, coinvolgendo nella sua caduta suoni e immagini, analogie e ricordi, significati e sogni, in un movimento che interessa l'esperienza e la memoria, la fantasia e l'inconscio e che è complicato dal fatto che la stessa mente non assiste passiva alla rappresentazione, ma vi interviene continuamente per accettare e respingere, collegare e censurare, costruire e distruggere.

Rodari beschreibt hier all die Prozesse, die bewusst und unbewusst ablaufen, wenn jemand zufällig ein Wort hört, also die Assoziationen, die sich beim Hören eines bestimmten Wortes einstellen. Besonders augenfällig erscheint hier die Kongruenz zu den Formulierungen Böttchers (Böttcher 2013, 24): während Rodari *suoni, immagini, analogie, ricordi, significati, sogni* nennt, spricht Böttcher von Gedanken, Vorstellungen, Bildern, Erinnerungen, Gerüchen, Farben (ebd.). Anders als Böttcher jedoch nennt Rodari bei den Assoziationen Beispiele, die verschiedene Ebenen des Sprachsystems betreffen. Er geht somit weiter, indem er unterschiedliche Kategorien von Assoziationen herausarbeitet: Assoziationen auf phonologischer Ebene, auf lexikalischer Ebene, auf persönlicher Ebene (Rodari 2013, 26f.).

Eine weitere Technik, die immer noch den assoziativen Verfahren zuzuordnen ist, besteht im *binomio fantastico* (ebd. 34), das ein Grundmuster für Rodari darstellt. Das *binomio fantastico* sieht vor, dass zwei Begriffe, die nichts miteinander zu tun haben, durch die Verwendung einer Präposition miteinander in Beziehung gesetzt werden (ebd. 36). So entstehen allein durch die Verwendung unterschiedlicher Präpositionen verschiedenen Syntagmen, die jeweils eine andere Geschichte ergeben. Rodari gibt als Beispiel die beiden Begriffe *cane* und *armadio* vor; verbunden durch unterschiedliche Präpositionen ergeben sich Syntagmen wie z.B. *il cane con l'armadio, l'armadio del cane, il cane sull'armadio, il cane nell'armadio*, die jeweils Ausgangspunkt für eine Geschichte sein können.

Immer noch den assoziativen Verfahren zuzuordnen, allerdings komplexer als *Il sasso nello stagno* und *Il binomio fantastico*, ist das Verfahren, das Rodari als *Che cosa succederebbe se...* (Rodari 2013, 42f.) bezeichnet. Es ist eine Erweiterung des fantastischen Binoms, insofern als hier, bei der fantastischen Hypothese, *l'ipotesi fantastica* (ebd.), ein Subjekt und ein prädikativer Ausdruck, die nichts miteinander zu tun haben, zueinander in Beziehung zu setzen sind:

> L'ipotesi fantastica (...) è soltanto un caso particolare di binomino rappresentato dall'unione arbitraria tra un determinato soggetto e un determinato predicato (ebd. 46).

Allein aus den angeführten Beispielen lässt sich erkennen, dass Rodari neben unterschiedlichen assoziativen Verfahren sogar noch eine Progression für unterschiedliche Lernstände anbietet. Hierin geht er deutlich weiter als Böttcher.

5.2   Schreibspiele bei Rodari

Schreibspiele werden bei Rodari nicht explizit ausgewiesen, allerdings können alle assoziativen (und weiteren Verfahren) auch als Schreibspiel gestaltet werden.[5]

5.3   Schreiben nach Vorgaben, Regeln, Mustern bei Rodari

Als Beispiel für diese Kategorie sei Rodaris *Il prefisso arbitrario* (ebd. 47) angeführt, das er in seinen *Favole al telefono* in der Geschichte *Il paese con l'esse davanti* ausführt. Hier wird aus einem *temperino* ein *stemperino*, also kein Gegenstand, der Bleistifte kürzer, sondern länger werden lässt; aus einem *attaccapanni* wird ein *staccapanni*, von dem sich jeder, der will und nötig hat, ein Kleidungsstück wegnehmen kann, ohne es kaufen zu müssen; aus einer *cannone* wird ein *scannone*, also ein Objekt, das dazu dient, Kriege zu vermeiden, anstatt sie zu führen. Für Rodari selbst ist dieses Verfahren nicht nur eine Technik für Kreativität, vielmehr drückt er dadurch seine pädagogische Überzeugung und Vision für eine menschenfreundliche Zukunft aus: „Dal prefisso all'utopia. (...) E l'utopia non è meno educativa dello spirito critico" (ebd. 47).

Ebenfalls in die Kategorie Schreiben nach Vorgaben, Regeln, Mustern gehört Rodaris Anleitung *Costruzione di un limerick* (ebd. 59f.). Rodari gibt darin

---

[5]   Vgl. die uneindeutige inhaltliche Füllung dieser Kategorie, wenn auch in anderer Hinsicht, bei Böttcher (2013, 24).

folgende Elemente vor: die handelnde Person, ihre Eigenart, ihr Verhalten und oder ihre Reaktion, schließlich die Pointe. Beispiele für Limericks à la Rodari finden sich in der *Grammatica* auf den Seiten 59 bis 62.

5.4   Schreiben zu Stimuli bei Rodari

Auch diese Kategorie Böttchers ist in Rodari abgebildet: in *Vecchi giochi* (Rodari 2013, 53f.) stellt Rodari vor, wie Zeitungsausschnitte genutzt werden können, um daraus neue Texte zu konstruieren. Die einzigen Vorgaben, die Rodari gibt, sind die Leitfragen *chi? cosa? dove? quando? come?* (ebd. 54). Die neue Zusammensetzung vorgegebener Textelemente obliegt den Fähigkeiten und Eigenschaften der Schülerinnen und Schüler (vgl. hier die Definition Casparis von ‚Kreativität' unter Punkt 3).

5.5   Schreiben nach und zu (literarischen) Texten bei Rodari

Die literarischen Texte, die Rodari hier zugrunde legt, sind Volksmärchen, *le fiabe popolari*, die er als Rohstoff, als *materia prima* (ebd. 68), zugrunde legt. In verschiedenen Texten, so z.B. in *Cappucetto Rosso in elicottero* (ebd. 72), *Che cosa accadde dopo* (ebd. 76) und in *Fiabe a ricalco* (ebd. 80) zeigt er Verfahren auf, wie bekannte Märchen kreativ umgestaltet werden können. In *Cappucetto rosso in elicottero* besteht das kreative Verfahren darin, dass Wörter vorgegeben werden, aus der die Schülerinnen und Schüler eine Geschichte schreiben sollen. Dieses Verfahren entspricht der Arbeit mit *stepping stones*, wie der *terminus tecnicus* in der Fremdsprachendidaktik lautet. Dieses Verfahren wird im modernen Fremdsprachenunterricht laufend verwendet. In der Geschichte *Che cosa accadde dopo* schlägt Rodari vor, eine Fortführung auf der Basis dessen zu schreiben, was man gelesen und analysiert hat. Auch hier bezieht er sich auf ein Konzept, das seit langem in der Literaturdidaktik Standard ist: er propagiert hier Verfahren der rezeptionsästhetischen Literaturdidaktik, die Lothar Bredella um die Jahrtausendwende (2004) in der Fremdsprachendidaktik populär gemacht hat. Hier ist ein weiteres Mal darauf hinzuweisen, dass Rodari Konzepte für die Literatur- und Schreibdidaktik vorstellt, die seiner Zeit weit voraus sind. Im letzten der drei ausgewählten Texte für die letzte Kategorie, *Fiabe a ricalco* (ebd. 80), erarbeitet Rodari eine Formel, die das Volksmärchen auf einen rein abstrakten Ausdruck reduziert, der es den Schülerinnen und Schülern erlaubt, diese Formel mit immer neuen Inhalten zu füllen. Hierin macht er Anleihen beim russischen Formalisten Vladimir Propp. Allerdings reduziert er dessen über 30 unterschiedliche Funktionen didaktisch auf 20 (Rodari 2013, 89) und macht den Ansatz Propps somit für die Schule nutzbar.

6. Fazit

Rodaris *Grammatica della fantasia Introduzione all'arte di inventare storie* ist eine wahre Fundgrube, um kreative Schreibprozesse bei Schülerinnen und Schülern anzuregen. Unterrichtende können sich bei Rodari mit originellen und praxistauglichen Ideen versorgen, um die Schreibkompetenz bzw. einzelne Teilkompetenzen, die das Schreiben betreffen, im Italienischunterricht anzuregen und zu vertiefen. Erstaunlich ist dabei die Modernität Rodaris.

Bibliographie

BILDUNGSPLAN DES GYMNASIUMS 2016. ITALIENISCH ALS DRITTE FREMDSPRACHE PROFIL-FACH. Ministerium für Kultus, Jugend und Sport. Villingen-Schwenningen: Neckar-Verlag GmbH.

BITKOM-STUDIE. 2014. *Jung und vernetzt – Kinder und Jugendliche in der digitalen Gesellschaft.* https://www.bitkom.org/Presse/Presseinformation/Studie-zu-Kindern-und-Jugend-lichen-in-der-digitalen-Welt.html.

BÖTTCHER, Ingrid. ed. [8]2013. *Kreatives Schreiben.* Berlin: Cornelsen Scriptor.

BREDELLA, Lothar. 2004. „Grundlagen für eine rezeptionsästhetische Literaturdidaktik", in: Bredella, Lothar & Burwitz-Melzer, Eva. edd. *Rezeptionsästhetische Literaturdidaktik mit Beispielen aus dem Fremdsprachenunterricht Englisch.* Tübingen: Gunter Narr, 25-80.

CASPARI, Daniela. 1999. *Kreative Verfahren im fremdsprachlichen Literaturunterricht.* Berlin: BIL: Berliner Institut für Lehrerfort- und -weiterbildung und Schulentwicklung.

CASPARI, Daniela. 2003. „Kreative Übungen", in: Bausch, Karl-Richard & Christ, Herbert & Krumm, Hans-Jürgen. edd. *Handbuch Fremdsprachenunterricht.* Tübingen und Basel: Francke, 308-312.

JAKOBS, Eva-Maria. 2001. „Textproduktion im 21. Jahrhundert", in: Handler, Peter. ed. *E-Text, Strategien und Kompetenzen. Elektronische Kommunikation in Wissenschaft, Bildung und Beruf.* Frankfurt am Main: Lang, 11-22.

KIEWEG, Werner. 2009. „Schreibprozesse gestalten, Schreibkompetenz entwickeln", in: *Der fremdsprachliche Unterricht Englisch* 43, H. 97, 2-8.

RODARI, Gianni. 1993. *Favole al telefono.* San Dorligo della Valle (Trieste): Einaudi Ragazzi.

RODARI, Gianni. 2013. *Grammatica della fantasia Introduzione all'arte di inventare storie.* 1973-2013 40 anni. Edizione speciale arricchita da contributi inediti. San Dorligo della Valle (Trieste): Einaudi Ragazzi.

Förderung des Fremdverstehens und eines reflexiven Film-Rezeptionsverhaltens mit *Alla luce del sole* von Roberto Faenza im Italienischunterricht für Fortgeschrittene

Christina Maier (Stuttgart)

1. Vorbemerkungen

Filmische Produkte werden heute vielfach in der Freizeit konsumiert, beispielsweise auf mobilen Endgeräten. Nicht nur für Jüngere haben audiovisuelle Erzeugnisse ein hohes Motivationspotenzial, führt das Rezipieren eines Films oder Videos im Allgemeinen doch unter anderem zu emotionalem Erleben.

Solche emotionalen Eindrücke nach dem Sehen/Hören eines filmischen Textes können zu einem unmittelbaren Kommunikationsbedürfnis im Italienischunterricht führen, was dem Grundanliegen eines kommunikationsorientierten Fremdsprachenunterrichts entgegenkommt.

Italienische Spielfilme, Kurzfilme, Videoclips etc. sind zudem authentische Werke aus der italienischen Kultur, die nicht nur ästhetischen Genuss bieten, sondern auch fremdkulturelle Elemente vor Augen führen. In diesem Zusammenhang können filmische Texte eingesetzt werden, um das Fremdverstehen im Italienischunterricht zu fördern (Henseler et al. 2011, 9ff.). *Alla luce del sole* (2004) von Roberto Faenza ist in besonderer Weise geeignet, dazu beizutragen: ein großer Teil der Jugendlichen, die heute in Mitteleuropa leben, wächst so auf, dass ihnen die organisierte Kriminalität und die Gewalt, die sie anzuwenden imstande ist, fern sind. *Alla luce del sole* kann für sie nicht nur die Auswirkungen der Machenschaften der *Cosa nostra* auf das Viertel Palermo-Brancaccio und die dort lebende Bevölkerung sowie die Bombenattentate der Jahre 1992/1993 anschaulicher machen. Vielmehr können durch die Darstellung des außergewöhnlichen Priesters Giuseppe Puglisi, der seiner menschenfreundlichen Haltung auch in größter Gefahr treu blieb, überdies Reflexionen über Einstellungen (Henseler et al. 2011, 8) in Gang gesetzt werden.

Die baden-württembergischen Bildungsstandards für Italienisch (dritte Fremdsprache) aus dem Bildungsplan 2004 (MKJS 2004, 350) fordern, dass Lernende im vierten bzw. fünften Lernjahr Italienisch „die wesentlichen gesellschaftlichen, wirtschaftlichen, politischen und kulturellen Verhältnisse im heutigen Italien und gegebenenfalls ihre historischen Ursachen" kennen sollen. Der neue baden-württembergische Bildungsplan 2016[1] macht dagegen das Thema „organisierte Kriminalität, Antimafia und gelebte Zivilcourage" (MKJS 2016, 23) zu einer ausdrücklichen Pflichtvorgabe für das vierte bzw. fünfte Lernjahr Italienisch (dritte Fremdsprache).

Der vorliegende Beitrag versucht, einer weiteren neuen Schwerpunktsetzung des Bildungsplans 2016 gerecht zu werden. Bereits der Bildungsplan 2004 gab vor, dass Schülerinnen und Schüler „Texte auf Aussage und Wirkung hin analysieren und kommentieren [können]" sollen (MKJS 2004, 350). Der Bildungsplan 2016 erhebt in unserer zunehmend mediatisierten Welt den „kritischen, selbstbestimmten Umgang mit Medien" zu „einer wichtigen Schlüsselqualifikation junger Menschen"[2] und macht die Medienbildung zu einer „Leitperspektive" des schulischen Lernens in Baden-Württemberg. So können zur Förderung von Text- und Medienkompetenz beim Einsatz von *Alla luce del sole* spezifische filmische Gestaltungsmittel besprochen und ihre Wirkungsabsicht thematisiert werden (MKJS 2016, 32).

2.   Überblick über den Spielfilm

2.1   Zum Inhalt

Der Priester Giuseppe Puglisi kehrt als Gemeindepfarrer an seinen Geburtsort Palermo-Brancaccio zurück. Sein Ansatz ist vom Moment seiner Ankunft an, dass die organisierte Kriminalität bekämpft werden muss, indem man der Generation der Kinder und Jugendlichen ein anderes Lebensmodell als das durch die *Cosa nostra* geprägte präsentiert, trotz aller bedrängenden Armut. Den jungen Leuten gibt er die Möglichkeit, Fußball auf dem Grundstück seiner Kirchengemeinde zu spielen, verlangt aber auch die Einhaltung von Regeln; mit ihnen backt er Pizzen, für sie richtet er ein Kinder- und Jugendbegegnungszentrum ein

---

[1]   Dieser Bildungsplan wird voraussichtlich erstmals für die fünfstündige Jahrgangsstufe 1 Italienisch im Schuljahr 2021/22 Gültigkeit erlangen.

[2]   „Die zunehmende Bedeutung von Medien in der Gesellschaft macht einen kritischen, selbstbestimmten Umgang mit Medien zu einer wichtigen Schlüsselqualifikation junger Menschen" (MKJS 2016, 7).

und organisiert ein Fahrradrennen, eine Nachtwanderung u.v.a.m. Es gelingt dem Priester insbesondere, Kindern und Jugendlichen den Wert eines ehrlicheren Lebens zu zeigen: Carmelo lässt vom Diebstahl von Autoradios ab; Saro lernt durch *don* Puglisi, Vertrauen zu Menschen zu fassen; und Rosario verinnerlicht Giuseppe Puglisis Aufforderung, zu „pensare [...] con la propria testa" (Faenza 2005, DVD[3], ca. 0:36:28-0:36:30), so sehr, dass er sein Zuhause verlässt, da sein Großvater seiner Entdeckung nach geschäftliche Kontakte zu Mafiosi hat.

Doch auch der Welt der Erwachsenen begegnet Giuseppe Puglisi. Und aus der Gruppe der Erwachsenen haben viele Verbindungen zur Mafia. Hier zeigt sich *don* Puglisi als Figur des Widerstandes: einen Umschlag mit Bestechungsgeld der Mafiosi mit viel Geld lehnt er ab; das Fest für den Schutzpatron der Gemeinde will er künftig kostengünstiger gestalten, selbst wenn dann ein berühmter Sänger aus einer „bedeutsamen Familie" nicht auftreten und keine Gage bekommen kann; und vor allem informiert er die Bewohner des Stadtteils über ihre Rechte und fordert lautstark Verbesserungen, z.B. beim Gemeinderat. Dies missfällt Politik und Mafia, die ineinander verstrickt sind. Auch nach zwei Todesdrohungen durch die Mafia bleibt *don* Puglisi bei seinem Einsatz für ein besseres Brancaccio und sendet keine Signale an die Mafia, leiser werden zu wollen. An seinem sechsundfünfzigsten Geburtstag wird sein Engagement gewaltsam beendet und er im Auftrag von Mafiosi vor seiner Kirche erschossen.

Der historische Giuseppe Puglisi (1937-1993) wurde im Mai 2013 selig gesprochen. Sein Wirken besitzt noch heute Modellcharakter: beispielsweise beruft sich der aktuelle Erzbischof von Palermo, Corrado Lorefice, auf *padre* Puglisi (Bachstein 2015).

2.2   Zur Struktur des Films

Der Regisseur Faenza setzt nach der Widmung „ai bambini di Palermo" am Anfang des Films auf verstörende Art und Weise ins Bild, was er „la più atroce delle violenze, la negazione dell'infanzia" (Montesi & Pallanch 2005, 9) nennt. Männliche Jugendliche füttern Hunde vor einem Hundekampf. Im Anschluss an den Kampf führen die Jugendlichen den Tod des unterlegenen Hundes herbei.

---

[3]   Weitere Verweise auf Filmminuten beziehen sich ausschließlich auf diese DVD.

Nach diesem Beginn *in medias res* springt der Film Spannung aufbauend zunächst auf den Tag, an dem Giuseppe Puglisi ermordet wird. Anschließend wird chronologisch vom Wirken des Priesters in Brancaccio von 1991 bis 1993 erzählt, bevor am Ende des Films sein Tod gezeigt wird.

3. Methodisches Vorgehen im Unterricht

Der Einsatz des Films *Alla luce del sole* ist denkbar als Abschluss der Unterrichtsreihe *Le mafie* oder als Abschluss der Gesamteinheit *Le mafie e la lotta contro le mafie*. Das Wirken Giovanni Falcones und Paolo Borsellinos sowie die *strage di Capaci* und die *strage di via d'Amelio* sollten den Schülerinnen und Schülern beispielsweise ebenso ein Begriff sein wie das Konzept der *omertà*.

Da insbesondere die Förderung des Fremdverstehens und die Medienbildung in den Vordergrund gerückt werden, wird auf ein Hörverstehenstraining beim Ansehen von *Alla luce del sole* verzichtet. Als Zeigeverfahren wurde für den Spielfilm die Block-Präsentation[4] mit drei Blöcken gewählt. Der erste Block ist mit etwas mehr als 16 Minuten bewusst kurz gehalten, damit in der ersten Doppelstunde die ggf. verstörende Kraft der Bilder z.B. des Hundekampfes durch einen ausreichend langen Austausch im Plenum aufgefangen und in einem weiteren Schritt das Hoffnung machende Engagement *padre* Puglisis intensiver in den Blick genommen werden kann. Nach diesem behutsam portionierten Einführungsblock sollten die Schülerinnen und Schüler in der Lage sein, in der zweiten Doppelstunde einen großen Block von ca. 60 Minuten zu sehen, wodurch die „dramaturgische Spannung des Films"[5] aufrechterhalten werden soll. Die restlichen Filmminuten werden in der dritten Doppelstunde betrachtet.

Die Lernenden werden darüber informiert, dass sie bei einem erheblichen Nichtverstehen in Blockbetrachtungsphasen die Möglichkeit haben, zur Fernbedienung zu greifen und die Filmvorführung zu stoppen, um Erläuterungen zum Nichtverstandenen zu erbitten. Da mehrere Filmfiguren sizilianischen Dialekt sprechen – *don* Puglisi zählt nicht zu ihnen –, wird der Film durchgängig

---

[4] „Bei der *Block-Präsentation* (*straight-trough approach*) wird der gesamte Film in einem Stück oder in zwei bis drei langen Blöcken vorgespielt." (Henseler et al. 2011, 34).
[5] Ebd.

mit den Untertiteln, die in *italiano standard* gehalten sind, gezeigt.[6] An Film-
stellen mit Dialektanteilen haben die Filmbilder zusätzlich eine Hilfsfunktion für
die Schülerinnen und Schüler (Sehverstehen). Insgesamt sollten für die Unterrichtseinheit mindestens vier Doppelstunden à 90 Minuten angesetzt werden.

3.1   Erste Doppelstunde

3.1.1   Attività prima della visione

Zur inhaltlichen Vorbereitung auf den Film und zum Generieren einer Erwar-
tungshaltung werden die Schülerinnen und Schüler eingeladen, Gedanken zum
Themenbereich *La vita dei bambini e dei ragazzi* zusammenzustellen und mündlich vorzutragen. Eine Strukturierung der Gedanken in Form einer Mindmap
wäre hierbei denkbar.

Nach der Besprechung dieses Arbeitsauftrages wird transparent gemacht, dass
im Weiteren im Rahmen der Unterrichtseinheit *Le mafie e la lotta contro le
mafie* ein Spielfilm bearbeitet werden wird, der auch Lebensumstände von Kindern und Jugendlichen zu Beginn der 1990er Jahre zeigt. Der Ort Palermo-Brancaccio, der historische Giuseppe Puglisi und Luca Zingaretti – der Schauspieler,
der *padre* Puglisi mimt – werden in einem kurzen Lehrervortrag mit medialer
Unterstützung vorgestellt.

3.1.2   Attività durante la visione

Vor dem Sehen des ersten Filmblocks (bis 0:16:28) erhalten die Schülerinnen
und Schüler einige Vokabelangaben (z.B. *il canile comunale, uno sbirro, il
parroco, la predica* u.a.m.). Neben dem Hundekampf und den ersten Bildern zu
padre Puglisis Todestag sehen die Schülerinnen und Schüler in den ersten Minuten, welche Eindrücke er nach seiner Ankunft in Brancaccio als Priester von
diesem Viertel aufnimmt. Domenico, der bei Giuseppe Puglisi offensichtlich

---

[6] Urška Grum kam in einer Metaanalyse zu dem Schluss, dass „angenommen werden
[könnte], dass L2-UT [= Untertitel, CM] das Hörverstehen positiv beeinflussen und zu
einem besseren allgemeinen Hör- wie Hör-Sehverstehen führen" und „dass L2-UT das
Hör-Sehverstehen zumindest nicht behindern und diese Form der mehrkanaligen Informationsverarbeitung für Fremdsprachenlernende keine Überforderung darstellt und sogar
effektiv nutzbar ist" – zumindest „ab einem mittleren Sprachfähigkeitsniveau (B1)" (Grum
2016, 221f.).

nach einer anderen Orientierungsfigur sucht, und sein – hier als lediglich autoritär gezeigter – Vater werden eingeführt; zudem richtet der Priester in der Gemeinde ein Fußballfeld für die Kinder des Viertels ein, die bisher nur auf der Straße spielen konnten. Auch den Jugendlichen Saro, der verhaftet werden soll, lernen die Zuschauerinnen und Zuschauer kennen.

Die Schülerinnen und Schüler machen sich während des Sehens Notizen zu folgenden, vorab durch die Lehrkraft vergebenen Arbeitsaufträgen:

1a) Descrivete le condizioni di vita in cui si trovano gli abitanti di Palermo-Brancaccio durante i primi anni '90 (secondo il film) – soprattutto i bambini/ragazzi, ma non solo loro.

1b) Qual è la strategia di don Puglisi per provocare cambiamenti a Brancaccio?

2) Secondo me, i primi minuti del film sono … perché …

Nach der Betrachtung der ersten Filmminuten erhalten die Lernenden Zeit, ihre Notizen auszubauen und in Partnerarbeit abzugleichen; im Anschluss daran werden die Lösungen im Plenum besprochen.

Bei Bedarf können in dieser Phase weitere, noch offene Fragen der Schülerinnen und Schüler zum Gesehenen beantwortet werden.

3.1.3 Attività dopo la visione

Die Schülerinnen und Schüler erhalten nun einen kreativitätsorientierten Schreibauftrag, der sich auf folgenden Dialogauszug aus dem Film (ca. 0:10:31-0:10:52) stützt:

> *Domenico*: Mio padre dice che la gente qua è divisa in due: quelli che camminano a testa bassa – e gli 'uomini d'onore', che camminano a testa alta. […]
>
> *G. Puglisi*: […] Io sono venuto qua per aiutare la gente per bene a camminare a testa alta.

Die Lernenden stellen sich vor, dass *don* Puglisi dem durch diese Worte des Priesters überraschten Domenico seinen Standpunkt in wesentlich umfangreicherer Form näher erläutert (inklusive einer Stellungnahme zu den Worten von Domenicos Vater), und sie notieren in einem Text, was Giuseppe Puglisi dem jungen Domenico in dieser Situation sagen könnte. Zumindest exemplarische Schülerlösungen werden anschließend ausgewertet.

3.2   Zweite Doppelstunde

3.2.1   Attività prima della visione

Zum Ziel einer Vorwissensreaktivierung und zur Schulung der Sprechkompetenz versprachlichen die Lernenden mündlich in einer *Pair*-Phase, was sie bereits gesehen haben. Danach wird das von ihnen Vorbereitete im Plenum besprochen.

3.2.2   Attività durante la visione

Vor dem Sehen des nächsten – langen – Filmblocks von ca. 60 Minuten erhalten die Schülerinnen und Schüler eine Liste mit zahlreichen Vokabelangaben, die als Nachschlagemöglichkeit bis zum Filmende Unterstützung bieten soll (z.b. *una branda, il pascolo, un presidio sanitario, l'allaccio della fognatura, venticinque milioni di lire* u.v.a.m.).

Die Lernenden machen sich während des Sehens Notizen zu wenigen von der Lehrkraft ausgewählten Sequenzen, die mutmaßlich für Jugendliche nicht leicht zu verstehen sind, z.b. zur Besprechung des Priesters Puglisi und des Diakons Gregorio mit dem Gemeinderat von Brancaccio. Zusätzlich zu diesen Vorgaben durch die Lehrkraft sollen die Schülerinnen und Schüler selbst festhalten, wo sie noch Klärungsbedarf haben. Über den vergebenen Arbeitsauftrag und das Unverstandene wird nach dem Sehen gesprochen. Der Austausch kann z.B. über den Moment erfolgen, in dem Domenico Sprengstoff unter Orangen verstecken muss; oder darüber, dass ein Handlanger der Mafiosi versucht, *don* Puglisi mit einer Geldspende gefügig zu machen, und über den Mafioso, der bei einem Fest mit „Al nostro parrino!" auf *padre* Puglisi anstößt.

3.2.3   Attività dopo la visione (Hausaufgabe)

Zur Entwicklung der Figur des Carmelo innerhalb des Films (vom Autoradiodieb zu einem Kind, das bei *padre* Puglisi seinen Dietrich abgibt, um zu signalisieren, dass die Diebstähle künftig der Vergangenheit angehören werden) bearbeiten die Schülerinnen und Schüler einen kreativitätsorientierten Schreibauftrag als Hausaufgabe. Sie imaginieren einen inneren Monolog eines inzwischen etwa 25-jährigen Carmelo, der an seine Kindheit und an das Vorbild, das der Priester

Puglisi für ihn war, zurückdenkt und der darüber reflektiert, was er von *don* Pino
gelernt und wie er sich, angeregt durch den Geistlichen, gewandelt hat.

3.3   Dritte Doppelstunde
3.3.1   Attività prima della visione

Die Schülerinnen und Schüler erhalten knapp 20 Screenshots aus *Alla luce del
sole* (an ausgewählten Stellen mit zusätzlichen Hinweisen in Worten), von denen sie arbeitsteilig mehrere in Partnerarbeit versprachlichen, um das bisher Ge-
sehene zu wiederholen. Eine Besprechung im Plenum folgt. Die zu Carmelo bearbeitete Hausaufgabe wird anhand exemplarischer Texte von Schülerinnen und
Schülern inhaltlich und sprachlich im Plenum ausgewertet.

3.3.2   Attività durante la visione

Die Schülerinnen und Schüler machen sich während des Betrachtens des letzten
Filmblocks Notizen, z.B. zu den Fragen, warum Domenico die von *don* Puglisi
erhaltene Halskette mit dem Kreuz wieder an den Priester zurückgibt; welches
Menschenbild erkennbar ist, wenn ein Mafioso auf der Schulter seiner Partnerin
einen Scheck ausstellt; warum mehrere Menschen wegschauen, als der Priester
in Brancaccio angeschossen auf der *piazza* liegt.

3.3.3   Attività dopo la visione (Hausaufgabe inbegriffen)

Ein Austausch darüber, welche Filmszene die Schülerinnen und Schüler am
meisten beeindruckt hat, findet zuerst in Kleingruppen, anschließend im Plenum
statt. Überdies sprechen sie darüber, was ihnen an dem Film gefallen hat und
was nicht. Gleichfalls kann an dieser Stelle der Unterrichtseinheit darüber reflektiert werden, was das Aufwachsen in einem von der Mafia dominierten Kontext für sie persönlich bedeuten würde. Eine Kontrastierung zu der die Jugendlichen im heutigen Mitteleuropa umgebenden Lebensrealität sollte dabei erfolgen.

Als Hausaufgabe verfassen die Lernenden einen persönlichen Kommentar
ausgehend von der Aussage Luca Zingarettis: „Mi sono domandato spesso
quanto il sacrificio di padre Pino Puglisi sia servito. Quanto la restaurazione del
dopo abbia contribuito a cancellare il suo operato" (Montesi & Pallanch 2005,

13). Sie legen dabei dar, welchen ‚Nutzen' die Selbstaufopferung Giuseppe Puglisis aus ihrer Sicht hatte.

3.4   In der weiteren Unterrichtszeit

3.4.1   Arbeitsaufträge zur Filmbildung

Im Sinne der Abwechslung sollen an dieser Stelle keine Arbeitsaufträge zu den Kameraeinstellungen vergeben werden. Vielmehr ist es das Ziel, die Medienbildung und den Reflexionsgrad bei der Rezeption von Spielfilmen zu schulen, indem am Beispiel einer konkreten Szene der Ton und am Beispiel einer anderen Szene Farben bzw. Licht und Schatten im Filmbild in den Blick genommen werden. Die Lernenden beschreiben, was sie bezüglich Ton bzw. Farben, Licht und Schatten wahrnehmen, und sie reflektieren darüber, welche Wirkung die gewählten Ton-, Farb- und Lichtverhältnisse auf die Filmbetrachterinnen und -betrachter haben. Das Bewusstsein der Lernenden soll dafür gesteigert werden, dass Filme „kein Abbild außerfilmischer Wirklichkeit" sind, sondern dass sie „inszeniert[e] filmisch[e] Wirklichkeit" (Henseler et al. 2011, 19) vor Augen führen.

3.4.2   Ton

Die Minuten 0:43:22 bis 0:46:49 werden erneut betrachtet. Es handelt sich hierbei um die Filmmitte und den Wendepunkt.

Giuseppe Puglisi war nicht einverstanden damit, dass der Schutzpatron seiner Kirchengemeinde, der Heilige Gaetano, weiterhin im Rahmen eines teuren Feuerwerks und des kostspieligen Engagements eines Sängers gefeiert wird. Er wünschte sich vielmehr den Verzicht auf das Feuerwerk und die Geste des Sängers, als frommer Gläubiger unentgeltlich zu singen. Dieser Wunsch wird nicht Realität. Während *padre* Puglisi am Tag des Schutzpatrons eine eher schlichte Prozession durchführt, feiern die Mafiosi an einem separaten Ort ein elegantes Fest, bei dem u.a. der Sänger Fred Malvino auftritt und schließlich ein Feuerwerk gezündet wird, das die Gläubigen bei der Prozession zunächst in Schrecken versetzt. Filmisch wird die Gleichzeitigkeit von Prozession und Fest realisiert, indem die Zuschauerinnen und Zuschauer zwar Bilder von der Prozession und vom Fest der Mafiosi im Wechsel sehen. Beim Ton haben sich die

Filmemacher aber für eine Gestaltungsmöglichkeit entschieden, die dem Medium Film, nicht aber z.B. narrativen Texten, zur Verfügung steht: der Filmbetrachter hört zunächst nur Stimmen und Geräusche von der Prozession bzw. vom Fest. Ab etwa 0:45:20 und bis ca. 0:46:40 überlagern sich dagegen der Ton der Prozession und der Ton des eleganten Festes. Mit dem filmischen In- bzw. Übereinanderschieben der Musik und der Geräusche der Prozession einerseits und der Musik bzw. Geräusche des eleganten Festes andererseits verweist *Alla luce del sole* selbstreferentiell auf die Möglichkeiten des Films. Bei den Zuschauerinnen und Zuschauern stellt sich das Gefühl der wechselseitigen Störung von Prozession einerseits und Fest andererseits ein. Wenige Sekunden nach dem Beginn der Überlagerung der Töne stoßen die Mafiosi und die mit ihnen Verbündeten mit „Al nostro parrino!" auf Giuseppe Puglisi an (0:46:04) und treten so mit ihm in Konfrontation. Sie werden künftig sein Engagement für ein gutes Brancaccio stören und schließlich *zer*stören – ähnlich, wie die Musik und die Geräusche der Prozession für das Zuschauerempfinden vom sich dazwischendrängenden Ton des Festes gestört werden.

Da die Lernenden das Filmende bereits gesehen haben, sollten sie beim erneuten Betrachten dieser Filmminuten die störenden Effekte beim Ton auf das künftige Stören des Wirkens *don* Puglisis durch die Mafiosi übertragen und den Wendepunktcharakter dieser Minuten herausarbeiten können. Mögliche Aufgabenstellungen sind:

1) Descrivete com'è stata realizzata la sequenza della processione.
2) Qual è l'effetto di quello che vediamo e sentiamo?
3) Interpretazione: che cosa esprime questo modo di realizzare la sequenza della processione?

Auch die Minuten 1:18:36-1:23:10 zum Tod *padre* Puglisis könnten im Hinblick auf den Ton, hier allerdings zusätzlich im Zusammenspiel mit der Montage, analysiert werden. Hier sind im Film stellenweise noch Kommentare zu einem Fußballspiel zu hören, während die Filmbilder bereits anderes zeigen.

3.4.3   Farbe, Licht und Schatten

Die Schülerinnen und Schüler erhalten den folgenden Screenshot, betrachten zu seiner Einordnung noch einmal die Filmsekunden 0:03:13-0:03:34 und beschreiben Farben, Licht und Schatten. Auch hier reflektieren sie über die Wirkung der Auswahl dieser filmischen Gestaltungselemente auf die Zuschauerinnen und Zuschauer und interpretieren jene.

Abb. 1: Domenico warnt *don* Puglisi in seinem Traum vor seiner Ermordung (Faenza 2005, DVD, ca. 0:03:33)

Zum Abschluss der Unterrichtseinheit kann eine Diskussion zu der Frage geführt werden, ob die Mafien ausgelöscht werden können, wenn nur die nachfolgenden Generationen im Laufe ihres Erziehungs- und Bildungsprozesses dazu gebracht werden, sich diesen kriminellen Organisationen nicht zuzuwenden.

4.   Schlussbemerkungen

Alla luce del sole eignet sich für den Einsatz im vierten bzw. fünften Lernjahr in einer Lerngruppe, die sowohl rezeptiv als auch produktiv bereits über etwas mehr als das Niveau B1 verfügt und das Niveau B2 anstrebt. Mit der Arbeit an diesem Spielfilm können Lernende ihre kulturelle Kompetenz (soziokulturelles Wissen und interkulturelle Kompetenz) ausbauen und zum Nachdenken auch über Gegebenheiten in ihrer eigenen Kultur und zu Stellungnahmen gebracht werden. Der Film bietet vielfältige Anlässe zur Schulung der Sprech- und Schreibkompetenz und besonders zur Vergabe von produktionsorientierten Arbeitsaufträgen wie z.B. einem inneren Monolog. Gleichfalls lassen sich damit bisher eher nicht alltägliche Aspekte ins Zentrum schulischer Filmanalyse rücken wie z.B. der Ton. Lohnenswert könnte in diesem Zusammenhang auch eine – in diesem Beitrag noch nicht vorgeschlagene – Analyse sein, welche der im Film mehrfach wiederkehrenden Melodien unter welche Art von Szenen gelegt ist und welche Wirkung bei den Zuschauerinnen und Zuschauern beim Erkennen einer wiederkehrenden Melodie ausgelöst wird sowie von welcher Vorausdeutung auf die Handlung die Filmbetrachterinnen und -betrachter aufgrund der jeweiligen Melodie ausgehen können.

Nicht zuletzt ist *Alla luce del sole* ein preisgekrönter Film, mit dem man – trotz der enthaltenen Darstellungen von Gewalt – Lernenden ein Kunstwerk aus der italienischen Kultur präsentieren kann.

Bibliographie

BACHSTEIN, Andrea. 2015. „Corrado Lorefice. Priester der Armen und neuer Erzbischof von Palermo", in: *Süddeutsche Zeitung* 29.10.2015, 4.

FAENZA, Roberto. 2005. „Prefazione", in: Montesi, Antonella & Pallanch, Luca. edd. *Alla luce del sole. La sceneggiatura del film di Roberto Faenza*. Roma: Gremese, 9-11.

GRUM, Urška. 2016. „Metaanalyse zum Einfluss intralingualer Filmuntertitel auf das fremdsprachliche Hör-Sehverstehen", in: Böttger, Heiner & Sambanis, Michaela. edd. *Focus on Evidence – Fremdsprachendidaktik trifft Neurowissenschaften*. Tübingen: Narr Francke Attempto, 211-226.

HENSELER, Roswitha & MÖLLER, Stefan & SURKAMP, Carola. 2011. *Filme im Englischunterricht. Grundlagen, Methoden, Genres*. Seelze: Kallmeyer Klett.

MINISTERIUM FÜR KULTUS, JUGEND UND SPORT (MKJS) BADEN-WÜRTTEMBERG in Zusammenarbeit mit dem LANDESINSTITUT FÜR ERZIEHUNG UND UNTERRICHT. edd. 2004. *Bildungsplan 2004. Allgemein bildendes Gymnasium. Bildungsstandards für Italienisch (dritte Fremdsprache)*. Stuttgart. http://www.bildung-staerkt-menschen.de/service/down loads/Bil dungsstandards/Gym/Gym_1_3f_bs.pdf.

MINISTERIUM FÜR KULTUS, JUGEND UND SPORT (MKJS) BADEN-WÜRTTEMBERG in Zusammenarbeit mit dem LANDESINSTITUT FÜR SCHULENTWICKLUNG. edd. 2016. *Bildungsplan des Gymnasiums – Bildungsplan 2016. Italienisch als dritte Fremdsprache – Profilfach*. Stuttgart. http://www.bildungsplaene-bw.de/,Lde/LS/BP2016BW/ALLG/ GYM/ITAL3.

MONTESI, Antonella & PALLANCH, Luca. edd. 2005. *Alla luce del sole. La sceneggiatura del film di Roberto Faenza*. Roma: Gremese.

ZINGARETTI, Luca. 2005. „Interpretare ,3P'", in: Montesi, Antonella & Pallanch, Luca. edd. *Alla luce del sole. La sceneggiatura del film di Roberto Faenza*. Roma: Gremese, 12-14.

Film

FAENZA, Roberto (diretto da). 2005. *Alla luce del sole*. Sceneggiatura di Roberto Faenza in collaborazione con Gianni Arduini, Giacomo Maia, Dino Gentili, Filippo Gentili, Cristiana Del Bello, Jean Vigo Italia – Mikado Film – Rai Cinema. (P) 01 distribution srl (DVD).

„Gli stili comunicativi – un paragone interculturale tra l'Italia e la Germania". Eine Unterrichtseinheit für die Kursstufe Italienisch
Monika Rueß (Stuttgart)

1. Einleitung

Der vorliegende Beitrag stellt eine Unterrichtseinheit zum Thema Kommunikationsstile in Deutschland und Italien vor, bei der die Schülerinnen und Schüler nicht nur die Unterschiede kennenlernen, sondern auch die Gelegenheit bekommen, den italienischen Kommunikationsstil in einem Rollenspiel anzuwenden.

Der Beitrag ist rein praktisch ausgerichtet und verzichtet daher auf jegliche Darlegung von Theorie zum interkulturellen Lernen bzw. auf die Erörterung der Frage, wie dieses sich aus didaktischer Sicht in der Schule anbahnen ließe. Ein guter Überblick zu diesen theoretischen Fragen und weitere Literaturangaben finden sich im Artikel von Lothar Bredella im Metzler Lexikon Fremdsprachendidaktik (2017).[1] Der vorliegende Aufsatz beschränkt sich also auf die Darstellung der genannten Unterrichtseinheit, die mehrfach in der Praxis erprobt wurde.

Ausgangspunkt für die Unterrichtseinheit war die Aussage eines Schülers aus der 10. Klasse, der damals gerade am Schüleraustausch mit Italien teilgenommen und folgende Anmerkung in sein Tagebuch geschrieben hatte:

> Die ticken irgendwie anders, die Italiener. Abgesehen davon, dass sie mit dem ganzen Körper sprechen und dass sie oft ein Geschrei veranstalten, wo man denkt, das wär' doch gar nicht nötig, gibt es noch etwas anderes, was ich nicht benennen kann.

Diese Beobachtung war Anlass und Motivation, eine Unterrichtseinheit zum Thema der verschiedenen Kommunikationsstile in Deutschland und Italien zu entwerfen, und zwar in Form eines interkulturellen Vergleichs.[2]

---

[1] Vgl. auch Sommerfeldt (2011, 175-198) und Vences (2007, 29-41).

[2] An dieser Stelle herzlichen Dank an meine Kollegin Eva Klose, die die Idee zu dieser Einheit hatte und sie mit mir zusammen konzipiert hat.

Ein wirklicher interkultureller Vergleich will mehr als die bloße Feststellung: In Italien ist es so, in Deutschland ist es anders. Es sollte vielmehr der Versuch unternommen werden, die beiden Kommunikationsstile nicht nur bewusst, sondern auch verfügbar zu machen. Die Evaluation am Ende der Einheit hat gezeigt, dass dieses Ziel weitestgehend erreicht werden konnte.

Die Anbindung an den Bildungsplan 2016 des Landes Baden-Württemberg ist über den Abschnitt zur „Interkulturelle[n] kommunikative[n] Kompetenz" (Kap. 3.2.2) gegeben. Als Einleitung heißt es an dieser Stelle (Ministerium 2016):

> Die Schülerinnen und Schüler können aufgrund ihres soziokulturellen Orientierungswissens in direkten […] interkulturellen Situationen angemessen handeln. Sie können eine andere Perspektive übernehmen und erkennen eigen- und fremdkulturelle Besonderheiten. Diese analysieren und interpretieren sie vor dem Hintergrund ihres eigenen kulturellen und gesellschaftlichen Kontextes.

Im Detail können mit der vorliegenden Einheit folgende Anforderungen an die Schülerinnen und Schüler trainiert werden:

> Die Schülerinnen und Schüler können:
> (1) ihr soziokulturelles Orientierungswissen über die Zielkultur in vielfältigen Situationen anwenden
> (2) fremdkulturelle Konventionen beachten (beispielsweise Distanz und Nähe, Bedeutung von Äußerlichkeiten) und – mit den ihnen zur Verfügung stehenden kommunikativen Mitteln – Gespräche beginnen und aufrecht erhalten
> (3) […]
> (4) Unterschiede und Gemeinsamkeiten bei eigenen und zielkulturellen Wahrnehmungen, Einstellungen und (Vor-)Urteilen erkennen und vergleichen
> (5) in für sie interkulturell herausfordernden Situationen reflektiert handeln
> (6) […] (ebd. 24).

Die Zielgruppe der Einheit waren Schülerinnen und Schüler einer Kursstufe, konkret einer Klasse 12 und (bei der zweiten Durchführung) einer Klasse 11, die alle schon an einem Schüleraustausch mit Italien teilgenommen hatten.

Die Schülerinnen und Schüler sollten in der Mehrzahl in Deutschland aufgewachsen sein, da die Unterrichtseinheit davon ausgeht, dass der deutsche Kommunikationsstil vertraut, aber evtl. nicht bewusst ist, der italienische Kommunikationsstil noch unbekannt ist. Der Lernstand der Schülerinnen und Schüler war der nach Abschluss der Spracherwerbsphase, d.h. in Baden-Württemberg nach dem Ende der ersten drei Lernjahre.

Die Einheit ist für zehn bis 20 Lernende konzipiert. Folgende Hürden mussten bei der Konzeption der Einheit genommen werden:

1. Die Materiallage zum interkulturellen Vergleich und noch spezieller zum interkulturellen Vergleich zwischen Deutschland und Italien ist sehr dürftig. Auf fünf Werke konnten wir uns aber dennoch stützen. Diese sind von: Baasner (2000), Baasner & Thiel (2004), Neudecker & Siegl & Thomas (2007), Schroll-Machl (^{3}2007), Severgnini (2006).

2. Die Kulturstandards, auf denen der Vergleich in der Unterrichtseinheit basieren sollte, sind von Land zu Land und von Autor zu Autor unterschiedlich gewählt, was von der Sache her nachvollziehbar ist, bei einem Vergleich aber Probleme bereitet. Manchmal variiert auch die inhaltliche Füllung dieser Begriffe. Wir haben die Standards ausgewählt, die bei den meisten Autoren zu finden sind und inhaltlich (einigermaßen) übereinstimmen. Im Sinne einer didaktischen Reduktion war dies ein notwendiger Schritt.

3. Eine weitere Schwierigkeit bestand darin, die richtigen Methoden und Vorgehensweisen zu wählen, mit denen die Schülerinnen und Schüler die theoretischen Kategorisierungen und Beschreibungen, die zunächst erarbeitet werden sollten, in Sprechanlässen umsetzen konnten. Die Idee dahinter war, dass trotz des relativ schwierigen Themas die Schülerinnen und Schüler selbst aktiv sein und ihr neu erworbenes Wissen anwenden sollten.

Die Wahl der Vorgehensweise fiel zum einen auf die Behandlung des Eisbergmodells, zum anderen auf die Interpretation einer sog. *storia vera*, um die Problematik des interkulturellen Missverständnisses theoretisch und in der Realität zu verdeutlichen. Eine weitere Herangehensweise war die Analyse zweier Filmausschnitte, die zeigen, wie Italiener kommunizieren. Damit die Kommunikationsstile aber nicht nur theoretisch erarbeitet wurden, sondern auch konkret umgesetzt werden konnten, wurde auf das alt bewährte Rollenspiel zurückgegriffen. Im Folgenden werden die vier Doppelstunden einzeln vorgestellt.

2.   Unterrichtsplanung

2.1   1. Doppelstunde: Sensibilisierung für kulturelle Unterschiede in der Kommunikation und Eisbergmodell

In dieser 1. Doppelstunde ging es darum, die Schülerinnen und Schüler für Unterschiede in der Kommunikation unter Italienern bzw. Deutschen zu sensibilisieren und mit ihnen die theoretische Grundlage des Eisbergmodells zu erarbeiten.

Das Eisbergmodell ist eines von vielen Kommunikationsmodellen, das nicht speziell auf Italien und Deutschland bezogen ist, das aber beim interkulturellen Vergleich (egal, zwischen welchen Ländern) besonders sinnvoll einzusetzen ist. Die Zeichnung, die Material 1 im Anhang zeigt, fasst die wichtigsten Aussagen des Modells zusammen: Oberhalb der Wasseroberfläche sind außer dem Inhalt einer Aussage Tonfall, Gestik, Mimik und Körperhaltung wahrzunehmen, die uns beim Verstehen einer Aussage helfen. Unter der Wasseroberfläche schwingen aber Aspekte mit, die eben nicht so ohne weiteres wahrzunehmen sind. Das sind z.B. persönliche Erfahrungen, Wünsche und Ängste, aber auch gesellschaftliche Werte und Normen, ganze Konzepte, kollektive Vorstellungen, usw. All dies gehört implizit zu einer Aussage, und genau das kann zu Problemen und Missverständnissen in der Kommunikation führen.

Im Unterricht haben die Schülerinnen und Schüler Mutmaßungen über die Bedeutung der Zeichnung angestellt; diese waren weitgehend richtig, sie mussten nur im Gespräch ein wenig präzisiert werden. Abschließend lieferte die Lehrkraft eine mündliche Zusammenfassung der Theorie des Eisbergmodells, die von den Schülerinnen und Schülern in der Art einer Sprachmittlung auf Deutsch zusammengefasst wurde.

Bevor aber dieser theoretische Teil behandelt werden konnte, wurde als Einstieg eine Karikatur aus Neudecker & Siegl & Thomas (2007, 126) (vgl. Material 2 im Anhang) besprochen und analysiert. Die Schülerinnen und Schüler haben ohne große Schwierigkeiten herausgefunden, dass für Italiener die äußere Erscheinung, die Schönheit und auch eine gewisse Lässigkeit oder Unkompliziertheit (*disinvoltura*) von Bedeutung sind, während die Deutschen doch eher auf Bequemlichkeit und Angepasstheit an die Situation achten, eben auf das, was praktisch, pragmatisch und funktional ist. Das waren also zunächst Unterschiede, die die Kleidung und das Auftreten von Deutschen und Italienern betrafen.

Die Überleitung zu den unterschiedlichen Kommunikationsstilen zwischen Italienern und Deutschen wurde nach der Besprechung des Eisbergmodells konkret so gestaltet, dass eine Folie mit Umrissen des Eisbergs über die besprochene Zeichnung gelegt wurde, und die Schülerinnen und Schüler gefragt wurden, was die beiden Paare wohl über das jeweils andere Paar denken oder auch sagen würden, und zwar zum eigenen Partner. Da kamen dann Aussagen wie: „Ach, diese italienischen Frauen sind halt einfach schön! Aber mit diesen Schuhen wird sie sich die Knöchel brechen", oder „Guarda lui, tipicamente tedesco, porta sandali e calzini".

Damit waren die Lernenden sensibilisiert für kulturelle Unterschiede, die eben nicht nur Aussehen und Auftreten, sondern auch das Sprechen selbst, den Kommunikationsstil, betreffen.

Als Hausaufgabe haben die Schülerinnen und Schüler den Text *Lo stile comunicativo: differenze culturali fra tedeschi ed italiani* (vgl. Material 3 im Anhang) gelesen, der die inhaltliche Grundlage für die nächste Doppelstunde darstellen sollte.

2.2   2. Doppelstunde: Die verschiedenen Kommunikationsstile in Italien und Deutschland bzw. unter Italienern und Deutschen

Das inhaltliche Hauptziel der Doppelstunde soll vorweggenommen werden: Nach einem Einstieg und der Erarbeitung mit Hilfe von Kärtchen, die die Schüler lediglich Italien bzw. Deutschland zuordnen mussten, stand die zusammenfassende Tabelle zu den Kommunikationsstilen (vgl. Material 4 im Anhang) an der Tafel.

Diese Tabelle konnte von den Schülerinnen und Schülern leicht erstellt werden, da sie den knapp zweiseitigen Text auf Italienisch, der als Material 3 vorliegt, als Hausaufgabe gelesen hatten. Der Text basiert auf Fortbildungsmaterial von Baasner (2000, Kap. I.4). Der Inhalt des Textes und damit das Hauptziel der Stunde lässt sich wie folgt zusammenfassen:

1. (Vorbemerkung) Die Kultur einer Person bleibt immer die gleiche, unabhängig von der Sprache, die sie gerade spricht. Deshalb wurde zu Beginn da-

rauf verwiesen, dass es geschickt ist, wenn die Schülerinnen und Schüler in der Mehrheit in Deutschland geboren und aufgewachsen sind: die Unterrichtseinheit beruht auf einer deutschen Perspektive.

2. Personenorientierung vs. Sachorientierung

Italien gehört zu den Kulturen, in denen die Personenorientierung wichtig ist. Dies bedeutet, dass es bei einer Unterhaltung (z.b. einer Geschäftsverhandlung) zunächst darum geht, eine persönliche Beziehung zum Gesprächspartner aufzubauen, während es den Deutschen weniger um diese Beziehung geht, sondern vielmehr darum, möglichst schnell Dinge sachlich zu klären und inhaltlich auf den Punkt zu bringen.

3. Direktheit vs. Indirektheit

In Italien gilt rhetorische Gewandtheit als besondere Qualifikation. Man wählt lieber eine indirekte Form der Kommunikation, bei der Umschreibungen, Metaphern, Zitate, Andeutungen, geistreiche Witze, usw. eine große Rolle spielen. Wir Deutsche dagegen sind eher sachorientiert, d.h., dass wir Dinge, meist ohne große Umschweife, klar und direkt beim Namen nennen.

4. Vertrauen vs. Distanz

Vertrauen zum Gesprächspartner und der Aufbau desselben ist grundsätzlich ein Kennzeichen des italienischen Kommunikationsstils. Auf deutscher Seite unterscheiden wir sehr genau, mit wem wir uns unterhalten, ob es sich um einen Fremden, einen losen Bekannten, einen guten Bekannten oder gar einen Freund handelt. Kennen wir jemanden nicht oder kaum, legen wir zunächst eine gewisse Distanz an den Tag. Das ist genau das, was man uns Deutschen häufig nachsagt: wir seien distanziert.

5. Höflichkeit vs. Authentizität

In Italien gehört die Höflichkeit zu den wichtigsten Werten überhaupt. Höflich zu sein bedeutet, den anderen zu respektieren. Das vorher schon angesprochene direkte „Nein" gilt als unhöflich. Für uns Deutsche steht nicht die Höflichkeit an erster Stelle, sondern die Authentizität. Authentisch zu sein bedeutet aber auch, unangenehme Wahrheiten auszusprechen.

6. *Fare bella figura* vs. ehrlich bleiben

Fare bella figura ist mit Italien eng verbunden, während wir Deutsche lieber authentisch und ehrlich bleiben wollen, selbst wenn uns klar ist, dass das beim Gesprächspartner nicht gut ankommt.

Dieses inhaltliche Ergebnis haben wir im Unterricht über einen Einstieg mit einem Filmausschnitt aus *Notte prima degli esami* (2006) und den schon erwähnten Kärtchen (die den Einträgen in der Tabelle entsprachen) erarbeitet. In der gezeigten Filmszene geht es um eine Unterhaltung eines Gastes mit seiner Gastgeberin, in der deutlich wird, dass Luca, der Gast, einen guten Eindruck, also *bella figura*[3], auf seine ihm unbekannte Gastgeberin machen will und äußerst höflich ist. Die beiden Personen sind Jugendliche im Alter von ca. 17/18 Jahren, die kurz vor dem Abitur stehen.

Die Stellen innerhalb der Filmsequenz, an denen die für uns übertrieben wirkende Höflichkeit zum Tragen kommt, fielen auch den Schülern auf, zumal sie ja durch die häusliche Lektüre des Textes als Vorbereitung auf die Stunde für diese Charakteristik des italienischen Kommunikationsstils sensibilisiert waren.

Die weitere Zuordnung der Stichwörter zu Italien bzw. Deutschland, also die Vervollständigung der Tabelle (vgl. Material 4 im Anhang), stellte ebenfalls kein Problem dar.

Die Hausaufgabe bestand wieder in der vorbereitenden Lektüre eines theoretischen Textes, diesmal zu den Konversationsregeln, die in einer Unterhaltung unter Italienern gelten. Dieser Text war zur leichteren Lektüre mit *annotazioni* versehen (vgl. Material 5 im Anhang).

2.3   3. Doppelstunde: Rollenspiel zum italienischen Konversationsstil

Im Mittelpunkt der 3. Doppelstunde stand ein Rollenspiel, das den italienischen Konversationsstil in den Mittelpunkt stellte.

Den Einstieg bildete aber zunächst eine so genannte *storia vera*, mit der der Inhalt der letzten Stunde wiederholt werden sollte. Es handelte sich um folgende Begebenheit (und das ist eine *storia vera*, die nicht nur so heißt, sondern tatsächlich so passiert ist): Eine Gruppe deutscher Lehrerinnen und Lehrer besucht einen *agriturismo* in Sizilien. Im Vorfeld ist ein Termin für 10 Uhr

---

[3]   6'52'' bis 9'30''.

morgens vereinbart worden, bei dem der gesamte Hof mit dem Chef des *agriturismo* besichtigt werden und im Anschluss ein gemeinsames Mittagessen eingenommen werden sollte. Bei der Ankunft der Reisegruppe wird diese informiert, dass der Chef noch unterwegs sei, aber bald mit seiner Rückkehr zu rechnen sei. Eine halbe Stunde später fragt die Reiseleiterin nach, wo denn der Chef bliebe, und erhält wieder die Auskunft, dass er sicherlich bald kommen werde. Die Gruppe verbringt den Vormittag mit Warten bis schließlich gegen 12 Uhr mittags die Frau des Chefs sagt, dass der *padrone* nach Palermo gefahren sei und dass jetzt aber das Mittagessen serviert werde. Erst in diesem Moment verstehen die deutschen Lehrkräfte, dass die Führung auf dem Hof nie vorgesehen war.

Die Schülerinnen und Schüler sollten nach der Lektüre und mit dem Wissen aus der letzten Stunde erklären, warum die Frau des Chefs so reagiert und nicht von Anfang an sagt, dass der *padrone* nicht kommen werde.

Sie will eben höflich bleiben, sie will nicht sagen, dass der *padrone* keine Zeit hat, sie sagt ja auch nicht, dass der *padrone* keine Zeit habe, sondern nur, dass er nach Palermo gefahren sei und jetzt das Mittagessen fertig sei. Wir Deutsche würden, milde ausgedrückt, sagen, sie habe die wahre Tatsache verschleiert oder, härter ausgedrückt, sie habe gelogen, obwohl das – genau genommen – nicht stimmt oder zumindest strittig ist.

Im Anschluss werden die als Hausaufgabe gelesenen wichtigsten Konversationsregeln einer Unterhaltung unter Italienern (vgl. Material 5 im Anhang) mündlich wiederholt. Diese sind – kurz zusammengefasst – folgende:

1. Eine Unterhaltung beginnt mit gegenseitigen Komplimenten; bevorzugte Komplimente betreffen das Aussehen, die Kleidung, die Schönheit des Hauses bzw. der Stadt/des Dorfes oder auch die gesamte italienische Kultur.
2. Ein absolutes Muss unter gebildeten Leuten sind die Höflichkeit und hervorragende Manieren.
3. Ein direktes „Nein" gilt als äußerst unhöflich. Man sucht eher nach Ausflüchten oder Verschleierungen, z.B. *„Sì, buon'idea, perché no? Poi vedremo."*
4. Ein „Ja" bedeutet, „ich habe verstanden", es bedeutet nicht: „ich bin einverstanden".

5. Jemandem direkt zu widersprechen oder schlecht über Dritte zu reden wird als äußert unhöflich angesehen und bedeutet *fare brutta figura.*
6. Eine Unterhaltung dient auch dazu, sich selbst in gutem Licht dastehen zu lassen, z.B. durch elegante Ausdrucksweise, durch geistreiche Aussprüche oder durch Zitate von bedeutenden Persönlichkeiten. Dazu gehört auch mal eine spontane Rede, bei der elegant von einem zum anderen Thema übergeleitet wird.
7. In einer Unterhaltung von gleichrangigen Personen gilt es nicht als unhöflich, den anderen zu unterbrechen; eine solche Unterbrechung wird vielmehr als Zeichen von Interesse gewertet. Auch wenn mehrere Personen gleichzeitig sprechen, wird das nicht als Vergehen betrachtet.
8. Tabuthemen sind Geld, Politik und die Probleme Italiens.

Die Wiederholung dieser Regeln diente im Unterricht als Vorbereitung auf das Rollenspiel. Die Aufgabe für dieses Rollenspiel war, eine Einladung höflich und eben *all'italiana* abzulehnen.

Die konkrete Aufgabe lautete folgendermaßen (vgl. Material 7 im Anhang): Stell dir vor, du bist während des Schüleraustausches am Abend zu einer Party eingeladen. Du unterhältst dich gut. Ein italienischer Junge gefällt dir besonders gut, und es gelingt dir, ihn in ein Gespräch zu verwickeln. Es geht zunächst um Schulangelegenheiten, dann lädt er dich plötzlich ein, das Fest zu verlassen und mit ihm einen Spaziergang zu machen, um dann bei sich zu Hause einen Joint zu rauchen. Du rauchst nicht und willst schon gar keinen Joint rauchen. Deshalb lehnst du die Einladung – so höflich wie möglich – ab.[4] Schreibt in der Gruppe oder in Partnerarbeit den Dialog zwischen dem deutschen Mädchen und dem italienischen Jungen.

Als Hilfestellung bzw. als Differenzierungsangebot erhielten die Kursteilnehmerinnen und -teilnehmer so genannte *espressioni utili,* die sie benutzen konnten, um den Dialog authentischer formulieren zu können (vgl. Material 8 im Anhang). Nach einer Erarbeitungszeit von ca. 30 Minuten wurden die Szenen vorgeführt. Die zusehenden Schülerinnen und Schüler bekamen die Beobachtungs-

---

[4]   Die Aufgabenstellung so zu formulieren, dass ein deutsches Mädchen einen italienischen Jungen trifft, ist der Tatsache geschuldet, dass in den Italienischkursen in der Mehrzahl Schülerinnen sitzen.

aufgabe, herauszufinden, welche Regeln gut, welche Regeln weniger gut eingehalten worden waren. Nach dieser Rückmeldung wurde die aufführende Gruppe
aufgefordert, zu schildern, welche der Regeln am schwierigsten umzusetzen
gewesen war. Das war bei fast allen Gruppen bzw. Schülerpaaren das Verbot
des direkten „Neins". Manchmal fanden die Lernenden es schwierig, einen
geistreichen Witz, eine geistreiche Aussage in die Unterhaltung einzubauen.

**2.4   4. Doppelstunde: Schulz und Berlusconi bei einer Sitzung des Euro-
paparlaments in Straßburg 2003**
Mit den beschriebenen drei Doppelstunden könnte eine Minieinheit zu den
Kommunikationsstilen auch schon abgeschlossen sein.

Aber die letzte Doppelstunde – und ich habe sie beide Male mit unterrichtet –
geht noch einen Schritt weiter und zeigt auf, welche schwerwiegenden Folgen
der Umgang mit Kritik auf höchster politischer Ebene haben kann.

Wir haben in dieser letzten Doppelstunde einen Filmausschnitt aus einer
Diskussion im Europaparlament, die hauptsächlich Martin Schulz und Silvio
Berlusconi 2003 geführt haben, im Hinblick auf die Kommunikationsstile
analysiert.[5] Vor dem Anschauen des Filmausschnitts haben die Schülerinnen
und Schüler folgende Hintergrundinformationen bekommen:
  1. Italien hatte im Jahr 2003 den Vorsitz im Europaparlament von Straßburg.
     Silvio Berlusconi war damals Ministerpräsident von Italien.
  2. Martin Schulz war 2003 Vorsitzender der sozialdemokratischen Fraktion im
     Europaparlament; Präsident des Europaparlaments wurde er erst im Januar
     2012 (ab Mai 2014 dann Jean-Claude Juncker).
Den Schülern wurden im Vorfeld drei Fragen (vgl. Material 9 im Anhang) zur
Beantwortung aufgegeben; der schwierigste Teil in der Mitte, nämlich der, in
dem Berlusconi spricht, wurde zweimal gezeigt.

Es handelt sich um einen Filmausschnitt aus einer Diskussion im Parlament
von Straßburg, in dem sich Berlusconi an Martin Schulz wendet und zu ihm
sagt, dass in Italien gerade ein Film über deutsche Konzentrationslager gedreht
werde und dass er ihn als Chef des Konzentrationslagers, als *capo*, vorschlagen
würde. An einer anderen Stelle lädt Berlusconi die Parlamentarier ein, als

---

[5] *Quando c'era Silvio*, Track 13: Il discorso a Strasburgo, 54'30" bis 1h 06'43".

Touristen nach Italien zu kommen, und betont dabei, dass sie dann Touristen der Demokratie seien, dass sie also nach Italien kämen, um wahre Demokratie kennenzulernen. Ein Höhepunkt des Filmausschnitts ist die Behauptung Berlusconis, dass das italienische Fernsehen, und speziell seine Sender, zu seinen größten Kritikern gehören würden. Also eine glatte Lüge.

Die Schülerinnen und Schüler waren erstaunt und konnten kaum glauben, dass ein solcher Disput tatsächlich stattgefunden hat. Und in der Tat hatte diese Rede von Berlusconi weitreichende Folgen: Der damalige Bundeskanzler Gerhard Schröder hat Silvio Berlusconi zunächst zu einer Entschuldigung aufgefordert. Nachdem diese aber ausgeblieben war, hat der Kanzler seinen geplanten Italienurlaub abgesagt.

Die Erarbeitung des Filmausschnitts erfolgte zunächst auf Italienisch (da, wo es um den generellen Eindruck der Schülerinnen und Schüler ging), die inhaltlichen Fragen wurden dann aber vor allem wegen des fehlenden Vokabulars auf Deutsch besprochen. Im Zentrum standen drei Fragen (vgl. Material 9 im Anhang). Als Ergebnis konnte mit etwas Hilfe von Seiten der Lehrkraft Folgendes festgehalten werden:

1. Schulz äußert seine Kritik direkt und ungeschminkt. Er bleibt sachlich, aber auch authentisch und ehrlich.

2. Berlusconi geht in Ausflüchten und Lügen auf die Kritik ein. Er spricht von den architektonischen Sehenswürdigkeiten Italiens (und versucht dabei, *bella figura* zu machen), beantwortet dabei aber keine der Fragen von Schulz mit Ernsthaftigkeit. Er wirft Schulz vor, er habe ihn beleidigt (er spricht also personenorientiert und trennt nicht zwischen Sache und Person), während Schulz auf Berlusconis Beleidigung mit dem Nazischärgen gar nicht eingeht. Schulz bleibt auch nach der Rede Berlusconis sachlich.

3.   Abschließende Bemerkungen

Die gesamte Einheit wurde mit einer Evaluation beendet, in der die Schülerinnen und Schüler aufschreiben sollten, was sie gelernt hatten, und dabei sagen sollten, wie ihnen die Einheit gefallen hat. Einige der Schüleraussagen sind im Materialteil abgedruckt (vgl. Material 10 im Anhang).

Die Aussagen belegen, dass die Schülerinnen und Schüler verstanden haben, worin die wichtigsten Unterschiede zwischen dem deutschen und dem italienischen Kommunikationsstil bestehen. Außerdem zeigten sich die Teilnehmer des Kurses zufrieden mit dieser Einheit, die darauf ausgelegt war, Theorie und Praxis in einem konkreten Beispiel zu verbinden. Die entstandenen Dialoge waren größtenteils sehr kreativ und spiegelten die Theorie wider.

Bibliographie
BAASNER, Frank. 2000. *Xenokom Italien*. Mannheim. Unveröffentlichtes Material aus einer Lehrerfortbildung.
BAASNER, Frank & THIEL, Valeria. 2004. *Kulturwissenschaft Italien*. Reihe Uni-Wissen. Stuttgart: Klett.
BREDELLA, Lothar. 2017. „Interkulturelles Lernen", in: Surkamp, Carola. ed. *Metzler Lexikon Fremdsprachendidaktik*. Stuttgart/Weimar: Verlag J. B. Metzler, 149-152.
MINISTERIUM FÜR JUGEND, KULTUS UND SPORT. BADEN-WÜRTTEMBERG. 2016. *Bildungsplan des Gymnasiums. Italienisch als dritte Fremdsprache – Profilfach*. http://www.bildungs plaene-bw.de/,Lde/LS/BP2016BW/ALLG/GYM/ITAL3.
NEUDECKER, Eva & SIEGL, Andrea & THOMAS, Alexander. 2007. *Beruflich in Italien. Trainingsprogramm für Manager, Fach- und Führungskräfte*. Göttingen: Vandenhoeck & Ruprecht.
SCHROLL-MACHL, Sylvia. [3]2007. *Die Deutschen – Wir Deutsche. Fremdwahrnehmung und Selbstsicht im Berufsleben*. Göttingen: Vandenhoeck & Ruprecht.
SEVERGNINI, Beppe. 2006. *La testa degli italiani*. Milano: Libri Oro Rizzoli.
SOMMERFELDT, Kathrin. 2011. „Soziokulturelle Inhalte vermitteln und interkulturelles Lernen anbahnen", in: dies. ed. *Spanisch Methodik. Handbuch für die Sekundarstufe I und II*. Berlin: Cornelsen Skriptor, 175-198.
VENCES, Ursula. 2007. „Interkulturelles Lernen – weit mehr als Landeskunde", in: *Der Fremdsprachliche Unterricht Spanisch* 13, 29-41.

Filme
BRIZZI, Fausto (regia). 2006. *Notte prima degli esami*. Italien: Italian International Film, RAI Cinema.
CREMAGNANI, Beppe & DEAGLIO, Enrico & OLIVIA, Ruben H. (regia). 2006. *Quando c'era Silvio*. Produzione: Cecchi Gori Home Video, Italia.

Material

MA 1. Schematische Darstellung des Eisberg-Modells

parte visibile,
percettibile

la lingua, la voce,
i gesti, la mimica,
il comportamento, …

parte nascosta,
impercettibile

esperienze   pregiudizi
personali
                desideri
obiettivi   esigenze

il senso di
"normalità"   valori

ansie   concetti

immagini individuali e
collettive
        ecc.

Il nostro giudizio si basa sui nostri concetti, sul nostro senso di normalità che dipende dal gruppo sociale e dalla cultura in cui viviamo. → Ci possono nascere degli equivoci, delle frustrazioni, ecc.

MA 2. Einstieg in die 1. Doppelstunde

Quelle: Neudecker & Siegl & Thomas. 2007. *Beruflich in Italien*, 126.
   © Jörg Plannerer

MA 3. Regeln einer Kommunikation unter Italienern (nach Baasner)

Lo stile comunicativo: differenze culturali fra tedeschi ed italiani

1. **Premessa generale**
    *   La cultura di una persona rimane sempre la stessa indipendentemente dalla lingua che questa persona usa: la madrelingua o una lingua straniera. Cioè la cultura (i valori, le ansie*, le aspettative, ecc.) non cambia se qualcuno parla una lingua straniera.
    *   L'Italia fa parte delle culture che comunicando vogliono innanzi tutto* mettersi in contatto con l'altra persona e creare un rapporto di fiducia. Cioè il rapporto è essenziale.
        I tedeschi (ed altre culture) invece in una comunicazione vogliono subito arrivare ai temi che hanno in mente e che desiderano discutere con l'altra persona.
        Cioè il contenuto è essenziale.
    *   In Italia come anche in altri paesi ci sono delle differenze culturali da regione a regione. In più una cultura presenta sempre aspetti sociali e individuali e si distingue da una generazione all'altra.

    Annotazioni:
    l'ansia – la paura; innanzi tutto (= innanzitutto) – in primo luogo

2. **La focalizzazione sulle persone**
    In una situazione comunicativa non conta solo quello che dice l'interlocutore, anzi, per gli italiani contano tutti gli aspetti dell'interlocutore:
    il fisico, i movimenti del corpo, i gesti, la mimica, il tono della voce* ecc.

    Annotazioni:
    il tono della voce – la modulazione, l'intonazione, l'espressione della voce

3. **L'essere diretto (dei tedeschi) versus* l'essere indiretto (degli italiani)**
    *   Un problema fra tedeschi ed italiani: Gli italiani dicono: "I tedeschi prendono tutto sul serio*, sono troppo rigidi!" I tedeschi invece dicono: "Gli italiani non mantengono la parola data, sono chiacchieroni, sono poco affidabili*!"
    *   Gli italiani fanno tanti complimenti alla persona con cui parlano.
    *   I motivi culturali: In Italia si amano i discorsi ambivalenti, l'essere diretti dei tedeschi è considerato un comportamento poco cortese e poco elegante.
    *   Per essere spiritosi* a volte si tende a rischiare una piccola scorrettezza. Battute* spiritose e barzellette appropriate* rendono divertente la comunicazione.
    *   Passare da un tema all'altro per gli italiani è una leggera, giocosa, intelligente, spiritosa maniera di comunicare, la tendenza tedesca ad essere sistematici per un italiano può essere espressione di pedanteria e di arroganza.
    *   Sì non significa sempre "sì", si evita spesso di dire "no".
    *   Persino le bestemmie* possono colorire* la comunicazione e non sono sempre prese sul serio.

Annotazioni:
versus (latino) – in opposizione a, contro; prendere sul serio – affrontare qc/un impegno vero e proprio (etw. ernst nehmen); affidabile – (zuverlässig); spiritoso – (geistreich); la battuta – una frase spiritosa; appropriato – adatto; la bestemmia – un'offesa rivolta a una divinità o a ciò che è santo; colorire qc – rendere più bello, arricchire qc

4. **Distanza versus confidenza**
   - Anche dopo aver creato un buon rapporto con un italiano è meglio evitare un atteggiamento confidenziale* e non oltrepassare un certo limite di distanza.
   - Il contatto fisico è valutato differentemente: ci si tocca più spesso, ma il toccare l'altra persona non è segno di confidenza.
   - Per creare fiducia ci vuole del tempo, delle esperienze fatte insieme, una conoscenza approfondita dell'altro.

Annotazioni:
confidenziale – vertraulich, vertraut

5. **La cortesia**
   - In Italia la cortesia è tra i valori più importanti.
   - Per prima cosa essere cortesi vuol dire rispettare l'altro.
   - Non è elegante fare commenti su altre persone, questo non vale* per i complimenti.
   - Il modo diretto di comunicare e il venire subito al sodo* per gli italiani possono risultare* scortesi e ineducati.
   - Persino durante uno scontro* vale la regola della cortesia.
   - Se si prova a imporsi* presentando argomentazioni valide* l'italiano non ne noterà il contenuto, ma il tentativo di vincere a tutti i costi; di voler sempre aver ragione.
   - Un "no" diretto è scortese.
   - Quindi, anche in uno scontro è importante concedere all'altro l'occasione di presentarsi positivamente e di non distruggere l'autostima* dell'inter-locutore.

Annotazioni:
questo vale per – das gilt für, das trifft zu für; venire al sodo – venire al pun-to essenziale del discorso; risultare – (qui:) sembrare, essere visto come; lo scontro – der Streit; imporsi – sich durchsetzen; argomentazioni valide – gute, sachliche Argumente

6. **La lingua**
   - Per gli italiani la loro lingua è la più bella del mondo.
   - La lingua in primo luogo non dà un'informazione, ma serve a mettersi in scena in modo che anche i gesti, la mimica, la retorica giochino un ruolo importante.
   - È possibile che parlino più persone contemporaneamente.

- In un rapporto pari l'interrompere l'altro non è un comportamento scortese, anzi mostra l'interesse di colui che interviene.
- La comunicazione orale è quella che conta di più.

Nach: Baasner, Frank. 2000. *Xenokom Italien*, Kap. I.4.

MA 4. Tabelle zum italienischen und deutschen Kommunikationsstil

Lo stile comunicativo

degli italiani	dei tedeschi
personenorientiert (bevor etwas Geschäftliches besprochen werden kann, muss man das Gegenüber näher kennenlernen)	sachorientiert (der Verhandlungspartner als Person ist unwichtig, es geht allein um die Sache, die gemeinsam besprochen werden muss)
indirekt (Komplimente, Dinge, die nichts mit dem eigentlichen Thema zu tun haben, z.B. das Wetter)	direkt (klare Sprache, ohne Umschweife auf den Punkt kommen, Kritik üben)
Unterschiedliche Wertung Vertrauen (oberflächlich offen und herzlich, um Vertrauen aufzubauen; dann aber doch distanziert) (Freund ≠ Familienmitglied) (amico ≠ amico del cuore)	von Vertrauen und Distanz Distanz (zunächst distanziert, dann allmählich Aufbau von Vertrauen)
Höflichkeit (die oft als Oberflächlichkeit interpretiert wird)	Authentizität (die oft als Unhöflichkeit interpretiert wird)
„bella figura" machen (Eindruck machen)	ehrlich bleiben (Risiko, dem anderen etwas Unangenehmes sagen zu müssen)

MA 5. Konversationsregeln unter Italienerinnen und Italienern

Compito:
Leggi attentamente le regole seguenti che valgono in una conversazione tra italiani.

1 5	1. Ci si mette in contatto con un'altra persona presentandosi (nome, città, lavoro/scuola, hobby), poi si fanno dei complimenti reciproci, i cosiddetti "convenevoli", i complimenti preferiti riguardano l'aspetto fisico dell'altra persona, i vestiti, gli accessori, le bellezze dell'Italia, della rispettiva città, dell'ambiente in generale, la cultura italiana in generale: cantanti, poeti, monumenti, altre bellezze del paese, ecc.) 2. Un obbligo tra persone "colte" (che hanno frequentato il liceo e l'università): <u>modi squisiti</u>, essere comunque cortesi con gli altri (si riferisce ai modi e alla lingua).
10	3. Un "no" diretto è considerato un modo di fare estremamente <u>scortese</u>. Se si vuole rifiutare la proposta dell'altra persona, in Italia si diventa evasivi, ma sempre cortesi, ad esempio "Sì, buon' idea, perché no? Poi vedremo."
15	4. Quando un italiano dice "sì", significa "capito", ma non significa "Sono d'accordo". 5. Contestare direttamente qualcuno o <u>sparlare</u> di terzi dimostra una mancanza di educazione ed è segno di cattivo gusto; con un comportamento simile si fa brutta figura.
20	6. Una conversazione con altre persone serve sempre a mettere se stessi in luce, ecco perché gli italiani cercano di parlare in modo elegante, vuol dire essere spiritosi, riportare citazioni di persone conosciute, raccontare barzellette. Spesso gli italiani amano fare affermazioni ambigue, <u>evasive</u>, poco concrete, affermazioni che <u>girano intorno alle cose</u>.
25	Un altro modo elegante di usare la lingua è un discorso "spontaneo" e così si passa da un tema all'altro. Poi non è importante se uno non fa un riferimento diretto a quello che l'altro ha detto prima.
30	7. In <u>un rapporto pari</u> l'interrompere l'altro non è considerato un comportamento scortese, anzi è segno d'interesse. Anche quando parlano più persone con-temporaneamente, non è grave.... Chi ovviamente riflette a lungo prima di parlare e fa delle pause lunghe durante un discorso, è considerata una persona poco spiritosa, poco <u>elastica</u>, insomma, una persona noiosa.

Annotazioni:
r. 9:   i modi squisiti   *ausgezeichnete Manieren*
r. 12:   scortese (f+m)   *unhöflich*
r. 19:   sparlare   parlare male di qn
r. 26:   evasivo, -a   *ausweichend*

r. 27:   girare intorno alle cose   *um den heißen Brei herum reden*
r. 32:   un rapporto pari   *eine Beziehung auf Augenhöhe*
r. 36:   elastico, -a   flessibile (f+m)
nach: Baasner, Frank. 2000. *Xenokom Italien.*

MA 6. Eine *storia vera*

L'agriturismo
Una comitiva di professori tedeschi va a visitare un agriturismo siciliano che nel ristorante usa solo prodotti biologici di propria produzione. La guida della comitiva ha fissato un appuntamento con il proprietario per le dieci del mattino per fare la visita di tutta la struttura. Arrivata a destinazione la comitiva viene informata che il padrone è ancora in giro, ma che si sta aspettando il suo ritorno.
Mezz'oretta dopo, visto che non è arrivato nessuno, la guida va a chiedere alla moglie del padrone dov'è. Anche ora l'informazione data dalla padrona rimane la stessa. Così la comitiva trascorre la mattinata aspettando il ritorno del padrone.
Solo a mezzogiorno la moglie aggiunge un dettaglio importante: Dice che il marito è andato a Palermo e che i professori possono prepararsi al pranzo che fra poco sarà servito.
Così gli insegnanti tedeschi capiscono che dal primo momento non era previsto l'incontro fissato prima. Ma c'è una cosa che non capiscono per niente: Come mai la padrona non ha detto subito che l'appuntamento non era possibile?

MA 7. Situationsbeschreibung und Arbeitsanweisung für das Schreiben einer Szene

Compito:
Un amico/un'amica del tuo corrispondente italiano/della tua corrispondente italiana festeggia il suo compleanno e ha invitato a casa sua tutte le persone coinvolte nello scambio. Naturalmente sei invitato/a anche tu! All'inizio della festa vedi un ragazzo molto bello e simpatico che suscita il tuo interesse. Ti metti in contatto con lui, fai due chiacchiere con lui. Il tema principale della vostra conversazione è la scuola. Il ragazzo italiano, a un certo punto, t'invita a fare una piccola passeggiata lungo il fiume/a venire a casa sua per fumare una canna* (di che tipo di invito si tratta, lo dovete decidere voi!) Non vuoi per niente accettare l'invito, lo saluti e te ne vai.
Per quanto riguarda la conversazione con il ragazzo simpatico tu rispetti le regole italiane: vedi foglio dell'ultima volta (compito per casa)
Per preparare la scenetta avete 30 minuti, un aiuto possono essere le espressioni utili: vedi foglio extra.
Compiti per quelli che *presentano* la scenetta:
1. Come vi siete sentiti durante la presentazione della scenetta?
2. Di quali regole era necessario discutere?
    Quali regole avete preparato particolarmente bene?
3. Come siete riusciti a rispettare le regole?
4. Ci sono delle regole che sono particolarmente difficili da mettere in pratica?
    Quali sono? Perché sono così difficili?

Compiti per quelli che *guardano* la scenetta:
1. a) Il gruppo ha rispettato le regole della comunicazione?
   b) Se no, dove non le ha rispettate?
2. Avete notato qualche elemento tedesco?
3. Come si potrebbe sostituire queste parti/queste frasi?

MA 8. Hilfreiche Wendungen zum Verfassen der Schülertexte

I convenevoli (= Förmlichkeiten, Höflichkeiten → fare i convenevoli a qn)
   E tu chi sei?
   Come mai sei qui?/Anche tu sei della quarta?
   Non ti ho/avevo mai visto prima.
   Ti trovo/Ti vedo bene/in (gran) forma.
   Che bel vestito (bella maglia, gonna, giacca...). È nuovo (nuova)?
   Ma sei veramente sciccosa!
   Sei molto bella/bellissima.
   Sei la più bella delle ragazze qui.
   Una tedesca così bella, bella bionda, come te non l'ho mai vista prima.
   Sei una ragazza affascinante.
   Sei fresca come una rosa.
   Sei molto spiritosa.
   Hai delle idee splendide/straordinarie.
   Sei una ragazza straordinaria/meravigliosa/affascinante/ ...
   Non sei mica male, anzi devo dire che sei bellissima.
   A me piacciono le bionde.
   Parli veramente bene l'italiano...
   Mi piace il tuo sorriso.
   Mi piacciono i tuoi occhi verdi/marrone/azzurri.
   E questi occhi azzurri – bellissimi!
   Che hai fatto di bello durante lo scambio?
   Ti sei trovata bene qui a…?
   Ti piace l'Italia?
   Vorrei conoscerti/Avrei voglia di conoscerti (un po') meglio.
   Sei il più elegante di tutti./Sei la più elegante di tutte.
   Non esagerare!

Fare una proposta
   Sai una cosa?
   Ti piace qui?
   Ti piacerebbe fare una passeggiata romantica?
   Mi piacerebbe parlare con te senza tutta questa gente.
   Questa gente ormai mi dà ai nervi, non potremmo andare via?
   Non potrei parlarti in tutta tranquillità?
   Avresti voglia di fare...

Perché non andiamo a fare...?
Che ne dici di fare...?
Che dici di fare qualcosa insieme?
Ora mi piacerebbe fare qualcosa, e tu, mi fai compagnia?
Senti, non potremmo fare...?

La risposta negativa/il rifiuto
Ti ringrazio per l'/dell'invito, ma...
Grazie per l'/dell'invito, ma...
Sei molto gentile, ma...
Che bell'idea, ma.../È una bellissima idea, ma...
Oh, non so, ... forse...
Mi piacerebbe (di più) fare...
Non mi va di...
Perché no, buon'idea, ma prima vorrei...
Buon'idea, ma veramente/onestamente/sinceramente preferirei fare....
Scusami, ma ho già fissato un altro appuntamento...
Ma sei sicuro che vuoi fare questo?
Ma lo dici sul serio?
Mah, non so, sinceramente non mi va di fare.../preferirei fare...
Non sarà troppo tardi?
La prof non sarà d'accordo.
Non so, i miei genitori non saranno d'accordo.

MA 9. Erarbeitung eines Filmausschnitts: Szene im Europaparlament in
    Straßburg zwischen Schulz und Berlusconi (2003) (aus: DVD *Quando c'era
    Silvio*, Track Nr. 13: *Il discorso a Strasburgo*)

Arbeitsanweisungen für die Schüler
1. Formuliert, wie Berlusconi mit der direkten Kritik von Schulz umgeht.
2. Welche Reaktionen einer Politikerin oder eines Politikers aus Europa könnte man
   auf die direkte Kritik erwarten?
3. Wendet euer Wissen über die verschiedenen Kommunikationsstile auf das
   Filmbeispiel an.

MA 10. Schüleraussagen zur Unterrichtseinheit (Evaluation)

• Il tema della comunicazione mi è piaciuto molto.
• Era qualcosa di diverso. Era molto interessante vedere come reagiscono un
  italiano e un tedesco in una situazione simile. [...]
• Gli italiani parlano spesso nel modo indiretto (vuol dire che non dicono direttamente "no",
  ma trovano sempre una scusa anche se non è la verità), mentre i tedeschi sono molto
  diretti e dicono spesso quello che pensano.
• Sono però dell'opinione che si tratti di pregiudizi. Se una persona parla nel modo diretto o
  indiretto, dipende dal carattere personale, non dalla cultura in generale.

Mündliche Sprachmittlungssituationen vor dem Hintergrund der besonderen Rolle der Mittelnden

Manuela Franke (Potsdam)

Einleitung

Sprachmittlung hat als Konsequenz der Implementierung der Bildungsstandards (KMK 2012) mittlerweile den Status als anerkannte Teilkompetenz im Bereich der funktional-kommunikativen Kompetenzen erreicht und ist als solche aus dem aktuellen Fremdsprachenunterricht sowie Lehrwerken nicht mehr wegzudenken. Auch die Erforschung der theoretisch-konzeptionellen Grundlagen hat bereits weitgehend stattgefunden (z.B. Nied-Curcio & Katelhön & Bašić 2015; Reimann & Rössler 2013) und eine Vielzahl von konkreten Vorschlägen für die Praxis wurde bisher veröffentlicht (z.B. *Der Fremdsprachliche Unterricht Spanisch* 43/2013; Rojas Riether & Schöpp 2013; Bruchet-Collins & Kirchmeir & Schöpp 2013; u.v.m.).

Nichtsdestotrotz scheint die mündliche Sprachmittlung in der Unterrichtspraxis weiterhin eine besondere Schwierigkeit darzustellen (vgl. ausführlich Kolb 2016). Oftmals wird auf Rollenkarten oder ähnliche Aufgabenformate zurückgegriffen. Die Problematik bei diesen Methoden ist offensichtlich: Durch die in der Regel festgelegten Rollen als nur deutschsprachige, nur fremdsprachige und beide Sprachen beherrschende Person werden die Schülerinnen und Schüler nur bei drei Durchgängen und dem entsprechenden Zeitaufwand in gleichem Maße gefördert. Außerdem stellt sich das Problem der Leistungsmessung und der Bewertung mündlicher Sprachmittlungsaufgaben.[1]

Basierend auf der Analyse „der Positionen im übernationalen CEFR, in den nationalen Bildungsstandards als Orientierungsrahmen, den regionalen Lehrplänen und Prüfungsaufgaben sowie in den fremdsprachendidaktischen Veröffentlichungen" (ebd. 57) stellt Kolb fest, dass in Deutschland kein eindeutig definiertes Konzept von Sprachmittlung auszumachen sei. Interessanterweise

---

[1] Basierend auf translationswissenschaftlichen Erkenntnissen macht Reimann (2013) einen interessanten Vorschlag zur Evaluation mündlicher Sprachmittlungsleistungen, in dem er auch die inter- bzw. transkulturelle Kompetenz der Lernenden berücksichtigt.

zeichne sich zwar im fremdsprachendidaktischen Diskurs eine starke Überein-
stimmung ab, die Unterrichts- und Prüfungsrealität werde jedoch von Vielfalt
charakterisiert. Als „prototypische schulische Sprachmittlung" benennt Kolb
(2016, 57) folgende Aufgabenformate[2]:

> Schriftliche oder mündliche Vermittlung mit relativ konkreter Kontextualisierung
> (Nennung von Adressat, Situation, Zweck o.Ä.), ausgehend von schriftlichen Texten,
> mündlichen Texten, Bildern oder Bild-Text-Kombinationen, d.h. visuellen Elementen,
> evtl. in Kombination mit Hör- oder Lesetexten.

Graphisch stellt sie die Formen der Sprachmittlung wie folgt dar (vgl. ebd. 58):

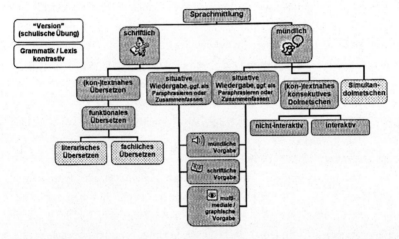

Abb. 1: Formen der mündlichen Sprachmittlung im fremdsprachenunterrichtlichen Kontext

Für den vorliegenden Artikel sind vor allem die Formen der mündlichen Sprachmittlung von Bedeutung. Ein genauerer Blick auf die von Kolb aufgeführten
Aufgabenformate macht deutlich, dass zwar die Relevanz der Situation (situati-
ve Wiedergabe) für Sprachmittlungsaufgaben Berücksichtigung findet, die Rolle
der Sprachmittlerin bzw. des Sprachmittlers hingegen scheint nicht von Interesse zu sein. Dieser Einstellung liegt ein Verständnis von Sprachmittlung als
„[...] die adressaten-, sinn- und situationsgerechte Übermittlung von Inhalten ge-
schriebener und gesprochener Sprache von einer Sprache in die andere" (Rössler

---

[2] Für eine empirische Untersuchung von Sprachmittlungsaufgaben in Französisch- und Spanischlehrwerken siehe Fäcke (2013), in Italienischlehrwerken Otten (2013).

2008, 58) zugrunde, die davon ausgeht, dass die Sprachmittelnden ihre eigenen Absichten nie äußern, sondern nur als Mittelnde zwischen mehreren Parteien agieren dürfen (Bruchet-Collins & Kirchmeir & Schöpp 2013, 5). Es wird also auch in informellen Sprachmittlungssituationen von einer vollkommenen Neutralität der mittelnden Person ausgegangen.

Der Einfluss zwischenmenschlicher Beziehungen auf Sprachmittlungen
Caspari stellt in ihrem 2013 vorgeschlagenen Sprachmittlungsmodell die Rolle der Sprachmittelnden wie folgt dar:

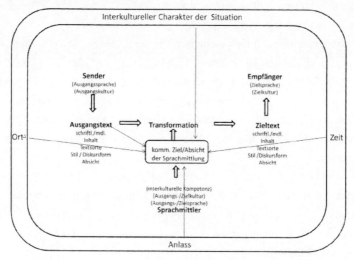

Abb. 2: Komplexes Sprachmittlungsmodell (Caspari 2013, 39)

Zurecht verweist sie auf die zentrale Funktion des Ausgangs- und Zieltextes und hält ebenfalls fest, dass der Zweck der Sprachmittlung von zentraler Bedeutung ist (ebd.). Auch die Konsequenzen, die dieser auf die Rolle der Sprachmittelnden hat, zieht sie in Betracht und reduziert die Funktion der Sprachmittelnden entsprechend nicht nur auf die Aufgabe der Vermittlung zwischen Ausgangs- und Zielkultur sowie Ausgangs- und Zielsprache. So formuliert sie:

[...] vom Sprachmittler [ist] gemäß der Konzeption der Bildungsstandards gefordert, nicht nur inhaltsgerecht, sondern zugleich auch situations- und adressatengerecht zu mitteln. Was diesbezüglich als „gerecht" betrachtet wird, hängt im Wesentlichen von der Zielsetzung bzw. dem Zweck der Sprachmittlung ab. Daher muss der Mittler diese auch unbedingt kennen oder erschließen. Der Prozess der Mittlung verlangt von ihm, auf diesen Zweck fokussiert, eine Vielzahl von Entscheidungen bezüglich der Auswahl der Inhalte, der angemessenen stilistisch-diskursiven Art der Übertragung und dem Grad der Genauigkeit. Zusätzlich muss der Mittler Entscheidungen über die für das angemessene Verständnis von Inhalt und Absicht ggf. notwendigen kulturellen Ergänzungen und Erläuterungen treffen. Vom Sprachmittler wird somit keine „neutrale" Übertragung eines Ausgangs- in einen Zieltext erwartet, sondern eine absichtsvolle und reflektierte Transformation des Ausgangstextes (ebd. 40).

Es zeigt sich deutlich, dass die Rolle der Sprachmittelnden eine sehr komplexe ist. Sprachmittlungssituationen sind demnach selten objektiv. Im Gegenteil: Als „bilinguals who have had no special training for it" (Harris 2012, 1) sehen sich unsere Lernenden einer äußerst subjektiv geprägten Situation gegenüber. In der Regel handelt es sich um Gespräche mit Freunden, der Familie etc. Entsprechend haben auch die Sprachmittelnden eine Intention bzw. können aufgrund von emotionalen Verbindungen zur einen oder anderen Partei nicht gänzlich objektiv handeln. Der Zweck der Sprachmittlung, der – wie von Caspari formuliert (vgl. Zitat oben) – über die Angemessenheit entscheidet, ist also auch vom Selbstverständnis der Mittelnden und ihrer Beziehung zu den beteiligten Personen abhängig.

Zur Verdeutlichung dieses Sachverhalts sei im Folgenden ein Ausschnitt aus dem Film *La vita è bella* (1997) von Roberto Benigni zitiert. Am Tag nach der Einlieferung in ein deutsches Konzentrationslager sprachmittelt Guido (Roberto Benigni) für seinen Sohn Giosuè (Giorgio Cantarini), als ein deutscher Soldat die Regeln des Lagers erklärt:

Soldat:	Alles herhören, ich sage das nur einmal.
Guido:	Comincia il gioco. Chi c'è, c'è. Chi non c'è, non c'è.
Soldat:	Ihr seid nur aus einem einzigen Grund in dieses Lager transportiert worden.
Guido:	Si vince mille punti. Il primo classificato vince un carro armato vero.
Soldat:	… um zu arbeiten.
Guido:	… beato lui.
Soldat:	Jeder Versuch der Sabotage wird mit dem sofortigen Tode bestraft. Die Hinrichtungen finden auf dem Hof durch Schüsse in den Rücken statt.
Guido:	Ogni giorno vi tagliamo la classifica generale da quell'altoparlante là. All'ultimo classato verrà attaccato un cartello con su scritto „Arschloch" qui sulla schiena.

Dieses extreme Beispiel aus dem Film *La vita è bella* verdeutlicht in besonderem Maße die Rolle der Sprachmittelnden als eigenständige dritte Partei (vgl. diesbezüglich auch Knapp 2013, 2). Guidos Kommunikationsziel ist nicht etwa eine resümierende Wiedergabe des vom Soldaten Gesagten, obwohl dies sicherlich eine situations- und adressatengerechte Vorgehensweise wäre. Sein Ziel ist es stattdessen, seinem Sohn den Aufenthalt im Konzentrationslager zu erleichtern. Insbesondere in authentischen, informellen Sprachmittlungssituationen wie beispielsweise bei der Besichtigung einer Wohnung oder dem Einkauf auf einem Flohmarkt ist m.E. die oben beschriebene Neutralität (vgl. auch Bruchet-Collins & Kirchmeir & Schöpp 2013, 5) von Sprachmittelnden nicht gegeben. Je nach Situation, Beziehung zu den Gesprächspartnern oder dem Vorwissen bzw. der Meinung zum Sachverhalt wird in alltäglichen Sprachmittlungssituationen entgegen der Forderung nach einer neutralen Sprachmittlerin bzw. einem neutralen Sprachmittler die eigene Meinung sowie das Verhältnis zu den Gesprächsparteien in unterschiedlich starkem Maße die Übertragung des Gesagten beeinflussen.

Es sind also nicht nur die von Caspari genannten Parameter (Auswahl der Inhalte, angemessene stilistisch-diskursive Art der Übertragung, Grad der Genauigkeit, ggf. notwendige kulturelle Ergänzungen und Erläuterungen) entscheidend für die Sprachmittlung. Auch die Beziehung der Personen untereinander und die Position der Sprachmittlerin bzw. des Sprachmittlers tragen entscheidend zum Ablauf des Gesprächs bei. Wenn Sprachmittelnde beispielswiese die Beziehung der beiden Parteien zueinander kennen und um Streitpunkte, Tabuthemen, gemeinsames Insiderwissen usw. wissen, muss dies einen entscheidenden Einfluss auf die Inhalte, Formulierungen, Wahl des Sprachregister etc. haben und folglich von den Sprachmittelnden berücksichtigt werden. Entsprechend möchte ich Casparis Modell wie folgt erweitern:

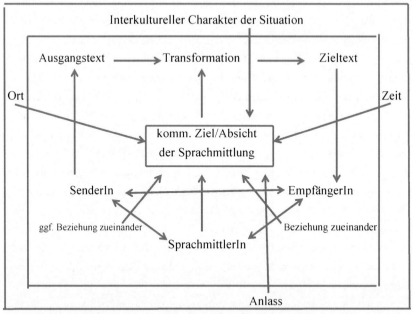

Abb. 3: Um die Beziehung von Sender und Sprachmittler bzw. Empfänger und Sprachmittler erweitertes Sprachmittlungsmodell (basierend auf: Caspari 2013, 39)

In den alltäglichen Sprachmittlungssituationen, auf die Fremdsprachenlernende in der Schule vorbereitet werden sollen, mag das Kommunikationsziel der einen Partei und der Sprachmittlerin/dem Sprachmittler nicht so weit auseinander-liegen wie in oben aufgeführtem Beispiel aus *La vita è bella*. Dennoch wird ein Großteil der Situationen geprägt sein von einem hohen Grad an Informalität, der wiederum eine Positionierung der Sprachmittelnden erforderlich macht.

Für die Lernenden bedeutet dies, dass sie in Sprachmittlungssituationen nicht nur ggf. auftretende Missverständnisse aufklären, sondern auch für gleiche Wissensvoraussetzungen sorgen müssen. Darüber hinaus können sie auch eigene Argumente oder Gesprächsthemen aktiv in den Dialog integrieren. Je nach Situation ist es nötig, einer der beiden Parteien Tipps oder Hinweise zu geben etc. Oftmals ergibt sich diese aktive Rolle der Sprachmittelnden daraus, dass die Mittlerin/der Mittler über den verhandelten Gesprächsgegenstand besonders sachkundig oder parteiisch ist. Entsprechend möchte sie/er u.U. Einfluss auf den Ausgang des Gesprächs im Interesse einer Partei nehmen (ebd. 40). Die Sprachmittelnden stehen also im Zentrum der jeweiligen Gesprächssituation. Sie müssen sich zum einen emotional wie inhaltlich positionieren. Dieses Stellungnehmen ist eng verknüpft mit der Perspektivierung durch beispielsweise den Einsatz von indirekter Rede oder deiktischen Pronomen, durch Auslassung oder Umgestaltungen sowie die Ergänzung eigener Beiträge. Zum anderen gilt es auch, mit der eigenen sprachlichen Begrenztheit umzugehen und darüber hinaus z.B. zu entscheiden, welche Position beim *turn-taking* eingenommen wird etc. Die sprachliche Korrektheit spielt dabei interessanterweise für die Mittelnden eine zweitrangige Rolle, zentral scheint in erster Linie die Verständlichkeit (vgl. hierzu ausführlich Knapp 2013).

Auf Sprachmittlungsaufgaben im Fremdsprachenunterricht übertragen bedeutet dies, dass der Rolle der Mittelnden auch in der Aufgabenstellung eine größere Gewichtung beigemessen werden sollte, als dies bisher der Fall ist. Die zu leistende Sprachmittlung muss an die Situation und Beziehung zu den beteiligten Personen angepasst sein, da diese Festlegung der eigenen Rolle vor allem für die Perspektivierung in der Sprachmittlungssituation entscheidend ist. Lernende sollten demnach einerseits für ihre besondere Rolle und die damit verbundenen und notwendigen Vorüberlegungen sensibilisiert werden, andererseits müssen ihnen die mit dieser besonderen Rolle einhergehenden sprachlichen Besonderheiten wie beispielsweise Deixis, *turn-taking* etc. näher gebracht und entsprechende Strategien und sprachliche Mittel zur Verfügung gestellt werden.[3]

Scaffolding als Strukturierungshilfe bei Sprachmittlungsaufgaben

Eng verbunden mit der Bewusstmachung der besonderen Rolle der Mittelnden ist die Frage nach der Struktur von Sprachmittlungssituationen. Wie auch bei jeder anderen Form der mündlichen Kommunikation kann eine Bewusstmachung der Struktur solcher Gespräche in Form von *Scaffolding* sinnvoll sein. Als „helfendes Gerüst zwischen Start und Ziel im Lernprozess" (Klewitz 2017, 15) können Schülerinnen und Schüler mithilfe von *Scaffolding* Schritt für Schritt

---

[3] Zum Thema ‚Fertigkeitsbezogene Strategien und Kommunikationsstrategien' vgl. Rössler (2009).

zum selbstständigen Sprachmitteln befähigt werden. Auch im Kontext von Sprachmittlungsaufgaben können folgende drei *Scaffolding*-Strategien sinnvoll eingesetzt werden (Klewitz 2017, 18):

- *Process Scaffolding*
  Das *Process Scaffolding* meint, dass Informationen zur Aufgabenstellung sowie eine Strukturierung der Anweisungen zu den einzelnen Arbeitsschritten und deren Ablauf zur Verfügung gestellt werden.
- *Input Scaffolding*
  Beim *Input Scaffolding* geht es in erster Linie um eine Neustrukturierung von in schriftlichen oder mündlichen Texten enthaltenen Inhalten.
- *Output Scaffolding*
  Das *Output Scaffolding* umfasst die Planung der Schülerprodukte.

Im Hinblick auf Sprachmittlungsaufgaben möchte ich vor dem Hintergrund der oben ausgeführten Überlegungen zur besonderen Rolle der Sprachmittelnden unter *Input Scaffolding* den Aspekt der „Fokussierung der Aufmerksamkeit auf die Person der Mittlerin bzw. des Mittlers" bzw. die „Bewusstwerdung der eigenen Rolle oder Position im Gespräch" ergänzen. Darunter ist zu verstehen, dass die Schülerinnen und Schüler angeleitet werden, ihre eigene Position in der Sprachmittlungssituation zu definieren, um davon ausgehend die Kommunikationssituation entsprechend dieser Rolle und ihrer Funktion zu gestalten. Auch hierbei gilt es den Lern- und Entwicklungsbereich der Lernenden zu berücksichtigen und die Hilfestellungen so zu organisieren, dass die Lücke zwischen dem aktuellen und dem potentiellen Lernstand verkleinert werden kann (zum Lern- und Entwicklungsbereich von Schülerinnen und Schülern vgl. Wellenreuther 2010).

Ein *Scaffolding*, das sowohl die Sprachmittelnden als auch die Struktur von Sprachmittlungsgesprächen in den Blick nimmt, erleichtert den Schülerinnen und Schülern die strukturierte Umsetzung von mündlichen Sprachmittlungsaufgaben. Die durch ein *Scaffolding* gegebene transparente Erwartung an das Schülerprodukt kann darüber hinaus eine nachvollziehbare Bewertung von Schülerleistungen einfacher machen.

Eine Sensibilisierung der Lernenden für Ihre Funktion in Sprachmittlungsaufgaben wie auch die Struktur von mündlichen Sprachmittlungssituationen (z.B. Begrüßung, Bitte um Hilfe, Sprachmittlung, Bedanken, Verabschiedung etc.) sollte demnach Eingang in die unterrichtliche Praxis finden. Zu diesem Zweck können zum einen Sprachmittlungssituationen analysiert werden, zum anderen müssen die Rolle der Sprachmittelnden und ihre Beziehung zu den verschiedenen Akteuren in den Aufgabenstellungen besser angelegt werden.

Bibliographie

BRUCHET-COLLINS, Janine & KIRCHMEIR, Michael & SCHÖPP, Frank. 2013. *Kommunikativ stark – Sprachmittlung Französisch*. Stuttgart: Klett.

CASPARI, Daniela. 2013. „Sprachmittlung als kommunikative Situation. Eine Aufgabentypologie als Anstoß zur Weiterentwicklung eines Sprachmittlungsmodells", in: Reimann, Daniel & Rössler, Andrea. edd. *Sprachmittlung im Fremdsprachenunterricht*. Tübingen: Narr, 27-43.

DER FREMDSPRACHLICHE UNTERRICHT SPANISCH 43/13, 2013. (Thema: Mündliche Sprachmittlung).

FÄCKE, Christiane. 2013. „Aufgabenformate zur Sprachmittlung in Französisch- und Spanischlehrwerken seit den 1980er Jahren", in: Reimann, Daniel & Rössler, Andrea. edd. *Sprachmittlung im Fremdsprachenunterricht*. Tübingen: Narr, 117-130.

HARRIS, Brian. 2012. *An Annotated Chronolagical Bibliography of Natural Translation Studies with Native Translation and Language Brokering*. 1913-2012. https://www.academia.edu/ 5855596/Bibliography_of_natural_translation.

KLEWITZ, Bernd. 2017. *Scaffolding im Fremdsprachenunterricht. Unterrichtseinheiten Englisch für authentisches Lernen*. Tübingen: Narr Francke Attempto.

KNAPP, Karlfried. 2013. *Sprachmitteln – Zur Erforschung des Dolmetschens im Alltag*. http://www.linse.uni-due.de/laud-downloadliste.html?articles=sprachmitteln-zur-erforschung-des-dolmetschens-im-alltag&file=tl_files/laud/B152.pdf.

KOLB, Elisabeth. 2016. *Sprachmittlung. Studien zur Modellierung einer komplexen Kompetenz*. Münster & New York: Waxmann.

NIED-CURCIO, Martina & KATELHÖN, Peggy. 2012. *Hand- und Übungsbuch zur Sprachmittlung Italienisch – Deutsch*. Leipzig: Frank & Timme.

NIED-CURCIO, Martina & KATELHÖN, Peggy & BAŠIĆ, Ivana. edd. 2015. *Sprachmittlung – Mediation – Mediazione linguistica. Ein deutsch-italienischer Dialog*. Berlin: Frank & Timme.

OTTEN, Wiebke. 2013. „Bei der Sprachmittlung schwebt man stets zwischen zwei Sprachen – Einschätzung von Sprachmittlungsaufgaben durch Italienischlehrende und Stand der Aufgabenentwicklung", in: Reimann, Daniel & Rössler, Andrea. edd. *Sprachmittlung im Fremdsprachenunterricht*. Tübingen: Narr, 131-152.

REIMANN, Daniel. 2013. „Evaluation mündlicher Sprachmittlungskompetenz. Entwicklung von Deskriptoren auf translationswissenschaftlicher Grundlage", in: Reimann, Daniel & Rössler, Andrea. edd. *Sprachmittlung im Fremdsprachenunterricht*. Tübingen: Narr: 194-226.

REIMANN, Daniel & RÖSSLER, Andrea. edd. 2013. *Sprachmittlung im Fremdsprachenunterricht*. Tübingen: Narr.

RÖSSLER, Andrea. 2008. „Die sechste Fertigkeit? Zum didaktischen Potential von Sprachmittlungsaufgaben im Französischunterricht", in: *Zeitschrift für Romanische Sprachen und ihre Didaktik*, H. 2, 53-77.

RÖSSLER, Andrea. 2009. „Strategisch sprachmitteln im Spanischunterricht", in: *Fremdsprachen Lehren und Lernen* H. 38, 158-174.

ROJAS RIETHER, María Victoria & SCHÖPP, Frank. 2013. *Kommunikativ stark. Sprachmittlung Spanisch.* Stuttgart: Klett.

WELLENREUTHER, Martin. 2010. *Lehren und Lernen – aber wie? Empirisch-experimentelle Forschungen zum Lehren und Lernen im Unterricht.* Hohengehren: Schneider.

Film
La vita è bella. BENIGNI, Roberto. 1997. Roma: Cecchi Gori Distribuzione.

Einsatz der Web-2.0-Werkzeuge *bubbl.us* und *ThingLink* im Italienischunterricht der ersten Lernjahre

Stefan Witzmann (Oldenburg)

1. Einführung

Der Übergang vom Web 1.0 zum Web 2.0 ist laut Volkmann (2010, 217) durch den Wandel vom „Distributions- und Perzeptionsmedium" hin zum „Mitmachnetz" gekennzeichnet. Für Schülerinnen und Schüler ist dieses Mitmachen selbstverständlich geworden, vorrangig natürlich in sozialen Netzwerken wie Facebook oder Instagram. Doch das ist nur ein Teilaspekt des Web 2.0. Ständig werden neue Tools geschaffen, die auch für den schüleraktivierenden und konstruktivistischen Fremdsprachenunterricht von Bedeutung sein können.

Aus der Vielzahl der Werkzeuge werden in diesem Beitrag die Brainstorming-Software *bubbl.us* und die Bildbearbeitung *ThingLink* vorgestellt werden. Anhand von Lernaufgaben aus dem Italienischunterricht der ersten Lernjahre soll das Nutzungsspektrum der Web-2.0-Werkzeuge vorgestellt und ausgelotet werden.

Alle hier dargelegten Vorschläge wurden auch in der Praxis mit Lernenden der Jahrgangsstufe 8 und des damit zweiten Lernjahres an der Graf-Anton-Günther-Schule in Oldenburg (Niedersachsen) erprobt. Da für das Land Niedersachsen kein Lehrplan Italienisch vorhanden ist, soll als curriculare Begründung der Lehrplan des Landes Rheinland-Pfalz (RLP 2013) herangezogen werden.

2. Brainstorming und Mindmapping mit *bubbl.us*

Die Software *bubbl.us* ist über die gleichnamige Webseite zu erreichen. Die Lernenden können das Programm sowohl ohne als auch mit Login nutzen. Eine Registrierung über eine schuleigene E-Mail-Adresse ist empfehlenswert, weil dann auch Mind-Maps gespeichert und leicht in andere Dateiformate (png, pdf) exportiert werden können.

Das Prinzip von *bubbl.us* ist relativ simpel und wird nach meinen Erfahrungswerten *in classe* auch von den Jugendlichen rasch erschlossen. Ausgehend von einem zentralen Startfeld (z.B. *praticare lo sport*) können Zweige zu anderen Feldern (*persone*) und Vertretern (*allenatore/allenatrice*) geschlossen werden (Abbildung 1). Anhand des hier dargelegten Beispieles ist bereits ersichtlich, dass *bubbl.us* ein interessantes Werkzeug für die Wortschatzarbeit darstellt (RLP 2013, 13). So können themenbezogen Sach- und Wortfelder erschlossen werden, gerne auch im Verbund mit dem Wörterbuch. Ebenfalls sind Formen des Mindmapping und Brainstorming mit *bubbl.us* anwendbar.

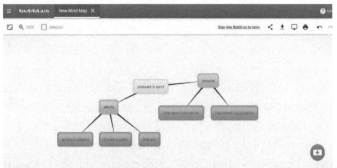

Abb. 1: Wortfeld *praticare lo sport* mit *bubbl.us* (eigene Abbildung)

Der Einsatz von *bubbl.us* im Themenfeld *praticare lo sport* wird im Anhang mit Hilfe von zwei Arbeitsblättern dargestellt. Das erste Arbeitsblatt *Creare una mappa concettuale* gibt vorrangig organisatorische Hinweise zur Nutzung der Computer und für die ersten Schritte mit der Software. Im Unterricht verzichte ich auf lange Erklärungen vor der Gruppe und lasse die Lernenden zunächst alleine ‚werkeln‘. „Selbständiges und kooperatives Lernen" wird damit nach RLP (2013, 14) gefördert: Die Schülergruppen können sich bei der Eingewöhnung in das Programma untereinander und gegenseitig Unterstützung leisten. Nach Fertigstellung des Wortnetzes präsentieren die Lernenden ihre Produkte mit Hilfe des Arbeitsblattes *Analizzare una mappa concettuale*. Die Lerngruppen erhalten dabei auch die Gelegenheit, die eigenen Wortnetze durch weitere Begriffe zu ergänzen. Hier gilt das von der Band *Tocotronic* eingebrachte Motto „Digital ist besser": Die Lernenden können leicht ihre Dokumente ergänzen und umgestalten. Die Sicherung und Archivierung der Lernprodukte sind über die Export-Funktion leicht möglich. Die Lehrkraft kann dann die gespeicherten Dateien für die Erstellung von je nach Lerngruppen angepassten Vokabeltests nutzen.

3.   Text- und Bildarbeit mit *ThingLink*

Auf der Webseite http://www.thinglink.com/ können Lernende Bilder und andere Medien miteinander verknüpfen. Für die Nutzung dieses Werkzeuges muss sich zunächst die Lehrkraft bei *ThingLink* anmelden. Dann kann sie Zugänge für die einzelnen Schülergruppen freischalten und hat gleichzeitig vollen Zugriff auf alle Produkte der Lerngruppen. Die Lernenden benötigen für ihren individuellen Login zwingend eine eigene E-Mail-Adresse.

Wie arbeitet *ThingLink*? Die Lernenden entscheiden sich bei einem Oberthema (*presentare una città italiana*) für ein passendes Unterthema (*Venezia*). Danach wählen die Lernenden als Unterlage ein Bild oder Foto (z.B. ein Satellitenbild von Venedig). Auf dieser Unterlage können wie bei Pinnwänden Notizen angebracht werden. Diese Notizen können kleine Texte beinhalten, aber auch die Einbindung von Foto-, Audio- und Videodateien ist möglich (Abbildung 2). Es kann hier also durchaus von einem äußerst individuellen und die Kreativität anregenden Schreibprozess gesprochen werden (RLP 2013, 13).

Abb. 2: Interaktive *ThingLink*-Grafik zu Venedig (eigene Abbildung)

Wie bei der Arbeit mit bubbl.us werden auch hier zwei Arbeitsblätter eingesetzt. In *ThingLink – presentare una città italiana in modo interattivo* werden vor allem einführende Hinweise zum ersten Kontakt mit *Thinglink* gegeben. Dier Lernenden erhalten den Ratschlag, ein Panoramabild oder einen Stadtplan als Unterlage zu nutzen. Die Lernenden neigen bei der ersten Arbeit mit *ThingLink* dazu, Texte aus anderen Quellen zu kopieren. Hierauf muss die Lehrkraft beim Rundgang ein besonderes Augenmerk legen und die Schülergruppen darauf hinweisen, dem Lernniveau entsprechende Texte eigenständig zu formulieren. Mit dem Arbeitsblatt *Evaluazione delle immagini interattive* wird ein Museumsgang zur Präsentation der Produkte begleitet (Mattes 2002, 48). Empfehlenswert ist die Durchführung des Museumsganges in zwei Durchläufen, so dass die Schülerpärchen sowohl präsentieren als auch begutachten können (Abbildung 3). Eine abschließende Besprechung in der Klasse ist auch gut möglich, da die Lehrkraft über ihren Login einen bequemen Zugriff auf alle Schülerprodukte hat.

Abb. 3: Lernende beim Museumsrundgang mit *ThingLink* (eigenes Foto)

4. Fazit

Die hier dargestellten Web-2.0-Werkzeuge bieten belebenende Ansätze für einen schüleraktivierenden Italienischunterricht. Sie dienen als Alternativen zu konventionellen Lernarrangements (z.B. Plakate) und fördern die methodische Vielfalt des Unterrichts. Engagierte Italienischlehrer sollten deshalb den Schritt in den Informatik-Raum der Schule wagen und ihren Lerngruppen den konstruktiven Umgang mit Web 2.0 ermöglichen.

Bibliographie

MATTES, Wolfgang. 2002. *Methoden für den Unterricht*. Paderborn: Schöningh.
RLP. 2013. *Lehrplan Italienisch für die Sekundarstufen I und II. Mainz*. Ministerium für Bildung, Wissenschaft, Weiterbildung und Kultur des Landes Rheinland-Pfalz.
VOLKMANN, Laurenz. 2010. *Fachdidaktik Englisch. Kultur und Sprache*. Tübingen: Narr.

Creare una mappa concettuale – Lo sport

I passi da fare:

1) Mettetevi in due. Accendete il computer su Linux.

2) Aprite la pagina http://bubbl.us/ col browser Konqueror.

3) Cliccate su "Start Brainstorming" e create una mappa concettuale
sull'argomento "sport" con ...
   a) almeno tre categorie diverse (per esempio: posti, attrezzatura,
      motivi, attività ...).
   b) in totale almeno 25 vocaboli.

Usate il dizionario di Pons (http://de.pons.com/).

4) Fate il "Sign in" usando l'indirizzo e-mail nome.cognome@gymnasium-
gag.de .

5) Salvate (SAVE) ogni tanto le vostre mappe.

6) Alla fine:
   a) Esportate (EXPORT) le vostre mappe nell'elenco (*Ordner*) "pu-
      blic/9-It-WZ". Il nome del file è "nome1_nome2_mappa_sport"

   b) Analizzate le mappe di due altri gruppi usando la tabella sul retro di
      questo foglio.

Analizzare una mappa concettuale – Lo sport

Compito: Va' in giro e fa' degli appunti sulle altre mappe concettuali.
Sottolinea qualche parola che vuoi aggiungere alla tua mappa.

aspetti grupppo	1)	2)
a) La mappa ha le se- guenti categorie:		
b) Alcune parole della prima categoria sono …		
c) Alcune parole della seconda categoria so- no …		
d) Alcune parole della terza categoria sono …		
e) Parole ed espressioni · che vuoi aggiungere alla tua mappa con- cettuale sono …		

Thinglink – presentare una città italiana in modo interattivo

In questa lezione lavoriamo in aula informatica con il sito web "ThingLink".

Lavorate in due.

Passi da fare:

1) Scegliete una città che vi piacerebbe presentare (Firenze, Milano, Napoli, Roma, Palermo, Bologna, Venezia, Verona, Genova …).

2) Uno di voi due si registra su …

   https://www.thinglink.com/register?teacher=0&student=1

   - Usate l'Invite code: 5ADGDZ
   - Vi serve anche il vostro indirizzo E-Mail scolastico: nome.cognome@gymnasium-gag.de

3) Scegliete come sfondo una fotografia panoramica della città oppure una pianta della città.

4) Aggiungete qualche tag con alcuni commenti brevi su posti e monumenti importanti. Non copiate frasi da altre pagine web!

5) Quando avrete finito, potrete vedere le immagini interattive degli altri gruppi.

Evaluazione delle immagini interattive

Compiti:
   1. Uno di voi va in giro e fa degli appunti sulle città presentate.
   2. Uno di voi presenta la vostra città ai compagni.

aspetti gruppo	1)	2)
a) Presentano la città di …		
b) Che cosa vedi nell'immagine?		
c) Che cosa ti piace?		
d) Quante informazioni contiene la presentazione?	Ci sono poche/ molte/tantissime informazioni interessanti, perché…	Ci sono poche/ molte/tantissime informazioni interessanti, perché…
e) Com'è l'immagine interattiva?	È (molto) noiosa/ vivace/originale/creativa, perché…	È (molto) noiosa/ adeguata/vivace/ originale/creativa, perché…

Vorwort

Der zweite Teil des vorliegenden Sammelbandes vereint Beiträge der 1. Mainzer Arbeitstagung „Quo vadis, italiano? – Wege der Sprache, der Kultur und der Italianistik" (16./17. November 2017, JGU Mainz) zur Kultursprache Italienisch, die dazu eingeladen hat, Forschende und Lehrende interdisziplinär und interinstitutionell zu vernetzen, den internationalen Austausch zu fördern und langfristig Kooperationen auf Universitäts- und Schulebene zu etablieren.

Die internationale Tagung wurde im Vorfeld wie folgt beworben: Der bayrische Bili-Bildungsserver[1] lässt Folgendes auf der Homepage aufblitzen: „Sole, amore, pizza! – Das ist lange nicht alles! Italienisch ist gerade in Bayern von großer Bedeutung! Italien ist Bayerns wichtigster Handelspartner und Italienisch in der Wirtschaft eine gefragte Zusatzqualifikation". Unter Berücksichtigung der Handelsbilanzen Deutschlands von 2016 sollte man im Kontext der zukünftigen Berufswahl neben Englisch, Französisch und Chinesisch unbedingt Italienisch lernen, rangiert Italien doch in den Listen unserer wichtigsten Im- und Exportbeziehungen weltweit auf Platz 6 und 5.[2] Prosecco und Aperol Sprizz haben heute nahezu jede Bar nördlich des Brenners erobert, Spliff dank ‚Spaghetti alla Carbonara' schon 1982 eine Alternative zu ‚Spaghetti alla Bolognese' auf den Speiseplan gebracht. Blicke in unsere Kühl-, aber u.a. auch in Kleider- und Schuhschränke unterstreichen die greifbare Nähe Italiens – der alpinen Auffaltung zum Trotz.

Betrachtet man aktuelle Studierenden- bzw. Schülerzahlen, drängt sich allerdings die Frage auf, weshalb sich diese italophile Grundhaltung weniger in allgemeinbildenden Schulen und Universitäten, wohl aber in Volkshochschulen widerspiegelt. Was haben wir versäumt? ‚Wir' meint diejenigen, die für die Ausbildung der Italianisten und Italianistinnen, der Italienischlehrkräfte, aber auch der Schüler und Schülerinnen verantwortlich sind, meint also alle Lehrenden, die bereits an allgemeinbildenden Schulen und Hochschulen tätig sind und durch guten Unterricht bzw. gute Lehre sowie mit relevanten, motivierenden

---

[1] http://www.bayern-bilingual.de/gymnasium/index.php?Seite=5720&.
[2] https://www.destatis.de/DE/ZahlenFakten/GesamtwirtschaftUmwelt/Aussenhandel/
Tabellen/RangfolgeHandelspartner.pdf?__blob=publicationFile.

Themen für Forschung in ihrem Fach werben können. Die italienische Sprache und Kultur können mehr an Attraktivität gewinnen, wenn weitere enge, attraktive Verbindungen im Rahmen von Austauschprogramen und zwischen Schulen, Hochschulen und Studienseminaren geknüpft werden, vor allem auch über die Grenzen des Faches und der Bundesrepublik hinaus.

Eine Volluniversität wie die JGU, die u.a. *diversity* als Leitidee verfolgt, muss ein genuines Interesse an der Fächervielfalt, hier der Sprachen- bzw. Kulturenvielfalt haben und kann deshalb ein geeignetes Umfeld für Arbeitstagungen dieses Zuschnitts bieten. Italienisch als wichtige Kultursprache Europas verdient intensive Förderung und kann sich in Mainz in Forschung und Lehre entfalten. Im Sinne der Forschungsorientierung in der Lehrer- und Lehrerinnenbildung ist die noch stärkere Internationalisierung im Bereich Didaktik ein Desiderat, deren Vertreter und Vertreterinnen mit dieser Tagung ein Forum erhalten haben: Curriculare Vorgaben an Schulen und Hochschulen sollten kritisch beleuchtet und attraktive Themen für den Unterricht in Schule und Hochschule präsentiert werden, die gleichzeitig zu gemeinsamen Forschungsprojekten aller Beteiligten anregen. Spezifische Vorträge, von denen ausgewählte sich in diesem Band finden, rankten sich um Mehrsprachigkeit, Fachsprachen, Minderheitensprachen, Literatur, Migration und Plurikulturalität im Seminar bzw. Klassenzimmer, um ein motivierendes Training sprachproduktiver Fertigkeiten sowie um etablierte interdisziplinäre bzw. internationale Studiengänge.

Johannes Kramer beschreibt in seinem Beitrag „Die Italoromania als Bild der gesamten Romania" Eckdaten der ‚Kultursprache' Italienisch: zum einen unterstreicht er im Kontext des Spracherwerbs die Relevanz dieses Idioms in den Bereichen Bildung und Wirtschaft, zum anderen zeichnet er ein Panorama des Italienischen, das gleichsam Modellcharakter für die Romania und die wissenschaftliche Beschäftigung mit diesem Gebiet hat: Aus dia- und synchroner Perspektive gelingt eine Präsentation der Sprache und des Faches Italienisch, die aus interdisziplinärer Perspektive Antworten auf „*Quo vadis, italiano?*" u.a. unter Berücksichtigung des Bündnerromanischen, des Dolomitenladinischen, des Friaulischen, des Istroromanischen, des Dalmatischen, des Sardischen, des Korsischen und des Katalanischen von Alghero bereithält.

˙ Antje Lobin beschäftigt sich mit dem Thema „*O così o POMÌ*: Zum Nutzen der Beschäftigung mit Werbesprache im Italienischunterricht". Prägnante Definitionen zur Terminologie der Werbesprache und die linguistische Beschreibung sowie Interpretation zahlreicher interessanter Markennamen und Werbeslogans bzw. Beispiele aus dem ‚Nivea'-Newsletter werden mit den Anforderungen des Italienischunterrichts in diesem Beitrag in Beziehung gesetzt: Die interdisziplinäre Verzahnung von Linguistik und Fachdidaktik unterstreicht zum einen den sprachdidaktischen Wert von ‚Werbesprache' und ihrer sprachwissenschaftlichen Analyse, zum anderen schärft sie den Blick für ein zukünftiges Berufsfeld von Italianistinnen und Italianisten: die Wirtschaft. Ein detaillierter Blick in curriculare Vorgaben in der Lehrer- und Lehrerinnenausbildung verzahnt darüber hinaus den Spracherwerb in Schule und Universität.

Frank Schöpp und Aline Willems schlagen in ihrem Beitrag „Italienisch als neu einsetzende Fremdsprache im Lehramtsstudium Französisch und Spanisch: Überlegungen zur Verbesserung der universitären Ausbildung" vor, im Rahmen des Lehramtsstudiums der Fremdsprachen Französisch und Spanisch auf dem Italienischen besondere Aufmerksamkeit zu widmen: Ein Kurs im Umfang für zwei Semesterwochenstunden mit dem Schwerpunkt ‚Interkomprehension' mag auf den ersten Blick kritisch betrachtet werden – ist doch das Studium vielerorts mit Veranstaltungen gefüllt, deren Sinn sich nicht sofort jedem/r erschließt, auf den zweiten Blick jedoch untermauert das Autorenteam, dass geforderte KMK-Kernkompetenzen, die zukünftige Lehrerinnen und Lehrer vermitteln sollen, nämlich hier vor allem Sprachlernkompetenz und Sprachbewusstheit, gerade mit einem Interkomprehensionskurs zunächst aktiv selbst trainiert werden können, um sie dann im später zu erteilenden FSU zu verorten.

Ruth Videsott plädiert in ihrem linguistisch-didaktisch orientierten Aufsatz „Ein Versuch zur Didaktisierung einer ladinischen Schulgrammatik" für ein nachhaltig mehrsprachiges Unterrichten, in dessen Zentrum Sprachvergleiche und Sprachbewusstmachung stehen. Am Beispiel des Dolomitenladinischen zeigt sie zunächst die Entwicklung und schul- bzw. sprachpolitische Unterstützung der autochthonen Mehrsprachigkeit in diesem Gebiet auf, um dann auf die paritätische Sprachverwendung in der Schule einzugehen und dabei u.a. das Fach ELI (*Educaziun Linguistica Integrada* – Integrierte Sprachendidaktik) zu fokussieren. Verschiedene Sprachbeispiele aus der Analyse der Korpora der Autorin legen eine intensive, facettenreiche Bewusstmachung sprachlicher Strukturen nahe, die im Projekt einer Schulgrammatik für das Fach *Ladinische*

Sprache und Kultur Berücksichtigung findet. Zahlreiche empirische Untersuchungen belegen über einen längeren Zeitraum bereits den Lernerfolg und Kompetenzerwerb im Kontext mehrsprachigkeitsdidaktischer Konzepte in situ.

Sergio Lubello beleuchtet in seinem Beitrag „Verso l'italiano: testi semicolti in contesto migratorio" schriftliche Textproduktionen italienischer Migrantinnen und Migranten, die mit ihren Familienangehörigen u.a. aus Lateinamerika oder Nordeuropa mit Briefen oder Postkarten anlässlich der Feiertage in Kontakt getreten sind bzw. Texte produziert haben. Sie dienen der Erinnerung an Lebensphasen, wie z.b. Tagebucheinträge, Autobiographien, Reiseberichte etc. Die Texte kennzeichnet im Unterschied zu einem ,*italiano standard (letterario)*' ein ,*italiano semicolto*', eine Varietät, die Sergio Lubello in den aktuellen Forschungskontext einordnet und mithilfe von ausgewählten Texten auf graphisch-phonetischer, morphosyntaktischer, lexikalischer, syntaktischer und pragmatischer Ebene analysiert. Diese Textproduktion war in der Regel eine große Herausforderung für die Schreibenden, die sie zur Überwindung der Entfernung und Trennung von ihren Familien unter großen Mühen auf sich genommen haben und die dieser Beitrag ebenfalls eindrucksvoll illustriert.

Simona Bartoli-Kucher präsentiert in ihrem Beitrag ein (hoch)schuldidaktisches Szenario, indem sie verschiedene Texte als Lehr- und Lernmaterialien (Zeitungsartikel, literarische Texte, Filme oder *blogs*) rund um Herausforderungen und Perspektiven junger Europäerinnen und Europäer in bisweilen sehr kritischer wirtschaftlich-sozialer Situation beleuchtet. Sie liefert konkrete Vorschläge für methodische Vorgehensweisen im Fremdsprachenunterricht und fokussiert dabei vor allem intertextuelle und zwischensprachliche Lernarrangements.

Alessandro Bosco unterbreitet Vorschläge für den Einsatz von Igiaba Scegos „Salsicce" im Italienischunterricht, der besonders in deutschsprachigen Gebieten von der kommentierten Reclam-Ausgabe des Texts profitieren kann. Im Beitrag werden Elemente der Intertextualität, vor allem zwischen Text und Film, der *Commedia all'italiana*, fokussiert. Alessandro Bosco unterstreicht den sprachlichen und den facettenreichen, aktuellen inhaltlichen Wert der Erzählung, die ein idealer Ausgangspunkt für eine abwechslungsreiche und anspruchsvolle didaktisch-methodische Aufarbeitung sein kann, die die Vermittlung verschiedener Aspekte der italienischen Geschichte und Kultur berücksichtigt.

Alle Links, die in den hier zusammengetragenen Forschungsergebnissen genannt sind, wurden kurz vor der Publikation auf Erreichbarkeit geprüft. Bei Valerie Lange und dem ibidem-Verlag möchte ich mich an dieser Stelle sehr für die Publikationsmöglichkeit und die Unterstützung in allen Fragen zum Layout bedanken. In diesem Kontext gilt ein weiterer ganz besonderer Dank Claudia Schlaak, die die Formatierung für die Drucklegung dieser Publikation intensiv unterstützt hat, sowie dem Mitherausgeber dieses Bandes und IDD, Frank Schöpp. Nachdem wir beide die Idee zu dieser Reihe entwickelt hatten, konnte ich mich zu jeder Zeit zu den hier publizierten Texten, zu unserem Projekt und allen Fragen rund um unser Fach mit ihm austauschen. Beide haben entscheidend zum Gelingen dieses ersten Bandes beigetragen.

SYLVIA THIELE (MAINZ), im November 2019

Die Italoromania als Bild der gesamten Romania

Johannes Kramer (Trier)

Das Studium der Italianistik erfolgt in Deutschland normalerweise im Rahmen der Seminare oder Institute für Romanistik, und da ist es ganz klar, dass die Studierenden sich mit ihren Kommilitoninnen und Kommilitonen vergleichen, die sich für andere romanistische Fächer, also normalerweise für das Französische und das Spanische, entschieden haben. Diese haben ganz andere Konnotationen als das Italienische: Das Französische ist die moderne Sprache mit der längsten Unterrichtstradition, die ins Mittelalter zurückreicht; es ist immer noch die verbreitetste Fremdsprache nach dem Englischen; es gilt als Weltsprache, was weniger an der Zahl der Sprecher (über 60 Millionen Sprecher in Frankreich; vier Millionen Französischsprachige in Belgien; ungefähr 1,3 Millionen Frankophone in der Schweiz; etwa sechs Millionen Muttersprachler in Québec und anderen frankophonen Gebieten Kanadas) als vielmehr daran liegt, dass es in etwa zwanzig Staaten Afrikas offizielle oder semioffizielle Sprache ist und vor allem auf Inseln der Karibik und des Pazifiks weiterhin verbreitet ist. Das Spanische ist die Nationalsprache der etwa 45 Millionen Bürger Spaniens, von denen man allerdings 700.000 Basken, rund drei Millionen Galizier und fast sieben Millionen Katalanen abziehen muss, für die das Spanische jedoch allgegenwärtige Alltagssprache ist; in Übersee ist das Spanische die normale Sprache fast aller 260 Millionen Bewohner der achtzehn mittel- und südamerikanischen Staaten, zu denen noch die spanischsprachigen Gebiete der USA hinzukommen (Kramer 2000, 9f.). Kein Wunder, dass das Spanische auf Schülerinnen und Schüler eine geradezu magische Anziehungskraft ausübt und auf Grund seiner vergleichsweise leichten Erlernbarkeit zu Beginn der Spracherwerbsphase und seiner ‚Exotik‘ besonders für das Fach Französisch zum ‚gefährlichen Konkurrenten‘ wird. Allerdings darf man die Konkurrenz auch nicht überbewerten: In Deutschland haben 18,8% oder 1.632.803 Schülerinnen und Schüler das Fach Französisch gewählt (Minuth 2016, 508), während 4,7% oder 391.552 Lernende sich für Spanisch entschieden (Bär 2016, 554f.). Diese erreichen damit ungefähr ein Viertel derer, die Französisch vorziehen.

Demgegenüber sind die puren Zahlen für das Fach Italienisch vergleichsweise bescheiden: Es gibt in Deutschland etwa 50.000 Lernende in den Schulen, etwa genauso viele im Wesentlichen kleineren, aber eben italiennäheren
Österreich, und etwa 10.000 Lernende in den nicht-italophonen Kantonen der
Schweiz.

Damit hat sich das Lernerkontigent etwa in Deutschland in den letzten beiden Jahrzehnten beinahe verdreifacht. Italienisch wird überwiegend an Gymnasien und Gesamt-
schulen, zumeist als 3. Fremdsprache ab Jahrgengasstufe 8 oder als spät beginnende
Fremdsprache ab Jahrgangsstufe 10, teilweise auch als 2. Fremdsprache, erlernt
(Reimann 2016, 513).

Als Schulfach gibt es das Italienische prinzipiell erst seit der Oberstufenreform
des Jahres 1972/1973, aber ein entschiedener Ausbau ist erst in den neunziger
Jahren zu verzeichnen. Wer Italienisch lernt, hat vorher andere Sprachen, meist
Latein oder Französisch und jedenfalls Englisch, betrieben und kann auf die
dort erworbenen Kenntnisse zurückgreifen.

Warum wählt man das Italienische? Die einfachste Erklärung ist, dass man zu
den ‚oriundi‘ gehört, also zu denen, in deren Familie die Herkunft aus Italien
eine Rolle gespielt hat oder spielt. Man hat also eine Verbindung zu bestimmten
Gegenden, aus denen man stammt, man hat Phänomene der italienischen
Lebensart kennen und schätzen gelernt, man ist mit gewissen sprachlichen
Erscheinungen des Italienischen – öfter im Bereich der Dialekte bzw. Varietäten
als im Umkreis der *lingua nazionale* – vertraut. Allen Lehrenden ist klar, dass
hier im Unterricht besondere Probleme auftreten, denn hier hat man es auf der
einen Seite mit dem Aufeinandertreffen von Personen, die geläufig eine ‚Abart‘
des Italienischen – und dies ohne grammatische Verfeinerung – sprechen und
auf der anderen Seite mit Schülerinnen und Schülern, die Italienisch als Schul-
sprache auf der Basis von Lehrbüchern, aber ohne Verankerung im täglichen
Leben gelernt haben. Neben den ‚oriundi‘ gibt es aber auch Lernende, die das
Italienische bewusst wählen, um bestimmte Ziele damit zu erreichen. Damit
meine ich weniger diejenigen, die andere Fächer wie Geschichte, Kunstge-
schichte, Musikwissenschaft, Altertumskunde, Archäologie oder Architektur
anstreben und also das Italienische sozusagen als Fachsprache betrachten, in der
man eine bestimmte Lesefähigkeit erwerben muss, sondern es handelt sich um
die – zahlenmäßig zugegebenermaßen kleine Gruppe – von Menschen, in deren

beruflichem Umfeld das Italienische eine große Rolle spielt. Da sind zunächst einmal die Personen zu nennen, die im katholischen Klerus eine Karriere anstreben. Eine Laufbahn, die im weitesten Sinne mit vatikanischen Institutionen zu tun hat, setzt Geläufigkeit im Italienischen voraus, ob man nun im Bibliotheksdienst, in der Glaubenskongregation oder in historischen Kontexten eingesetzt wird. Es ist natürlich klar, dass lediglich ein eingeschränkter Kreis von Personen hier tätig werden kann: nur Katholiken, nur Männer, von ganz wenigen Ausnahmen abgesehen nur Kleriker. Erzielt wird hier die italienische Prägung durch einige Studiensemester an der päpstlichen Universität Gregoriana in Rom, wo alle Pflichtveranstaltungen für die etwa 1500 Studierenden auf Italienisch erteilt werden. Eine zweite Gruppe, die unbedingt eine gewisse Geläufigkeit im Italienischen aufweisen muss, sind die Sängerinnen und Sänger im klassischen Segment: Sowohl im Bereich der Lieder und noch mehr im Bereich der Opern muss eine Vortragskunst entwickelt werden, die davon ausgeht, dass man die zu Gehör gebrachten Texte wirklich versteht. In letzter Zeit wird die Aufführung italienischsprachiger Opern im Original und nicht in deutschen Übersetzungen immer wichtiger, weil man zunehmend die deutschen Übersetzungen der gesungenen Texte über dem Bühnenbild einblendet und so eine komplette italienische Aufführung auch in deutschen Provinzstätten, weit vom italienischen Sprachgebiet entfernt, bietet. Ein wichtiger beruflicher Sektor, in dem Italienischkenntnisse unverzichtbar sind, ist der weite Bereich des Tourismus: Wer hier mit Italien zu tun hat, sollte unbedingt im Italienischen zu Hause sein, sowohl sprachlich als auch in seiner Kenntnis typisch italienischer Verhaltensweisen. Und schließlich, *last but not least,* ist da der umfangreiche Unterrichtssektor zu beachten, von der Betreuung von Kindergartenkindern bis hin zu Universitätsseminaren für angehende Italianistinnen und Italianisten.

Nun ist Kenntnis des Italienischen nicht gleichbedeutend mit einer Ausbildung in der Italianistik. Traditionellerweise wird in den deutschsprachigen Ländern die Italianistik als Teilbereich der Romanistik verstanden. Der 1940 in Abstimmung zwischen dem nationalsozialistischen Deutschland und dem faschistischen Italien gestartete Versuch, eine Italianistik abseits der Romanistik mit besonderer Betonung der Landeskunde einzurichten, war von Anfang an zum Misserfolg verurteilt. Die deutschsprachige Italianistik beschäftigt sich mit dem philologisch-linguistischen Studium der italienischen Sprache und ihrer Dialekte sowie mit der in ihnen geschriebenen Literatur, wobei der Literatur in der Schriftsprache eine besondere, freilich nicht ausschließliche, Bedeutung zukommt: Die venezianisch geschriebenen Komödien von Carlo Goldoni, die Sonette im römischen Dialekt von Giuseppe Gioachino Belli oder die neapolitanischen Märchen von Giambattista Basile gehören natürlich auch zur Literaturgeschichte Italiens. Eine Art Zwischenstellung zwischen der Italianistik im engeren Sinne und verwandten Wissenschaften nehmen die auf Italien ausgerichteten historischen und gesellschaftspolitischen Studien, die Filmwissenschaften oder die journalistischen Untersuchungen ein.

Die Italianistik umfasst unter den Fächern der Romanistik sicherlich die meisten Einzelthemen. Anders gesagt: Die Italianistik hat wahrlich genug damit zu tun, sich mit den zentralen Fragestellungen der Disziplin zu beschäftigen. Im Folgenden will ich aber eher einen lateralen Aspekt behandeln, an dem man jedoch gut exemplifizieren kann, dass die Italianistik, wenn man so will, ein kleines Spiegelbild der großen allumfassenden Gesamtromanistik ist. Ich meine die Varianten, die zur Italoromania gerechnet werden, womit ich hier nicht die sogenannten ‚italienischen Dialekte' wie Venezianisch, Lombardisch, Romagnolisch, Abruzzesisch, Neapolitanisch oder Sizilianisch meine, sondern die in verschiedenem Maße eigenständigen romanischen Idiome wie das Bündnerromanische in seinen Erscheinungsformen, das Dolomitenladinische, das Friaulische, das Istroromanische, das Dalmatische, das Sardische, das Korsische, das Katalanische von Alghero. Im Nordwesten Italiens, im Aosta-Tal und südlich davon im nordwestlichen Piemont, ragen frankoprovenzalische Varietäten nach Italien hinein; den Westrand des Piemont markieren die provenzalischen (okzitanischen) Mundarten. Hier handelt es sich um Ausläufer des Galloromanischen. Als Inselmundart tritt das Frankoprovenzalische in den Dörfern Faeto und Celle in der süditalienischen Provinz Foggia auf.

Ich will die hier behandelten italoromanischen Idiome kurz vorstellen. Zunächst das Bündnerromanische, das von den Sprechern selbst und von einem gebildeten Publikum meist als Rätoromanisch bezeichnet wird. Dieser Terminus geht auf eine lateinisch-humanistische Tradition zurück, mit der die romanische Sprache der Bewohner von Graubünden oder *Alt Fry Rätien* benannt wurde. *Raeticus* war „un termine colto, più nobile del termine popolare usato dai tedescofoni che dicevano Chuarwallisch oppure Krautwelsch" (Elwert 1979,

107), er wurde von Theodor Gartner (1883, XXI-XXII) auf die von ihm postulierte sprachliche Gemeinschaft der Romanen von Graubünden, den Dolomiten und von Friaul übertragen, und seither kann ‚Rätoromanisch' im weiteren Sinne das Bünderromanische, das Dolomitenladinische und das Friaulische zusammen bezeichnen, aber auch im engeren Sinne nur das Bünderromanische meinen. Um dieser Ungenauigkeit auszuweichen, verwenden sprachliche Studien in den letzten Jahrzehnten meist den eindeutigen Terminus ‚Bündnerromanisch'. Das Bündnerromanische tritt in fünf dialektalen Schriftformen mit einer meist ins 16. und 17. Jahrhundert zurückgehenden literarischen Tradition auf; diese Dialekte sind gegenseitig nur bei einiger Übung verstehbar. Es handelt sich um das Surselvische mit über 17.000 Sprechern im Bündner Oberland am Vorderrhein, um das Sutselvische mit 1.200 Sprechern am Hinterrhein, um das Surmeirische mit 3.000 Sprechern, um das Oberengadinische (*Puter*) mit 3.600 Sprechern und um das Unterengadinische (*Vallader*) mit 5.500 Sprechern (Zahlen nach Berthele 2006, 74). Daneben gibt es seit 1982 eine schriftsprachliche Koiné (Liver 2014, 416), die vom Zürcher Romanisten Heinrich Schmid (1921-1999) aus Materialien der traditionellen Schriftsprachen konstruiert wurde; dieses sogenannte *Rumantsch Grischun (RG)* wurde von den politischen Instanzen massiv gefördert, aber von den Sprachbenutzern nicht wirklich akzeptiert und ist inzwischen, als „Retortenbaby Rumantsch Grischun" verspottet, im Rückgang (Coray 2008). Das Bündnerromanische ist im stetigen Schwinden begriffen, aber es schafft ein Beheimatungsgefühl, und im eigentlichen Sprachgebiet findet kaum ein Aufgeben der Sprache statt. Bemerkenswert ist, dass das Italienische (abgesehen vom Sonderfall der Gemeinde Bivio) keine Rolle spielt: Nebeneinander stehen das Bünderromanische auf der einen Seite und das Deutsche in seiner Normform und in seiner Schweizer Ausprägung auf der anderen Seite.

Das Dolomitenladinische wurde seit dem Beginn des 19. Jahrhunderts immer wieder an die Seite des Bündnerromanischen gestellt, ohne dass es aber jemals eine sprachliche Einheit gegeben hätte. Das Dolomitenladinische besteht aus vier Hauptvarietäten, die um das Sella-Massiv angeordnet sind: Nach Norden verläuft das Gadertal, das sprachlich in das Abteitalische (*badiot*) mit einigen Untervarietäten (vier Gemeinden mit 7764 Einwohnern) und das Ennebergische (*mareo*) im nördlichen, nach Osten verlaufenden Seitental Enneberg mit 2939

Einwohnern zu unterteilen ist. Nach Westen wird in Gröden (drei Gemeinden mit 9204 Einwohnern) das Grödnerische (*gherdëina*) gesprochen, das in sich einheitlich ist. Nach Südwesten schließt sich das Fassanische (*fascian*) an (sieben Gemeinden mit 10.006 Einwohnern), das in Oberfassanisch (*cazet*), Unterfassanisch (*brach*) und Moenesisch (*moenat*) zu unterteilen ist. Nach Südosten rundet das in sich recht einheitliche Buchensteinische (*fodom*) das Panorama ab (zwei Gemeinden mit 1752 Einwohnern). Diese insgesamt 31.665 Einwohner der ladinischen Gemeinden nach dem Stand vom 31. Dezember 2012 sind nicht ohne Weiteres die Sprecher der ladinischen Dialekte, weil bei der Zählung nicht nach der Sprachgehörigkeit unterschieden wird. Im Gadertal fühlten sich nach einer Erhebung von 2006 95% der ladinischen Sprachgruppe zugehörig, in Gröden 79%, in Fassa 66%, in Buchenstein 78% (Dell'Aquila & Iannàccaro 2006, 194). Angesichts dieser doch hohen Zahlen dürfte man bei einer geschätzten Zahl von etwa 30.000 Sprechern der Realität nahe kommen, denn man muss ja nicht nur diejenigen abrechnen, die in den ladinischen Gemeinden einer anderen Sprachgemeinschaft angehören, sondern auch diejenigen hinzurechnen, die in anderen Teilen der Provinzen Bozen, Trient und Belluno wohnen. Auch Sylvia Thiele (2014, 389) spricht davon, dass „environ 30.000 personnes ont pour langue maternelle le ladin-sellano", und das ist in der Tat die Zahl, von der man ausgehen kann.

Traditionellerweise wird auch der Dialekt der Gemeinde von Cortina d'Ampezzo mit 5931 Einwohnern (*anpezan*) gern zum Dolomitenladinischen gerechnet, was aber sprachlich unkorrekt ist: Cortina ist Teil der cadorinischen Dialekte, gehörte aber bis 1918 wie die anderen dolomitenladinischen Gebiete zum Habsburgerreich, was einige folkloristische und mentalitätstypische Gemeinsamkeiten erklärt, die den Mythos einer alten Zusammengehörigkeit aufrechterhalten.

Auch für die dolomitenladinischen Dialekte hat Heinrich Schmid nach dem Vorbild des *Rumantsch Grischun* 1982 eine „*langue-toit unifiée pour la Ladinia historique des Dolomites*" unter dem Namen *Ladin Dolomitan* entworfen (Thiele 2014, 402). Viele Intellektuelle haben diese konstruierte Einheitssprache begeistert aufgenommen, aber anders als in Graubünden haben die politischen Instanzen nicht mitgespielt, nicht zuletzt deshalb, weil das Dekret für die Provinz Bozen, demzufolge das Dolomitenladinische seit 1988 Amtssprache ist

(D. P. R. 574/15. 7. 1988, in Kraft seit dem 9.11.1989), dahingehend bekräftigt wurde, dass nicht etwa das *Ladin Dolomitan,* sondern für das Gadertal weiterhin das Gadertalische, für Gröden weiterhin das Grödnerische Amtssprache sein sollten. Bei Provinzgesetzen, die für beide Täler gültig sind, wird abwechselnd das Gadertalische und das Grödnerische verwendet. Seit 1994 ist in Fassa das Fassanische Amtssprache. In den Provinz Belluno gibt es noch keinen offiziellen Status für das Ladinische.

Die Schulen in den ladinischen Gebieten der Provinz Bozen sind prinzipiell dreisprachig: Die Hälfte der Fächer wird auf Deutsch, die Hälfte auf Italienisch unterrichtet, daneben gibt es zwei Ladinisch-Stunden. In Fassa und in Buchenstein ist das Italienische die Unterrichtssprache, in Fassa erhält das Fassanische zwei Schulstunden, in Buchenstein erhält die einheimische Sprachform keine Förderung.

Im Vergleich zum Bündnerromanischen und zum Dolomitenladinischen ist das Friaulische mit etwa einer halben Million Sprecherinnen und Sprechern eine vergleichsweise große Sprache: „[...] il totale dei parlanti può raggiungere le 500.000 unità" (Iannàccaro & Dell'Aquila 2015, 456). In groben Zügen kann man Friaul, das die drei Provinzen Pordenone, Udine und Gorizia umfasst, in drei Dialektgebiete aufteilen: in Dialekte westlich des Tagliamento (*friulano occidentale*), in Dialekte östlich des Tagliamento (*friulano centro-orientale*) und in karnische Dialekte (*friulano carnico*) im alpinen Norden der Region. Die Normsprache, auf die man sich 1998 geeinigt hat, beruht auf den Dialekten östlich des Tagliamento, zu denen auch das Umland von Udine gehört und die überall verstanden werden. Das Regionalgesetz 15/1996 erkennt das Friaulische als Sprache an, das italienische Gesetz 482/1999 über die „tutela delle minoranze linguistiche storiche" zählt in einer Reihe „il francese, il franco-provenzale, il friulano, il ladino, l'occitano e il sardo" als schützenswerte romanische Sprachminderheiten in Italien auf (art. 2); und das Regionalgesetz 29/2007 umschreibt die Schutzmaßnahmen für das Friaulische, das im öffentlichen Leben überall angewendet werden kann, aber nie verpflichtend eingesetzt wird: „[...] gli enti pubblici garantiranno i servizi in lingua friulana, ma per i cittadini rappresenteranno sempre soltanto un'opportunità, mai un obbligo" (Cisilino 2015, 483).

Im Schulsektor kann das Friaulische nach persönlichen Experimenten in der zweiten Hälfte des 20. Jahrhunderts seit der Veröffentlichung des Gesetzes 29/2007 Berücksichtigung finden, wenn die Eltern den entsprechende Ausbildungszweig wählen, und

> le classi o gruppi di allievi della scuola d'infanzia, primaria e secondaria di primo grado dedicano all'apprendimento della lingua friulana non meno di 30 ore annuali. [...] Dal 2010 la percentuale degli allievi che partecipano alle attività in lingua friulana è attestata intorno al 60% della popolazione scolastica (Burelli 2015, 582),

mit einer Spitze von 74% in der Provinz Udine.

Nach der heutigen politischen Karte gibt es östlich des Friaulischen keine italoromanischen Varietäten mehr, wenn man aber die Landkarte vor dem Friedensvertrag von 1947 zu Grunde legt, gehörten ja noch ganz Istrien und kleine Gebiete Dalmatiens (z. B. Zara/Zadar) zu Italien. Istrien und Dalmatien kamen seit dem Ende des zweiten Weltkrieges *de facto* zu Jugoslawien. Am 25. Juni 1991 wurde Slowenien unabhängig, und gleichzeitig erklärte Kroatien seine Unabhängigkeit, was freilich von Serbien im Kroatienkrieg letztlich erfolglos bekämpft wurde. Kroatien ist seit 2013 EU-Mitglied, Slowenien schon seit 2004. Entlang der Adria-Küste gibt es in Slowenien und Kroatien eine italienische, genauer gesagt venezianische, Minderheit, die uns in unserem Zusammenhang nicht interessieren soll. Im Südwesten von Istrien, in den Orten Rovigno/Rovinj, Dignano, Valle, Fasan, Gallesano und Sissaro, gibt es jedoch das Istrische, früher auch Istroromanisch genannt. Um die Klassifikation dieser Mundarten, die inzwischen gegenüber dem Kroatischen in starkem Rückgang sind, gab es eine längere Diskussion. Antonio Ive (1851-1937), der in Rovigno geboren ist, sah Ähnlichkeiten mit dem Ladinischen und sprach folglich vom *ladino-veneto*, wobei es sich freilich bei den ladinisch-istrischen Übereinstimmungen „zum größten Teil um die gemeinsame Bewahrung lateinischer Fakten und nicht um analoge Neuerungen" handelt, denn keiner der charakteristischen ladinischen Züge findet sich wirklich im Istrischen (Tagliavini 1998, 324). Aus politischen Gründen haben Wissenschaftler aus Jugoslawien gern von „istroromanischen" Mundarten gesprochen und die sprachliche Unabhängigkeit vom italienischen Dialektkontext gefordert, so Petar Skok (1881-1956), Mirko Deanović (1890–1984) und Pavao Tekavčić (1931-2007). Allerdings gab es kaum andere Wissenschaftler, die von einer Eigensprachlichkeit des Istrischen ausgingen. Die Dialekte sind vielmehr als archaische Dialekte anzusehen, die einer Beeinflussung durch die Dialekte des Veneto unterlagen. Nach dem Weltkrieg haben 25.000 Menschen, die sich als Italiener verstanden, das neue Jugoslawien verlassen; dazu gehörte auch die Mehrzahl der Istrier. Nach dem Vertrag von Osimo (1975) werden die Istrier zu den Italienern gerechnet, zu einer Gruppe, die 2001 insgesamt in Kroatien 20.521 Personen umfasste (Cremer 2012, 238). Insgesamt ist das Istrische eine sterbende Varietät.

Noch viel prekärer ist die Situation des Istrorumänischen, das in zwei Sprachinseln im Osten von Istrien gesprochen wird, nämlich im Norden der Učka Gora (it. Monte Maggiore) im Dorf Žejane (rum. Jeian) mit 450 bis 500 Sprechern um 1960 sowie im Süden dieses Berges in den Dörfern Šušnjevica, Nova Vasa und Brdo mit 800 bis 1000 Sprechern um 1960 (Dahmen 1986, 248). Die heutigen Zahlen sind jedenfalls geringer: „Il semble réaliste d'estimer la situation actuelle à 500 locuteurs de cet idiome" (Dahmen & Kramer 2014, 316). In den kroatischen Sprecherstatistiken taucht das Istrorumänische jedenfalls wegen der geringen Sprecherzahl nicht auf. Diese sterbende Mundart gehört natürlich nicht zur Italoromania, sondern zur Balkanromania, und sie hat sich aller Wahrscheinlichkeit nach im 10. Jahrhundert von den westlichen Varietäten der Rumänischen gelöst. Eine oberflächliche Beeinflussung durch das Italienische bzw. Venezianische ist offenkundig, aber eine kroatische Prägung ist noch viel deutlicher: So sind die Zahlen ab neun slavischer Herkunft, und es gibt eine Art Aspektsystem nach kroatischem Vorbild.

Zuletzt ein Blick auf die beiden großen Inseln im Tyrrhenischen Meer, Korsika und Sardinien. Der Fall Korsika ist an sich ganz einfach, er wird u.a. durch die soziolinguistischen Wechselfälle kompliziert. Ursprünglich herrschten sprachliche Varietäten, die an das Sardische erinnern, aber nach den vandalischen und gotischen Wechselfällen in der Völkerwanderungszeit haben sich die Bindungen zur Nachbarinsel gelockert.

Quand toute l'Italie est rattachée à l'Empire byzantin, la Corse est également attirée dans la sphère d'influence de l'Empire d'Orient. Et quand la Toscane est occupée par les Longobards, la Corse fait partie du royaume longobard. Elle est d'abord liée à Luni, capitale de la Lunigiana, jusqu'à la destruction de cette cité en 1016, puis à Pisa ensuite (Dalbera-Stefanaggi 2002, 10).

Damit beginnt die Toskanisierung der Insel, die auch das Inland erfasst und sogar die Meerenge von Bonifacio überschreitet: Der nördliche Rand Sardiniens, genauer gesagt das Sassaresische im Westen und das Galluresische im Osten, sind Dialekte korsischen und damit toskanischen Typs. 1284 übernimmt Genua die Kontrolle über Korsika, aber abgesehen von der genuesischen, also ligurischen Prägung des Dialektes von Bonifacio, das neu besiedelt wurde, blieb es bei der Verwendung des Toskanischen, denn die Genuesen förderten sogar noch diesen Dialekt:

> Ce qui est désormais certain, au demeurant, c'est que Gênes introduit massivement en Corse l'italien, non seulement par la transcription des toponymes ou la tenue de l'état civile, mais aussi, sans doute, par la pratique linguistique courante. Les régions les plus marquées par la politique de coltivazione de Gênes sont aussi, paradoxalement, les plus «toscanisées» (Dalbera-Stefanaggi 2002, 13).

Die Insel gehört seit 1769 zu Frankreich, aber die Umgangssprache war bis in die Zwischenkriegszeit durchweg das Italienische, obwohl es 1852 aus dem öffentlichen Leben verbannt wurde und auch bei der Einführung der Schulpflicht 1882 keine Berücksichtigung fand. Die Besetzung durch das faschistische Italien hat die Sprachsituation völlig verändert: Jede Sympathie für Italien ist verschwunden, und erst in den sechziger Jahren gab es wieder Bemühungen zur Berücksichtigung und Verschriftlichung des Korsischen ohne Verbindung mit dem Italienischen: 1972 wurde es als Regionalsprache anerkannt, seit 1989 kann es als Verwaltungssprache verwendet werden, und seit der Gründung der Universität Corte im Jahre 1981 gibt es eine wissenschaftliche Pflege des Korsischen. Die Gebirgskette, die Korsika von Norden nach Süden durchzieht, bildet auch die Grenze zwischen den zismontanen Dialekten (*dialetti cismontani*) im Nordosten und den transmontanen Dialekten (*dialetti oltramontani*) im Südwesten. Als Musterbeispiel soll hier *cavallu* im zismontanten, *cavaddu* im transmontanen Bereich genannt werden. Insgesamt wird die Sprecherzahl des Korsischen auf 100.000 Personen geschätzt, zu denen man die rund 100.000 Sprecher des Galluresischen und die vielleicht 150.000 Sprecher des Sassaresischen zählen kann. Beim Korsischen erleben wir die merkwürdige Situation, dass es der Basis der italienischen Schriftsprache, die auf dem Toskanischen beruht, sehr nahe steht, viel näher als alle anderen italienischen Dialekte: „[...] *linguisticamente italiana è, senza ombra di dubbio, la Corsica*"

(Pellegrini 1977, 61). Auf Grund historischer Bedingungen will es aber ganz unbedingt als eigene Sprache gerechnet werden.

Sardinien wurde 238 v. Chr. von den Römern erobert und 227 mit Korsika zusammen zur Provinz *Sardinia et Corsica* zusammengefasst. Die verschiedenen Episoden der römischen Periode und der Völkerwanderungszeit sind ohne tiefgreifende sprachliche Einwirkung an der Sprache Sardiniens vorbeigegangen, die völlig latinisiert wurde:

> Una vasta rete di strade nella pianura e fra i paesi del littorale, cominciata sotto la Repubblica, ma terminata solo nel III secolo d. Cr. servì alle esigenze militari ed economiche, specialmente a quelle dell'annona romana. [...] Se la lingua o le lingue indigene (a parte i nomi locali e le poche tracce ancora sopravviventi nella lingua comune) sono quasi completamente scomparse, ciò si spiega anche col fatto che la popolazione delle montagne è stata decimata nelle lunghe e sanguinose lotte, nelle pestilenze e carestie e nella prigionia (Wagner 1993, 19-20).

1016 gelang es, die Insel von der mohammedanischen Bedrohung zu befreien, und es konstituierten sich vier Gerichtsbezirke, aber diese Unabhängigkeit endete in den Querelen zwischen Genua und Pisa; 1478 geriet die Insel in den Besitz der Aragoneser, und die Vereinigung der Kronen von Aragón und Kastilien machte Sardinien zu einem Teil der spanischen Monarchie. Im Frieden von Utrecht 1714 musste Spanien die Insel an den österreichischen Zweig der Habsburger abtreten, aber schon 1720 trat Wien Sardinien im Tausch gegen Sizilien an das neue Königreich Savoyen ab, das ja die Keimzelle Italiens bildete, dessen Schicksale die Insel von 1860 an teilte. Sprachlich ist Sardinien zunächst in zwei Hauptgebiete geteilt, den nördlichen Rand mit dem Sassarese im Westen und dem Gallurese im Osten einerseits, und das eigentliche Territorium des Sardischen, das zwei Gebiete aufweist, das Logudorese im Norden und das Campidanese im Süden, die in unzählige lokale, untereinander nicht immer gut verständliche Dialekte aufgegliedert sind. Vom Italienischen ausgehend gibt es keine echte Kommunikationsbasis. „Il sardo continua a sembrare strano e ad essere inintelligibile agli italiani continentali" (Wagner 1993, 46). Das Sardische, das sich am charakteristischten in den Varianten des Logudorese ausdrückt, ist mit weitem Abstand die archaischste romanische Sprache, was sich in einem besonderen Wortschatz ausdrückt, der viele lateinische Elemente, die sich sonst nirgends erhalten haben, enthält, aber auch phonetische und morphologische Besonderheiten aufweist. Obwohl schriftliche Aufzeichnungen bereits im Mittelalter auftauchten, hat sich nie eine Schriftsprache entwickeln können, weil es an Zentren fehlte. Im Jahre 2006 wurde experimentell eine gemeinsame Schriftsprache eingeführt, die *limba sarda comuna*, der aber bislang die Akzeptanz fehlt. Wie viele Menschen Sardisch sprechen, ist schwer zu eruieren, weil man sich nicht darüber einig ist, was man eigentlich zum Sardischen rechnen kann; es handelt sich aber mindestens um eine Million Menschen, während optimistische Schätzungen auf eineinhalb Millionen kommen. In der jungen, verstädterten Generation ist der Rückgang der sprachlichen Kompetenz unübersehbar.

Alghero ist eine katalanische Sprachinsel im Nordwesten Sardiniens; die Stadt wurde durch einen Beschluss des katalanischen Königs Pere el Ceremoniós am 9. November 1354 ihrer ursprünglichen Bewohner beraubt und durch regimetreue katalanische Neubürgerinnen und -bürger besiedelt. Diese Bevölkerungsaustausch wirkt bis heute nach: Von den 43.831 Bewohnern der Stadt (Zählung von 2009) haben etwa 20.000 eine mehr oder weniger gute Kompetenz im Katalanischen, und es gibt Einrichtungen der Sprachpflege, die recht gut besucht sind. Das Gesetz 428 vom 15. 12. 1999 schützt das Katalanische als Minderheitensprache (Kramer 2017, 214).

Man kann an den genannten Idiomen, die sicherlich für das ganze italienische Sprachgebiet nur eine kleine Rolle spielen, sozusagen als Randphänomene, gewisse Erscheinungen herausstellen, die im Rahmen einer Einführung in die Romanistik einige grundsätzliche Fragen beantworten oder zumindest problematisieren. Das möchte ich am Beispiel der Unterscheidung zwischen West- und Ostromania herausstellen. Für Walther von Wartburg macht sich die Unterscheidung zwischen Westromania und Ostromania an zwei Grundphänomenen fest:

1. „Der Osten hat bekanntlich keine Spur des -*s* behalten, der Westen ist ihm, grösstenteils bis auf den heutigen Tag, treu geblieben. [...] Die Flexion des Substantivs und des Adjektivs ist durch diesen Vorgang völlig umgestaltet worden. Wo das -*s* fiel, wurde der Akkusativ Plural lautlich identisch mit dem Singular und war nun unbrauchbar als Mittel zur Unterscheidung des Numerus. Daher greifen die östlichen Sprachen zum Nominativ Plural: rum. it. *capre*/engad. *tševrəs,* sard. *kraßas,* afr. *chievres,* sp. *cabras*" (Wartburg 1950, 21).

2. „Ein weiterer, tief einschneidender Zug, der Osten und Westen trennt, ist die Sonorisierung der stimmlosen Verschlusslaute. Dem it. *sapere, mutare, sicuro* stehen pr. sp. *saber, mudar, segur(o)* gegenüber" (Wartburg 1950, 31).

Die Erhaltung bzw. den Wegfall des Auslaut-*s* kann man in der Morphologie an der zweiten Person Singular und an den Pluralformen exemplifizieren, wobei für die sardische Morphologie gilt, dass die Varietäten „appartengono, quanto al loro aspetto morfologico, al sistema delle lingue romanze occidentali" (Wagner 1993, 322). Für die zweite Person Singular geht die Faustregel recht gut auf, dass die westromanischen Sprachen auf -*s* ausgehen, die ostromanischen Sprachen aber nicht: Dem normitalienischen und also ostromanischen *(tu) canti* ‚du singst' entspricht bündnerromanisch (surselvisch) *ti cantas,* dolomitenladinisch (gadertalisch) *tö ciantes,* friaulisch *tu ciantis,* sardisch *(tue) kantas,* alles Formen, die die westromanische Erhaltung des -*s* zeigen. Dem ostromanischen Typ gehören neben dem schriftitalienischen *(tu) canti* das korsische *(tu) canti* und die istrorumänische Form *(tu) cânţi* an.

Auch bei der Pluralbildung geht die genannte Faustregel einigermaßen auf, dass in der Westromania der Plural durch Anhängen eines -*s* gebildet wird, während in der Ostromania eine vokalische Pluralform den Ton angibt: bündnerromanisch *ils carrs/las casas,* dolomitenladinisch (gadertalisch) *i ciars/les ciases,* friaulisch *i ciars/lis ciasis,* sardisch *sos karros/sas domos.* Das italienische *i carri* und *le case* repräsentieren ebenso wie das korsische *i carri* (zum Singular *u carru*) und *e case* (zum Singular *a casa*) den ostromanischen vokalischen Plural, genauso wie der istroromanische Plural *câse-le* 'die Häuser' Eine Entsprechung zu it. *carro* ist nicht bezeugt, aber bei den Maskulina lauten vielfach in der nichtartikulierten Form die Singularform und die Pluralform gleich, während in der artikulierten Form der Singular auf -*u* und der Plural auf –*i* auslautet, also unartikuliert *lup* ‚Wolf' im Singular und im Plural, artikuliert *lupu* der ‚Wolf' im Singular, *lupi* im Plural (Caragiu Marioţeanu 1975, 197-198).

Die ostromanische Erhaltung der intervokalischen Verschlusslaute –*p*–, –*t*–, –*k*– zeigen die italienischen Formen *sapone* (< lat. *sapo*), *mutare* (< lat. *mūtāre*), *sicuro* (< lat. *sēcūrus*), und auch die korsischen Wörter entsprechen ihren italienischen Parallelen: *sapone, mutà, sicur.* Die istrorumänischen Formen *sapun* und *secure* passen ebenfalls dazu. Nachfolgeformen von *mūtāre* gibt es – zufällig – im Istrorumänischen nicht, aber rumänisch *a muta* zeigt die Entwicklungsrichtung. Die westromanischen Sonorisierungen findet man im Bünderromanischen (surs.) *savun, midar, segir,* im Dolomitenladinischen (fass.) *saón* (<

savón), (gadert.) *mudé, segur,* im Friaulischen *savòn, mudâ, sigûr,* im Sardischen *saбòne, muđare, seguru.*

An diesen beiden Phänomenen, Erhaltung oder Nichterhaltung des auslautenden -*s* und Erhaltung oder Sonorisierung der intervokalischen Verschlusslaute, kann man also die Unterteilung der Romania in Westromania und Ostromania an Phänomenen exemplifizieren, die in Randdialekten innerhalb der Grenzen Italiens nach dem Ersten Weltkrieg auftreten. Walther von Wartburg hat aber das Auseinanderbrechen der lateinischen Einheit noch an weiteren Erscheinungen dargestellt, die er unter der Überschrift „Die Auswirkung des Gallischen" zusammenfasst. Es handelt sich dabei um zwei lautliche Erscheinungen, den „Wandel –*ct*– > –*χt*–" (Wartburg 1950, 34f.) und den „Wandel von *u* zu *ü*" (Wartburg 1950, 36); hinzu kommt noch als ein „etwas späterer, steckengebliebener Lautwandel die Palatalisierung von *c* und *g* vor *a*" (ebd. 51). Die Dialekte, die den Rand der Italoromania bilden, bieten auch hier gutes Beispielmaterial.

3. Der Wandel von –*ct*– zu –*χt*– (und Weiterentwicklungen) tritt in den provenzalischen (okzitanischen) Varietäten auf, die nach Italien hineinreichen: *lach, niuit, uei.* Auch das Bündnerromanische weist im Surselvischen noch einen Palatal auf: *latg, notg, otg.* Aber schon das Engadinische hat die Variante, die für den Osten der Italoromania (it. *latte, notte, otto*) typisch ist: *lat. not.* Aber die Zahl ‚acht' zeigte diese Form nur im Oberengadinischen *ot*, das Unterengadinische hat *och.* „Östlich der Etsch und gar schon im Venezianischen sind sichere Spuren eines alten –*χt*– nicht mehr zu treffen" (ebd. 36). Das Istrorumänische weist die für die Balkanromania typische Entwicklung – *ct*– > –*pt*– auf: *låpte, nopte, opt.*

4. Der Wandel von *ū* zu *ü* (und Weiterentwicklungen) wird – trotz immer wieder aufflammender Kritiken – wohl am ehesten dem keltischen Substrat zugeschrieben; das Veneto hat keine keltische Prägung. Wir finden also im Provenzalischen (Okzitanischen) *mur, curo, cul* (alle mit –*ü*– gesprochen), im Bündnerromanischen *mir, tgira, tgil* (surselvisch) bzw. *mür, chüra, chül* (oberengadinisch); durch das Dolomitenladinischen verläuft die Grenze zwischen *ü* (gadertalisch: *mür, cüra, cü*) und *u* (grödnerisch: *mur, cura, cul*), und alle östlich gelegenen Dialekte weisen ein –*u*– auf, wie auch italienisch *muro, cura, culo.*

5. Die Palatalisierung von *c* und *g* vor *a* ist ein Hauptgegenstand der sogenannten *questione ladina*, und es würde auf jeden Fall zu weit führen, sie in wenigen Worten kurz zusammenzufassen; nebeneinander stehen regelmäßige Entwicklungen und Rückbildungen wie beispielsweise im Surselvischen. Prinzipiell gilt aber, dass *c* vor *a* genauso wie *g* vor *a* palatalisiert worden sind: provenzalisch *caso*, aber im Vivaro-Dialekt *chaso*; *galino, jalino*; bündnerromanisch *casa* (surselvisch), *chasa* (engadinisch); *gaglina* (surs.), *giallina* (eng.); dolomitenladinisch *ciasa, giarina* (gadertalisch), *gialina* (grödnerisch); friaulisch *ciàse, gialine*). Im Italienischen und in fast allen italienischen Dialekten im engeren Sinne ist diese Palatalisierung nicht erfolgt (*casa; gallina*), ebenso wenig wie im Rumänischen (*casa, găină*), zu dem das Istrorumänische (*câsa, gaľira*) passt.

Ob es didaktisch sehr geschickt ist, Gesamtentwicklungen in der Romania an Formen aus der Italoromania zu exemplifizieren, muss natürlich offen bleiben, weil ein studentisches Publikum diese Varietäten selbstverständlich nicht kennt und mit Parallelformen aus dem Spanischen beispielsweise besser klar kommt. Ziel der Ausführungen war es jedoch, zu zeigen, dass die Italoromania ein breites Spektrum an Formen bietet, die man sonst aus den Großsprachen wie Französisch oder Spanisch gewinnen muss. Italien ist sozusagen *in nuce* eine Abbildung der gesamten Romania.

Bibliographie

BÄR, Marcus. [6]2016. „Spanisch", in: Burwitz-Melzer, Eva & Mehlhorn, Grit & Riemer, Claudia & Bausch, Karl-Richard & Krumm, Hans-Jürgen. edd. *Handbuch Fremdsprachenunterricht*. Tübingen: Francke, 553-558.

BERTHELE, Raphael. 2006. *Ort und Weg. Die sprachliche Raumreferenz in Varietäten des Deutschen, Rätoromanischen und Französischen-* Berlin & Boston: de Gruyter.

BURELLI, Alessandra. 2015. „Friulano nella scuola (e nell'università)", in: Heinemann, Sabine & Melchior, Luca. edd. *Manuale di linguistica friulana*. Berlin & Boston: de Gruyter, 575-598.

CARAGIU MARIOȚEANU, Matilda. 1975. *Compendiu de dialectologie română*. București: Editura științifică și enciclopedică.

CISILINO, William. 2015. „Il quadro giuridico", in: Heinemann, Sabine & Melchior, Luca. edd. *Manuale di linguistica friulana*. Berlin & Boston: de Gruyter, 475-491.

CORAY, Renata. 2008. *Von der Mumma Romontscha zum Retortenbaby Rumantsch Grischun*. Chur: Institut für Kulturforschung Graubünden.

CREMER, Désirée. 2012. „Kroatien (Republika Hrvatska)", in: Lebsanft, Franz & Wingender, Monika. edd. *Europäische Charta der Regional- oder Minderheitensprachen.* Berlin & Boston: de Gruyter, 115-136.

DAHMEN, Wolfgang. 1986. „Das Istrorumänische", in: Holtus, Günter & Radtke, Edgar. edd. *Rumänistik in der Diskussion.* Tübingen: Narr, 242-260.

DAHMEN, Wolfgang & KRAMER, Johannes. 2014. „La Romania sud-danubienne", in: Klump, Andre & Kramer, Johannes & Willems, Aline. edd. *Manuel des langues romanes.* Berlin & Boston: de Gruyter, 313-317.

DALBERA-STEFANAGGI, Marie-José. 2002. *La langue corse.* Paris: Presses Universitaires de France.

DELL'AQUILA, Vittorio & IANNÀCCARO, Gabriele. 2006. *Survey Ladins. Usi linguistici nelle Valli Ladine.* Region Trentino-Südtirol/Istitut Cultural Ladin „Majon di Fascegn", Trient/Vigo di Fassa.

ELWERT, W. Theodor. 1979. *Sprachwissenschaftliches und Literarhistorisches.* Wiesbaden: Steiner.

GARTNER, Theodor. 1883. *Raetoromanische Grammatik.* Heilbronn: Henninger.

IANNÀCARO, Gabriele & DELL'AQUILA, Vittorio. 2015. *Survey Ladins. Usi linguistici nelle valli ladine.* Trento: Regione Autonoma Trentino-Alto Adige.

KRAMER, Johannes. 2000. „Die Zahl der Sprecher der Sprache Roms in Geschichte und Gegenwart", in: *Romanistik in Geschichte und Gegenwart* 6, 3-31.

KRAMER, Johannes. 2017. „Wie man versucht, den Dialekt von Alghero in die katalanische Normsprache einzupassen", in: Dahmen, Wolfgang et alii. edd. *Sprachkritik und Sprachberatung in der Romania.* Tübingen: Narr, 205-215.

LIVER, Ricarda. 2014. „Le romanche des Grisons", in: Klump, Andre & Kramer, Johannes & Willems, Aline. edd. *Manuel des langues romanes,.*Berlin & Boston: de Gruyter, 413-446.

MINUTH, Christian. [6]2016. „Französisch", in: Burwitz-Melzer, Eva & Mehlhorn, Grit & Riemer, Claudia & Bausch, Karl-Richard & Krumm, Hans-Jürgen. edd. *Handbuch Fremdsprachenunterricht.* Tübingen: Francke, 507-512.

PELLEGRINI, Giovan Battista. 1977. *Carta dei Dialetti d'Italia.* Pisa: Pacini.

REIMANN, Daniel. [6]2016. „Italienisch", in: Burwitz-Melzer, Eva & Mehlhorn, Grit & Riemer, Claudia & Bausch, Karl-Richard & Krumm, Hans-Jürgen. edd. *Handbuch Fremdsprachenunterricht.* Tübingen: Francke, 512-515.

TAGLIAVINI, Carlo. [2]1998. *Einführung in die romanische Philologie.* Tübingen & Basel: Francke.

THIELE, Sylvia. 2014. „Le ladin dolomitique", in: Klump, Andre & Kramer, Johannes & Willems, Aline. edd. *Manuel des langues romanes.* Berlin & Boston: de Gruyter, 389-412.

WAGNER, Max Leopold. [3]1993. *La lingua sarda.* Tübingen & Basel: Francke.

WARTBURG, Walter von. 1950. *Die Ausgliederung der romanischen Sprachräume.* Bern: Francke.

O così o Pomì: Zum Nutzen der Beschäftigung mit Werbesprache im Italienischunterricht

Antje Lobin (Mainz)

1. Einleitung

Die italienische Werbesprache stellt in vielerlei Hinsicht ein attraktives Thema für den Italienischunterricht dar. Zunächst ist sie gekennzeichnet durch ein hohes Maß an Authentizität hinsichtlich der Zielsprache und -kultur und durch einen ausgeprägten Praxisbezug, der einhergeht mit Anknüpfungsmöglichkeiten an die Erfahrungs- und Lebenswelt der Schülerinnen und Schüler. Darüber hinaus bietet sie vielfältige Ansätze zur Vermittlung von Sprach(reflexions)-, Text- und Medienkompetenz.

Innerhalb der Werbesprache stellen Markennamen[1] einen Sprachbereich mit eigenen Regeln und sprachschöpferischen Impulsen dar. Der Markenname erfüllt als verbaler Teil einer Marke eine zentrale Kommunikationsfunktion, in dem Sinne, dass er als Rufname für das Angebot der entsprechenden Marke auftritt und dieses dadurch für die Konsumentinnen und Konsumenten verbal formulierbar wird (Langner 2003, 27). Die Wiedererkennung eines Produkts erfolgt zumeist über den Namen, der somit als *mind-marker* fungiert (Platen 1997, 162). Die Tragweite der Benennung im wirtschaftlichen Kontext heben Botton et al. (2002, 41) hervor: „Dare un nome non è solo scegliere un nome, è conferire un'identità, assegnare un modo d'essere e, forse, una buona o cattiva sorte."

Grundsätzlich erfüllen Marken(namen) eine wichtige Funktion in der Beziehung zwischen den Marktpartnern. Über die Funktion der Marke schreibt Sena (2001, 24):

> Il marchio [...] svolge anche la funzione di «messaggero» nel dialogo fra imprenditori e consumatori e la sua notorietà ne facilita la percezione, la memorizzazione, il riconoscimento, ne fa insomma uno strumento particolarmente efficace di attrazione e comunicazione.

---

[1] Zur Bezeichnung kommerzieller Namen bestehen unterschiedliche Begrifflichkeiten. Neben Produkt- und Markennamen wird z.B. von Ergonymen oder Chrematonymen gesprochen. Eine Diskussion dieser terminologischen Frage wird bei Koß (1996) geführt.

Diese Brücke zwischen Produzent und Kundschaft kommt in besonders deutlicher Weise zum Ausdruck, wenn der Markenname eine imperativische Form enthält (z.B. ASSAPORA, PRENDI E VAI) oder mittels eines Personalpronomens der zweiten oder eines Possessivadjektivs der ersten Person gebildet wurde (TI VOGLIO, PRONTI PER VOI; AMICI MIEI, NOSTROLIO) (Zilg 2013a, 273, 275).

Markennamen spiegeln in vielfältiger Weise gesellschaftliche und wirtschaftliche Bedingungen wider (Lötscher 1992, 323). Für den Lebensmittelmarkt sind dies z.b. die zunehmende Zahl kleiner Haushalte (TU IN CUCINA), die Verschiebungen in Arbeit und Freizeit (MR. DAY BREAX, TIME OUT), das wachsende Natur- und Gesundheitsbewusstsein (FITNESS, FITLINE) oder auch der mit der Wohlstandsgesellschaft einhergehende verfeinerte Geschmack (FANTASIE AROMATICHE) (Strecker et al. 1990; Zilg 2008; Zilg 2013b; Zilg 2013c).

Aus sprachsystematischer Sicht bietet die Beschäftigung mit Markennamen die Möglichkeit des Sprachenstudiums auf sämtlichen strukturell unterscheidbaren Ebenen. Da Markennamen in der Werbekommunikation jedoch nicht isoliert, sondern auf vielfältige Weise textuell eingebettet auftreten, findet auch die Textebene Berücksichtigung.

Im vorliegenden Beitrag sollen Anknüpfungspunkte der Beschäftigung mit Werbesprache im Italienischunterricht aufgezeigt werden. Darüber hinaus geht es darum zu verdeutlichen, welchen Beitrag die Linguistik im wirtschaftlichen Kontext leisten kann. Nicht zuletzt aufgrund der Tatsache, dass Deutschland Italiens wichtigster Wirtschaftspartner ist, erhält das Studium der Werbesprache ergänzende Relevanz.[2]

---

[2] Zwar ist die Italianistik der Johannes Gutenberg-Universität Mainz in hohem Maße der Lehrerinnen- und Lehrerausbildung verpflichtet, dennoch erfolgt auch eine Vorbereitung auf Arbeitsfelder außerhalb von Schule und Universität. Vor allem vor dem Hintergrund der intensiven wirtschaftlichen Beziehungen zwischen Deutschland und Italien stellt Italienisch in der Wirtschaft eine gefragte (Zusatz)Qualifikation dar. Diese Herausstellung steht ganz im Einklang mit einer frühen historischen Schwerpunktsetzung, die im 13. Jh. an der langjährigen Partneruniversität der Johannes Gutenberg-Universität, der Universität in Bologna erfolgte. Im Zusammenhang mit einer florierenden Handelskultur entwickelte sich dort im 13. Jh. der Unterricht der *artes* zu einer Art *business studies*, in dessen Zentrum die *ars dictandi*, die Kunst des Briefe Verfassens, stand (Reutner & Schwarze 2011, 68).

2.   Die Verortung der Werbesprache im Lehrplan (Rheinland-Pfalz)

In den vergangenen Jahren sind die Anforderungen an Fremdsprachenlehrerinnen und -lehrer stetig gestiegen, wobei kommunikative und interkulturelle Kompetenzen zunehmend an Bedeutung gewonnen haben. In den Leitbildern der Fächer für die Ausbildung des Lehrkörpers, die das *Ministerium für Bildung, Wissenschaft, Weiterbildung und Kultur* 2013 herausgegeben hat, heißt es zum Italienischen:

> Lehrerinnen und Lehrer im Fach Italienisch können einen Fremdsprachenunterricht gestalten, in dem Literatur, Linguistik, Landeskunde und sprachliche Komponenten im Sinne einer kulturwissenschaftlichen Öffnung in integrierter Form dargeboten werden und der die Medien in angemessener Form einbezieht.[3]

Unter dieser Maßgabe ist die Beschäftigung mit Werbesprache im Unterricht äußerst vielversprechend und gewinnbringend. Dies betrifft sowohl die Vermittlung kommunikativer, interkultureller und von Methodenkompetenzen als auch die thematische Ebene. Die Verortung der Werbesprache im Lehrplan für die Sekundarstufen I und II (MBWWK 2013) sei an dieser Stelle kurz vorgestellt.

Werbesprachliche Kommunikate wie Werbeanzeigen, Radio- oder TV-Spots, Newsletter u.a. eignen sich zunächst zur Schulung der kommunikativen Kompetenzen, die es den Lernenden ermöglichen, die italienische Sprache mündlich und schriftlich sowie rezeptiv und produktiv zu verwenden (Hören, Sprechen, Lesen, Schreiben) (ebd. 7ff.).

Im Bereich der Methodenkompetenzen, die auf die Organisation des eigenen Lernprozesses gerichtet sind, bietet sich die Werbesprache für Wortschatzarbeit an (z.B. Vernetzung von Sprachen, Wortfamilien, Wortfelder, Wörterbucharbeit), zur Bewusstmachung der Intonation sowie von Artikulationsorten und -arten oder auch zur induktiven Grammatikarbeit (ebd. 13f.).

Als übergeordnetes Ziel des Italienischunterrichts sieht der Lehrplan (MBWWK 2013, 5) die interkulturelle Handlungsfähigkeit im Sinne der „Einsicht in die Kulturabhängigkeit des eigenen Denkens und Handelns" sowie der „Kenntnis über die italienische Gesellschaft und Kultur" vor. Die enge Beziehung zwischen Werbung und Kultur, und damit die besondere Eignung der

---

[3] https://bm.rlp.de/fileadmin/mbwwk/1_Bildung/Lehrer_werden/Leitbilder_alle_Faecher.pdf.

Werbesprache für den Unterricht, tritt in folgender Äußerung von De Manzini-Himmrich (2006, 195) deutlich zu Tage:

> La pubblicità porta con sé lingua. [...] ma la pubblicità porta anche cultura nel senso di sapere collettivo e richiede cultura per essere capita. A chi apprende una lingua dovranno venir forniti gli elementi per recepire, identificare, comprendere anche determinati messaggi pubblicitari.

So ist beispielsweise die Kenntnis der kulturspezifischen Konventionen des 8. März in Italien (*festa della donna*) notwendig, um Werbebotschaften zu entschlüsseln, die darauf Bezug nehmen.

Im Bereich der Schulung der sprachlichen Mittel (MBWWK 2013, 16f.) bietet die Werbesprache zahlreiche Ansatzpunkte. Zu nennen sind hier zunächst grundlegende Ausspracheregeln, die Beziehung zwischen *codice grafico* und *codice fonico*, die Betonung und Akzente. Im Feld der Markennamen kann z.b. im Bereich der onomatopoetischen Bildungen eine unterschiedliche Grafie zur Wiedergabe des Lautes [k] beobachtet werden: CROCCHINI, CROCKY, CROCCO-POLLO, CROKO CHIP (Zilg 2006, 85). Neben der Vermittlung ausgewählter Wortschatzbereiche können auf der Grundlage von werbesprachlichen Kommunikaten folgende Aspekte der Grammatik geschult werden: Wortbildung (bis hin zu Phraseologismen), Tempus, Modus, Partizipien, Subordination, Valenz, Gebrauch der Präpositionen. Während der Bereich der Wortbildung in höchstem Maße für Markennamen relevant ist, eignen sich für die Vermittlung der anderen genannten grammatikalischen Kategorien Texte in Form von Werbeanzeigen oder Newslettern (s. Kap. 3.3).

In thematischer Hinsicht bietet sich die Auseinandersetzung mit werbesprachlichen Formaten in der Sekundarstufe I und in der Grundstufe des neu einsetzenden Grundkurses an sowie fakultativ für alle Kurstypen der Sekundarstufe II (MBWWK 2013, 19, 21). Themengebiete, die wahlweise in der Sekundarstufe II behandelt werden können und Bezüge zur Werbesprache aufweisen, sind z.B. *Made in Italy*, deutsch-italienische Wirtschaftsbeziehungen, italienische Küche und Essgewohnheiten (MBWWK 2013, 21f.). Im Lehrplan ist vorgesehen, dass die Lernenden zum Abschluss der Sekundarstufe II sowohl in der Lage sind, die Wirkung von Sachtexten (z.B. von Werbeanzeigen) und deren Aussageabsicht aufzudecken als auch audio-visuellen Materialien (z.B. Werbespots) Haupt- und Detailinformationen zu entnehmen (ebd. 27f.).

Grundsätzlich muss die Relevanz der Vermittlung einer authentischen und alltagsnahen Sprache betont werden. In diesem Sinne hebt De Manzini-Himmrich (2006, 190) die Bedeutung von Werbetexten hervor: „Il testo pubblicitario è considerato ormai come una delle moltissime espressioni della realtà linguistica italiana a tutti gli effetti." Ihre Begründung für diese Einordnung lautet (ebd. 195):

> La finalità di uno slogan e di uno spot è quella di indurre i consumatori ad acquistare un prodotto, e chi fa pubblicità tende ad usare fino in fondo le potenzialità della lingua da una parte, e di presentare dall'altra delle situazioni di comunicazione normali, rispecchiando fedelmente il comportamento linguistico del momento.

Die folgenden Ausführungen widmen sich italienischen Markennamen aus sprachstruktureller Sicht, den Aspekten von *Italianità* und Internationalisierung sowie der Einbettung des Namens in den Werbetext.

3.   Markennamen als werbesprachlicher Mikrokosmos

3.1   Markennamen in systemlinguistischer Sicht

Die Untersuchung von Markennamen erlaubt es zunächst, die einzelnen sprachsystematischen Ebenen durchzudeklinieren. In sprachstruktureller Hinsicht relevant sind die Graphie und die Lautung, die Morphologie sowie die Semantik/Lexik, die jeweils auch Anknüpfungspunkte für den Spracherwerb bieten.

Auf der Grundlage eines Markennamenkorpus, das 950 v.a. durch Feldforschung zusammengetragene Namen des Lebensmittelmarktes umfasst, sind die strukturellen Eigenschaften italienischer Markennamen ausführlich beschrieben worden (Zilg 2006)[4]. Der Lebensmittelmarkt ist insofern für die Untersuchung der Spezifika italienischer Markennamen besonders geeignet, als Nahrungsmittel als kulturgebundene Produkte gelten, die traditionellen Gebrauchs- und Verbrauchsmustern unterliegen und von einem kulturellen Verwendungskontext umgeben sind (Müller 1997, 14). Der Lebensmittelmarkt enthält weit weniger international einheitliche Bildungen, als es etwa in der Automobil- oder in der Kosmetikbranche der Fall ist.

---

[4]   An dieser Stelle sei auch verwiesen auf die Studie von Muselmann (2010), in der sprachwissenschaftliche und wirtschaftspsychologische Aspekte verknüpft werden.

Auf der graphischen Ebene reicht bereits die leichte Modifikation gegenüber einem bestehenden Lexem oder Syntagma, um einen schutzfähigen Namen zu erzeugen. Derartige Namen entstehen z.b. durch Substitution, Hinzufügung oder Auslassung eines oder mehrerer Grapheme (FAGOLOSI > *favolosi*; NÁTTÚRA > *natura*; SUILLO > *suino*) (Zilg 2006, 74). Die abweichende Graphie steht im Dienste von Schutz- und Merkfähigkeit. Hierdurch können auch ergänzende Assoziationen hervorgerufen werden (z.b. WUOI? > *vuoi?*; Produktart *würstel*), der direkte Bezug zum Denotat bleibt jedoch erhalten. Die phonologische Schreibung, sei es durch Graphemausfall (BREK > *break*) oder durch Graphem-substitution (BEBI RISO > *baby*), stellt ein weiteres Charakteristikum dar (ebd. 75). Eine besondere Rolle im Sinne einer erhöhten Frequenz kommt den Graphemen <i> (BUDÌ, POMÌ, VONGOLÍ), <k> (CUBIK, KREMLIQUIRIZIA, TRONKY), <x> (BREAX, CEREALIX, FRUIX) und <y> (CREMY, FRUTTY, MOZARY) zu (ebd. 76ff.).

Auf morphologischer Ebene ist zunächst zwischen interner und externer onymischer Morphologie zu unterscheiden. Während Erstere die Binnenstruktur des Namens betrifft, betrachtet Letztere Aspekte wie die onymische Flexion (Harnisch & Nübling 2000, 1902). Bei der Untersuchung der internen morpho-logischen Struktur von Markennamen ist die Frage von zentraler Bedeutung, ob diese Bildungen mit den Kriterien und Kategorien der traditionellen Wortbil-dung erfasst werden können. In einem weiteren Schritt gilt es, die Produktivität der einzelnen Verfahren zu ermitteln. Die Anforderungen, die De Mauro (1987, 54) im Kontext eines Spannungsverhältnisses von Tradition und Innovation an einen Markennamen stellt, lauten:

> [...] la formula deve avere apparenza nuova conforme alla novità del prodotto, ma, come lo stesso prodotto pubblicizzato per essere venduto, così la formula deve linguistica-mente essere soggetta alle tendenze e capacità linguistiche già stabilmente acquisite.

Unter formalen Aspekten betrachtet, können – entsprechend dieser Forderung – viele Markennamen durch Derivation (IL PASTAIO > *pasta*, LA CREMERIA > *crema*), Komposition (DOLCENEVE, GOCCIAMENTA, MARE APERTO) und Kurz-wortbildung beschrieben werden (FROLL > *frollino*, GLACIA > *glaciale*) (Zilg

2006, 198).[5] Besonderer Beliebtheit erfreuen sich im Bereich der Derivation die modifizierenden Suffixe.[6] Über deren Vorkommen und die Komplexität der Kategorisierung im Standarditalienischen schreibt Rainer (2016, 2721):

> [...] Italian is renowned for the exuberance of its evaluative suffixation. [...] The exact range has to be stated separately for each suffix, all of which are subjected to complicated formal, semantic, and partly also geographic restrictions [...].

Als werbesprachliche Kreationen im engen Sinne werden im vorliegenden Kontext nur solche Bildungen betrachtet, die weder als Lemma (z.B. GRANELLO) noch als modifizierte Form eines Lemmas (z.B. FIORELLO) im einsprachigen Wörterbuch *Lo Zingarelli* (2013) erfasst sind, z.B. ACETELLI > *aceto*, NATURELLA > *natura*, SOFFICINI > *soffice* (Zilg 2006, 94ff.). Mitunter kommt es bei der Derivation zu einem Genuswechsel, z.B. LATTELLA > *latte*, NASTRINE > *nastro* und NIDINA > *nido*. Bemerkenswert ist die Tatsache, dass dieser Wechsel zumeist vom Maskulinum zum Femininum erfolgt und damit in umgekehrter Richtung, als dies üblicherweise in der Standardsprache geschieht (Merlini Barbaresi 2004, 273f.). Ebenso aufschlussreich ist die Beobachtung, dass bei der Verbindung lexikalischer Basen mit modifizierenden Suffixen im Dienste der Phonotaktik gegen standardsprachliche Restriktionen verstoßen wird. So besagt eine dissimilatorische Regel, dass Stammvokal der Basis und Vokal des Suffixes nicht identisch sein sollten (Dardano & Trifone 1985, 335). Weder in NIDINO > *nido* noch in IL TONNOTTO > *tonno* wird dies beachtet.

An der Schnittstelle von Morphologie, Semantik und Pragmatik befindet sich die Elativsuffigierung in der Markennamenbildung, die insofern eine nähere Untersuchung verdient, als der Einsatz des Suffixes *-issimo/-a* oftmals in nicht regelkonformer Weise erfolgt. Dieses Phänomen zeigt sich in Bildungen wie CONISSIMO > *cono*, CUBISSIMO > *cubo* oder POMODORISSIMO > *pomodoro* und wurde auch von Merlini Barbaresi (2004, 449) beschrieben: „Il discorso pubblicitario, stilisticamente enfatico, tipicamente dilata l'applicabilità dell'elativo a

---

[5] Die traditionellen Verfahren der Wortbildung kommen auch zum Einsatz, wenn es gilt, auf der Grundlage eines bereits bestehenden Namens einen neuen zu bilden. So wird mittels Derivation aus BIRAGHI BIRAGHINI, mittels Komposition aus DORIA der Name ZOO-DORIA oder mittels Kürzung aus GALBANI der Markenname GALBI (Zilg 2012a, 114f.).

[6] In pragmatischer Hinsicht sind Wierzbicka (2003, 1) zufolge modifizierende Suffixe in besonderer Weise dazu geeignet, Sprecherin oder Sprecher und Adressatin oder Adressat sowie die Beziehung zwischen beiden anklingen zu lassen.

basi non intensificabili." Calabrese (1989, 169) beklagt dessen übermäßigen Gebrauch und spricht von einer „specie di ‚grado zero' della qualificazione pubblicitaria", davon dass die Entwertung des Wortes hier ihren Höhepunkt erreiche.

In morphologischer Hinsicht verdient ein weiteres Verfahren besondere Beachtung, das darin besteht, dass Vollformen oder gekürzte italienische Substantive, Adjektive oder Präpositionen reihenbildend auftreten. So entstehen ganze Serien, die sich zwischen Derivation und Komposition ansiedeln. Folgende Beispiele mögen dies illustrieren: reihenbildende Vollform: *mare*: MARE APERTO, MARE FRESCO, MARE PRONTO, MAREBLU, MAREDELICATO, ALTO MARE, ORTOMARE; reihenbildende gekürzte Form: *pan(e)*: PAN BRIOSCÉ, PANCROSTÌ, PANDELIZIE, PIEMONTPAN, YOGOPAN (Zilg 2012b, 372). Mitunter geht diese analogische Reihenbildung mit einer Desemantisierung des reihenbildenden Elements einher. Auch kann sie die Unterscheidbarkeit von Konkurrenzprodukten erschweren, wie folgende Reihe von Namen zur Bezeichnung von Tomatenfruchtfleisch veranschaulicht: POLPABELLA, POLPADORO, POLPAPRONTA, TUTTAPOLPA (Zilg 2009b, 1093).

In Zilg (2009b) konnte gezeigt werden, dass den Markennamen in lexikalischer Hinsicht bestimmte Regelhaftigkeiten zugrunde liegen. So wird zur Bezeichnung von süßem Gebäck vielfach aus dem lexikalischen Feld der Zärtlichkeit geschöpft, wie es die Namen ABBRACCI, DOLCEZZE DI CAMPO, SORRISI oder TENEREZZE belegen (ebd. 1092). In Bezug auf den Einsatz fremdsprachlichen Materials konnte beobachtet werden, dass das Englische bevorzugt zur Benennung von Fleisch- und Wurstwaren sowie Snacks eingesetzt wird (BOYS, HOT ONE, SIX APPEAL, TIME OUT), das Französische hingegen zur Benennung von süßem Gebäck (CAPRICE, DORÉ, TRESOR) (ebd. 1092).

In lexikalischer Hinsicht bietet sich darüber hinaus die Untersuchung fachsprachlicher Namensbestandteile (SELENELLA > *selenio*) ebenso wie in varietätenlinguistischer Perspektive die Untersuchung dialektaler Elemente an (lomb. BECHÈR *beccaio*, nap. PUMMARÒ *pomodoro*) (Zilg 2013b, 38f.). Letztere steht in Beziehung zur Vermittlung einer authentischen Sprache, die insbesondere in Italien auch die diatopische Dimension einbezieht.

3.2 *Italianità* und Internationalisierung

Der Lehrplan (BMWWK 2013, 15) sieht den Erwerb objektiven Wissens über Italien und die italienische Kultur vor. Hierbei sollen Ähnlichkeiten und Unterschiede zwischen der Welt des Herkunftslandes und der Welt der Zielsprachengemeinschaft bewusst gemacht werden sowie eine Sensibilisierung für nationale Stereotypen erfolgen. Dass die Beschäftigung mit Werbesprache sich hierfür in besonderer Weise eignet, zeigen Runge & Sword (1994, 4) auf:

> La publicité est un phénomène international qui se traduit dans chaque pays par une approche différente. En effet, elle doit [...] faire appel à des arguments [...] qui, en soi, sont souvent universels, mais dont le code qui les transmet est, lui, spécifique d'une société bien précise. C'est ainsi que la publicité est le reflet des mentalités, des modes de vie et des comportements sociaux d'un pays.

Kultur sei an dieser Stelle im Sinne von Keller (1999, 106) als System von internalisierten Werthaltungen verstanden. Im Bereich der Markennamen tritt die für die italienische Kultur nachgewiesene Bedeutung von Religion und Familie deutlich hervor (Zilg 2009a, 130ff.). Im europäischen Vergleich besteht in Italien ein hoher Identifikationsgrad mit der katholischen Kirche, der u.a. darauf zurückzuführen ist, dass Italien nie von einer großen Glaubensspaltung erfasst wurde und dass sich in Italien der Sitz des Papstes befindet (Brütting 1997, 688). Neben den unzähligen Vornamen von Heiligen wie SAN CARLO, SAN GIULIANO, SAN MARTINO, SANTA LUCIA, SANTA ROSA zeigt sich die Bedeutung der Religion auch in Namen wie ARCA DI NOÈ, BONTÀ DIVINA, PANEANGELI und PRIME SPIGHE. Die Bedeutung der Familie, die sich nach Brütting (1997, 310) in Italien durch einen spezifischen, mutterzentrierten Zusammenhalt auszeichnet, wird u.a. in den zahlreichen Namen offenbar, in denen weibliche Familienbezeichnungen mit Vornamen kombiniert werden: MAMMA ANTONIA, NONNA ISA, NONNA MARIA.

Markennamen eignen sich in besonderer Weise zur Auseinandersetzung mit (auch sprachlichen) Stereotypen im Unterricht. Rieger (2008) hat sich ausführlich mit den Spielarten der Italianisierungsstrategie befasst, deren Ziele darin bestehen, Produkten ein italienisches Image zu verleihen und sie aufzuwerten (Platen 1997, 63). Italianisierende Namen entstehen beispielsweise durch graphische Variation eines italienischen Lexems wie in BANCETTO > *banchetto* und LUCCESE > *lucchese* (Rieger 2008, 162). Auch morphologische Verfahren kommen zum Einsatz, wie in folgenden Diminutivbildungen ersichtlich wird:

CANTINELLE (> *cantina*), GELATELLI (> *gelato*), FIOCCINI (> *fiocco*). Keine
italienische Basis haben die Bildungen ACENTINO, ALINO und REVINETTO (Rieger
2008, 163). In besonderer Weise für den deutsch-italienischen Unterricht
geeignet sind Hybridbildungen wie KNUSPERONE und METZGERIA (Rieger 2008,
170). Dass die Beziehung zwischen Name und Referent mitunter unstimmig ist,
veranschaulicht folgende Beobachtung von Rieger (ebd. 166):

> Amüsant aus italienischer Perspektive ist *oro di parma* (Tomatenkonserven), denn die
> Emilia-Romagna im Allgemeinen und Parma im Besonderen sind natürlich für eine
> ganze Reihe landwirtschaftlicher Erzeugnisse berühmt, aber nicht unbedingt für
> Tomaten.

Abschließend sei auf die Internationalisierung der unternehmerischen Aktivität
eingegangen, bei der regelrechte Bezeichnungslücken entstehen. Platen (1997,
150ff.) und Botton et al. (2002, 196f.) parallelisieren die möglichen Namens-
strategien (Standardisierung, Transposition, Adaptation, Differenzierung) mit
den etablierten Verfahren der Wortschatzerweiterung. Der Standardisierung entspricht der Internationalismus (NUTELLA), der Transposition die Lehnüberset-
zung (DIE LACHENDE KUH, LA MUCCA CHE RIDE), der Adaptation die Lehnüber-
tragung (COCCOLINO, KUSCHELWEICH) und der Differenzierung die Neu-
schöpfung (DR. OETKER, CAMEO). Hier offenbaren sich fruchtbare Schnittstellen
zur kontrastiven Linguistik und zur Übersetzungswissenschaft.

3.3   Markennamen und ihre Einbettung in den Werbetext

Markennamen treten in der Marktkommunikation nicht isoliert auf, sondern sind
auf verschiedenste Weise textuell eingebunden, sei es in Slogans (*O così o
POMÌ*) oder auch in größere Kommunikate, wie z.B. Werbeanzeigen oder elektronische Newsletter. Entsprechend verdient das morphologische, syntaktische
und lexikalische Umfeld von Markennamen nähere Beachtung.

Auf der Grundlage eines Korpus, das 17 italienische Newsletter der Marke
NIVEA der Jahre 2010-2013 enthält, konnte gezeigt werden, dass der Markenname sowohl als Determinans als auch als Determinatum in Nominalkomposita
auftritt (Lobin 2018, 61). Der romanischen Determinationsreihenfolge entsprechen die Bildungen *innovazione* NIVEA, *novità* NIVEA, *prodotti* NIVEA, *sito*
NIVEA und *solare* NIVEA. Die germanische Determinationsreihenfolge liegt z.B.

in dem mit Anglizismus gebildeten Kompositum NIVEA *shop* vor. Die Bildungen *newsletter* NIVEA und *community* NIVEA zeigen, dass der Einsatz eines Anglizismus nicht notwendigerweise eine Festlegung für die Determinations-reihenfolge bedeutet. In syntaktischer Hinsicht taucht der Markenname zunächst als direktes Objekt auf: *Segui* NIVEA. Überdies sind SVO-Konstruktionen zu beobachten, in denen der Markenname das Subjekt darstellt und das Personal-pronomen der zweiten Person das Objekt. Das Verb wiederum drückt die kommunikative oder materielle Vermittlung aus: NIVEA *ti augura un magico Natale.*; NIVEA *ti regala un anno di spesa.* (Lobin 2018, 65). Der Markenname NIVEA begegnet schließlich in Begleitung unterschiedlichster Präpositionen, deren korrekter Gebrauch für die Italienisch Lernenden zuweilen eine Heraus-forderung darstellt: *con* NIVEA, *da* NIVEA, *di* NIVEA, *per* NIVEA, *su* NIVEA (ebd. 70).

Newsletter sind nicht nur im Kontext der Einbettung des Markennamens von Interesse. Vielmehr sind sie in besonderer Weise dazu geeignet, Kenntnisse in der einzelsprachlichen und kulturspezifischen Gestaltung der Kundenansprache zu vermitteln. Diese steht im Dienste der Handlungskompetenz (*saper fare*), die auf die angemessene Bewältigung von Kontaktsituationen gerichtet ist. In den italienischen Newslettern der Marke NIVEA erfolgt die Ansprache der Konsu-mentin durchweg durch *Ciao* + Vorname, worauf die Aufforderung *Scopri le ultime novità* NIVEA! folgt (Lobin 2015, 33). Grundsätzlich gilt das Angebot zum Dialog als Voraussetzung zur erfolgreichen Online-Kommunikation. Dieses kann über einfache Fragen realisiert werden (z.B. *Quanto ne sai su* NIVEA?), aber auch durch Suggestion eines Bedürfnisses, das mittels eines konditionalen Satzgefüges ausgedrückt wird: *Se non trovi mai il tempo o la voglia per spalmarti la crema corpo,* NIVEA *ha la soluzione per te.* (ebd. 37).

Überdies kommen in Newslettern unterschiedliche grammatikalische Aspekte zum Tragen, deren Vermittlung der Lehrplan (MBWWK 2013, 17) vorsieht (s. Kap. 2). Im Bereich der Modi verdient der Imperativ besondere Beachtung, wie er in der Aufforderung zur Mitwirkung (z.B. *Partecipa al concorso.*), zur Ver-gemeinschaftung (z.B. *Unisciti alla community* NIVEA!), zu Kaufhandlungen (z.B. *Acquista X$_{NIVEA}$ e ricevi X.*) oder zum Dialog (z.B. *Racconta il tuo piccolo gesto d'amore!*) zum Ausdruck kommt (Lobin 2015, 35). Auch Modalverben spielen eine wichtige Rolle. In den Newslettern taucht vermehrt das die Möglichkeit ausdrückende *potere* in der zweiten Person Singular im Indikativ Präsens, Futur oder im Konditional auf: *puoi vincere, puoi consultare, potrai personalizzare, potrai trovare, potresti essere.*

4. Schlusswort

Die Beschäftigung mit Werbesprache kann nach Oomen-Welke (2012, 362) wirtschaftlich-gesellschaftlich-sprachliche Zusammenhänge erschließen helfen. Sie leistet einen nennenswerten Beitrag zur Verzahnung von Sprachwissenschaft und Betriebswirtschaft, die einer – v.a. in den Geisteswissenschaften zunehmend lauter werdenden – Forderung nach Interdisziplinarität entgegenkommt. Schülerinnen und Schüler sollten frühzeitig auf wirtschaftliche Strukturen vorbereitet werden, mit denen sie später möglicherweise konfrontiert werden. Denn wie Smith (1982, 189) ausführt:

> There is a need for linguists outside of academia. [...] The field of advertising (as other professional fields) needs linguists, or people who have more than an intuition about language.

Das Verhältnis von Sprachwissenschaft und Fremdsprachendidaktik ist verschiedentlich und zuweilen kontrovers diskutiert worden (Hinger 2017, 55f.). Ungeachtet der unterschiedlichen Positionen sollte mit dem vorliegenden Beitrag gezeigt werden, dass es, bezogen auf den Gegenstandsbereich der externen Unternehmenskommunikation, fruchtbare Bezüge zwischen Linguistik und Fremdsprachendidaktik gibt, die weiter ausgebaut werden sollten.[7] Die kommunikative Ausrichtung der Linguistik in der Folge der pragmatischen Wende und kompetenzorientierter Fremdsprachenunterricht sollten noch stärker ineinandergreifen. Darüber hinaus ist deutlich geworden, in welchem Maße werbesprachliche Kommunikate sich auch für das Studium der sprachlichen Mittel z.B. auf grammatikalischer Ebene eignen.

---

[7] An dieser Stelle sei auf den Forschungsbericht zur Angewandten Linguistik des Italienischen im deutschsprachigen Raum und zur Positionierung der italienischen Sprachlehrforschung und Fachdidaktik von Reimann (2009) verwiesen.

Bibliographie

BOTTON, Marcel et al. [3]2002. *Il nome della marca. Creazione e strategia di naming*. Milano: Guerini e Associati.

BRÜTTING, Richard. ed. 1997. *Italien-Lexikon. Schlüsselbegriffe zu Geschichte, Gesellschaft, Wirtschaft, Politik, Justiz, Gesundheitswesen, Verkehr, Presse, Rundfunk, Kultur und Bildungseinrichtungen*. Berlin: Erich Schmidt.

CALABRESE, Omar. 1989. „Il marinismo in serie. Una lingua tra neo-arcaismo e paleoneologismo", in: Chiantera, Angela. ed. *Una lingua in vendita. L'italiano della pubblicità*. Roma: La Nuova Italia Scientifica, 159-178.

DARDANO, Maurizio & TRIFONE, Pietro. 1985. *La lingua italiana*. Bologna: Zanichelli.

DE MANZINI-HIMMRICH, Chiara. 2006. „Lingua italiana e pubblicità: testi pubblicitari come testi didattici", in: Schafroth, Elmar. ed. *Lingua e mass media in Italia. Dati, analisi, suggerimenti didattici*. Bonn: Romanistischer Verlag, 181-200.

DE MAURO, Tullio. 1987. „Un linguaggio subalterno", in: Baldini, Massimo. ed. *Le Fantaparole. Il linguaggio della pubblicità*. Roma: Armando, 51-55.

HARNISCH, Rüdiger & NÜBLING, Damaris. 2004. „Namenkunde", in: Booij, Geert et al. edd. *Morphology. An International Handbook on Inflection and Word-Formation*. Vol. 2. Berlin & New York: de Gruyter, 1901-1910.

HINGER, Barbara. 2017. „Zum Verhältnis von Sprachwissenschaft und Fremdsprachendidaktik: Ein Beitrag", in: Corti, Agustín & Wolf, Johanna. edd. *Romanistische Fachdidaktik. Grundlagen, Theorien, Methoden*. Münster & New York, Waxmann, 54-74.

KELLER, René. 1999. „Interkulturelle Marketingkommunikation in Theorie und Praxis", in: Bungarten, Theo. ed. *Sprache und Kultur in der interkulturellen Marketingkommunikation*. Attikon: Tostedt, 106-112.

KOß, Gerhard. 1996. „Warennamen", in: Eichler, Ernst et al. edd. *Namenforschung. Ein internationales Handbuch zur Onomastik*. Vol. 2. Berlin & Boston: de Gruyter Mouton, 1642-1648.

LANGNER, Tobias. 2003. *Integriertes Branding. Baupläne zur Gestaltung erfolgreicher Marken*. Wiesbaden: Deutscher Universitäts-Verlag.

LOBIN, Antje. 2015. „Diviértete, sorpréndete, nivéate – Formen der Konsumentenadressierung in spanischen, italienischen und französischen Newslettern", in: Polzin-Haumann, Claudia & Gil, Alberto. edd. *Angewandte Romanistische Linguistik. Kommunikations- und Diskursformen im 21. Jahrhundert*. St. Ingbert: Röhrig Universitätsverlag, 29-45.

LOBIN, Antje. 2018. „The integration of the brand name in the advertising text", in: Cotticelli Kurras, Paola & Rizza, Alberto. edd. *Language, Media and Economy in Virtual and Real Life: New Perspectives*. Newcastle upon Tyne: Cambridge Scholars Publishing, 61-71.

LÖTSCHER, Andreas. [2]1992. *Von Ajax bis Xerox. Ein Lexikon der Produktenamen*. Düsseldorf & Zürich: Artemis und Winkler.

MERLINI BARBARESI, Lavinia. 2004. „Alterazione", in: Grossmann, Maria & Rainer, Franz. edd. *La formazione delle parole in italiano*. Tübingen: Max Niemeyer, 264-292.

MINISTERIUM FÜR BILDUNG, WISSENSCHAFT, WEITERBILDUNG UND KULTUR DES LANDES RHEINLAND-PFALZ. 2013. Duales Studien- und Ausbildungskonzept – Leitbilder der Fächer für die Ausbildung von Lehrerinnen und Lehrern. https://bm.rlp.de/fileadmin/mbwwk/1_Bildung/Lehrer_werden/Leitbilder_alle_Faecher.pdf.

MINISTERIUM FÜR BILDUNG, WISSENSCHAFT, WEITERBILDUNG UND KULTUR DES LANDES RHEINLAND-PFALZ. 2013. *Lehrplan Italienisch für die Sekundarstufen I und II*, Mainz.

MÜLLER, Wendelin G. 1997. *Interkulturelle Werbung*. Heidelberg: Physica-Verlag.

MUSELMANN, Sigrid. 2010. *Lebensmittelmarken in Italien. Eine sprachwissenschaftliche Untersuchung unter Berücksichtigung wirtschaftspsychologischer Aspekte*. Wilhelmsfeld: Gottfried Egert.

OOMEN-WELKE, Ingelore. 2012. „Werbekommunikation didaktisch", in: Janich, Nina. ed. *Handbuch Werbekommunikation. Sprachwissenschaftliche und interdisziplinäre Zugänge*. Tübingen: Francke, 351-364.

PLATEN, Christoph. 1997. *«Ökonymie». Zur Produktnamen-Linguistik im Europäischen Binnenmarkt*. Tübingen: Niemeyer.

RAINER, Franz. 2016. „Italian", in: Müller, Peter O. et al. edd. *Word-Formation. An International Handbook of the Languages of Europe*. Vol. 4. Berlin & Boston: de Gruyter Mouton, 2712-2731.

REIMANN, Daniel. 2009. *Italienischunterricht im 21. Jahrhundert. Aspekte der Fachdidaktik Italienisch*. Stuttgart: Ibidem.

REUTNER, Ursula & SCHWARZE, Sabine. 2011. *Geschichte der italienischen Sprache*. Tübingen: Narr Francke Attempto.

RIEGER, Marie-Antoinette. 2008. „Alles picco belli oder was? Form und Funktion pseudo-italienischer Produktnamen im deutschen Lebensmittelmarkt", in: Bergien, Angelika et al. edd. *Onoma 43. Commercial Names*. Leuven: Peeters, 149-175.

RUNGE, Annette & SWORD, Jacqueline. 1994. *La pub. Guide pédagogique de la publicité*. Stuttgart: Ernst Klett.

SENA, Giuseppe. [3]2001. *Il nuovo diritto dei marchi. Marchio nazionale e marchio comunitario*. Milano: Giuffrè Editore.

SMITH, Raoul N. 1982. „A Functional View of the Linguistics of Advertising", in: Di Pietro, Robert J. ed. *Linguistics and the Professions. Proceedings of the Second Annual Delaware Symposium on Language Studies*. Norwood (NJ): ABLEX Publishing Corporation, 189-199.

STRECKER, Otto et al. [2]1990. *Marketing für Lebensmittel. Grundlagen und praktische Entscheidungshilfen*. Frankfurt am Main: DLG-Verlag.

WIERZBICKA, Anna. [2]2003. *Cross-cultural Pragmatics: The Semantics of Human Interaction*. Berlin & New York: de Gruyter.

ZILG (= LOBIN), Antje. 2006. *Markennamen im italienischen Lebensmittelmarkt*. Wilhelmsfeld: Gottfried Egert.

ZILG (= LOBIN), Antje. 2008. „PRONTI PER VOI – Was Markennamen über Trends im Lebensmittelmarkt verraten", in: Bergien, Angelika et al. edd. *Onoma 43. Commercial Names*. Leuven: Peeters, 277-298.

ZILG (= Lobin), Antje. 2009a. „MAMMA ANTONIA, MAMA MARIA, MAMA MIA – Kulturspezifika in der italienischen Markennamengebung", in: Janich, Nina. ed. *Marke und Gesellschaft. Markenkommunikation im Spannungsfeld von Werbung und Public Relations*. Wiesbaden: Verlag für Sozialwissenschaften, 123-136.

ZILG (= LOBIN), Antje. 2009b. „WULEVÙ *würstel*? Eine Darstellung produktgruppenspezifischer Aspekte italienischer Markennamen des Lebensmittelmarktes", in: Ahrens, Wolfgang et al. edd. *Names in Multi-Lingual, Multi-Cultural and Multi-Ethnic Contact*. York University: Toronto, 1088-1096.

ZILG (= LOBIN), Antje. 2012a. „The Remains of the Name – How Existing Brand Names are Used in the Formation of New Names", in: Boerrigter, Reina & Nijboer, Harm. edd. *Names as Language and Capital. Proceedings Names in the Economy III, Amsterdam, 11-13 June 2009*. Amsterdam: Meertens Instituut, 111-123.

ZILG (= LOBIN), Antje. 2012b. „Italian brand names – morphological categorisation and the Autonomy of Morphology", in: Gaglia, Sascha & Hinzelin, Marc-Olivier. edd. *Inflection and Word Formation in Romance Languages*. Amsterdam: John Benjamins, 369-383.

ZILG (= LOBIN), Antje. 2013a. „TU Y YO – Aspects of Brand Names Related to Interaction and Identification", in: Sjöblom, Paula et al. edd. *Names in the Economy: Cultural Prospects*. Newcastle upon Tyne: Cambridge Scholars Publishing, 269-281.

ZILG (= LOBIN), Antje. 2013b. „TU Y YO, PRENDI E VAI, SAVEURS D'ICI – How brand names mirror socioeconomic conditions in Romance languages", in: Felecan, Oliviu & Bughesiu, Alina. edd. *Onomastics in Contemporary Public Space*. Newcastle upon Tyne: Cambridge Scholars Publishing, 391-404.

ZILG (= LOBIN), Antje. 2013c. „SECRETS DE CHEZ NOUS: Die Vermittlung von Lokalität in Markennamen", in: Schmidt, Christopher M. et al. edd. *Kulturspezifik in der europäischen Wirtschaftskommunikation*. Wiesbaden: Springer VS, 33-46.

ZINGARELLI, Nicola. 2013. *Lo Zingarelli. Vocabolario della lingua italiana*. Bologna: Zanichelli.

Italienisch als neu einsetzende Fremdsprache im Lehramtsstudium Französisch und Spanisch: Überlegungen zur Verbesserung der universitären Ausbildung

Frank Schöpp (Würzburg) & Aline Willems (Köln)

1. Einleitung

Da die Zahl der zu besuchenden Vorlesungen, Übungen und Seminare im Lehramtsstudium einer romanischen Sprache nicht beliebig erhöht werden kann, wird der im Folgenden unterbreitete Vorschlag, eine zusätzliche Lehrveranstaltung in die Studienordnung der romanischen Schulfremdsprachen aufzunehmen, u.u. zunächst zu einer skeptischen Grundhaltung bei einigen Leser*innen[1] führen. Wenn im vorliegenden Beitrag dennoch der Versuch unternommen und für die Aufnahme einer bis jetzt – unseres Wissens nach – nicht existierenden Lehrveranstaltung in das Studienprogramm Lehramtsstudierender romanischer Sprachen argumentiert wird, dann geschieht dies zum einen auf Grund der Erfahrungen insbesondere der zielsprachlichen Lektor*innen, die bei Studierenden des Französischen und/oder Spanischen vielerorts Defizite im Bereich der Sprachbewusstheit und der Sprachlernkompetenz konstatieren. Zum anderen stellen Fachdidaktiker*innen in praxisorientierten Phasen ihrer Seminare oder Übungen häufig fest, dass Studierenden das Antizipieren der Perspektive von Fremdsprachenlernenden, die sich noch auf einer niedrigen Kompetenzniveaustufe des *Gemeinsamen europäischen Referenzrahmens für Sprachen* (im Folgenden als GeR abgekürzt) befinden, also A1 bis A2+, häufig ausgesprochen schwerfällt. Vor diesem Hintergrund wird im vorliegenden Beitrag die Konzeption eines einsemestrigen, zwei Semesterwochenstunden umfassenden Kurses vorgestellt, in dessen Rahmen Lehramtsstudierende des Französischen und/oder Spanischen produktive und rezeptive Kompetenzen im Italienischen erwerben. Der Projektidee, angehende Französisch- bzw. Spanischlehrkräfte Italienisch lernen zu lassen, liegen zwei Hypothesen zugrunde:

---

[1] Im folgenden Beitrag verwenden wir den ‚Genderstern' als orthographisches Ausdrucksmittel für geschlechtergerechtes Schreiben.

H₁: Das verpflichtende Lernen einer weiteren Fremdsprache während des Studiums kann die Sprachlehrkompetenz deutlich erhöhen (sofern einige Prämissen eingehalten werden, s.u.).

H₂: Für Französisch- und Spanischstudierende bietet sich Italienischlernen mittels Interkomprehension idealerweise an.

Um der oben genannten Herausforderung des Perspektivwechsels zu begegnen, schlägt H₁ das Erlernen einer weiteren – also für die Studierenden neu einsetzenden – Fremdsprache vor. In den rezeptiven Kompetenzen werden sie dabei selbstverständlich ein höheres Niveau erreichen als in den produktiven. Als Teilnehmer*innen eines solchen Sprachkurses würden die zukünftigen Französisch- und/oder Spanischlehrer*innen die Rolle von Anfänger*innen einnehmen, was sie im Idealfall für die potenziellen Probleme ihrer zukünftigen Schüler*innen sensibilisieren würde.[2] In den *Ländergemeinsamen inhaltlichen Anforderungen für die Fachwissenschaften und Fachdidaktiken in der Lehrerbildung* (KMK 2017, 4) heißt es, Studienabsolvent*innen „kennen und nutzen Ergebnisse fachdidaktischer und lernpsychologischer Forschung in ihren Fächern bzw. Fachrichtungen".

Es ist die Aufgabe der universitären Fachdidaktik, die Entwicklung dieser Kompetenzen auf studentischer Seite durch entsprechende Lehrveranstaltungen zu unterstützen. Der hier vorgestellte Italienischunterricht kann unseres Erachtens einen wertvollen Beitrag zur Entwicklung dieser Kompetenzen leisten.

Grundsätzlich ist es bei guten Kenntnissen in einer Sprache einer Sprachenfamilie über Interkomprehension vergleichsweise leicht möglich, in allen anderen Sprachen derselben Familie rezeptive Kompetenzen zu entwickeln. Dabei gilt selbstverständlich, dass die Qualität der Kenntnisse in der Ausgangssprache entscheidend für den Dekodierungserfolg in der Zielsprache ist.[3] H₂ besagt, dass

---

[2]   Dass diese aufgrund eines altersbedingt unterschiedlichen kognitiven Entwicklungsstadiums, anderer Sprach(lern)erfahrungen sowie gegebenenfalls anderer sozio-ökonomischer Hintergründe abweichende Herausforderungen in einer neu einsetzenden romanischen Sprache sehen könnten als die grundsätzlich sprachlernerfahreneren und kognitiv gereifteren Studierenden, müsste in der Lehrveranstaltung thematisiert werden.

[3]   „Der Zugang zur Eurocomprehension sollte auf einer möglichst gut entwickelten Kompetenz in einer (lebenden) *Brückensprache* (langue dépôt) aufgebaut sein, die fest in den europäischen Unterrichtssystemen verankert sein muss. Die Brückensprache ermöglicht dann den Einstieg in eine ganze Welt von Sprachen" (Klein 2006, 58; Hervorhebung im Original).

sich in einem interkomprehensionsdidaktisch ausgerichteten Kurs das Italienische als Zielsprache für Französisch- bzw. Spanischstudierende in besonderer
Weise anbietet. Dies lässt sich wie folgt begründen:

1. Ein rein linguistisches Argument für die Wahl des Italienischen betrifft
   seine Nähe zum Französischen sowie zum Spanischen. Ausgehend von
   diesen beiden Sprachen ist die Lexis des Italienischen leicht zu dekodieren, die Zahl der zu lernenden Lautentsprechungen ist gering. Klein &
   Rutke (2005, 118) halten in Bezug auf das Verhältnis der Brückensprachen zum Italienischen fest:

   Das Französische und das Spanische eignen sich – auch bei einigen typologischen
   Abweichungen (Pluralbildung) – jedoch in besonderem Maße als Brückensprachen.
   Zwischen dem Spanischen und dem Italienischen gibt es zudem noch eine spontan
   von Sprechern beider Idiome empfundene mündliche Interkomprehension.

2. Ebenfalls linguistischer Natur ist der Verweis auf das Phonem-Graphem-
   Verhältnis im Italienischen: 25 Phonemen stehen lediglich 33 Grapheme
   gegenüber. Das Italienische kommt somit dem phonographischen Ideal einer 1:1-Beziehung von Phonemen und Graphemen sehr nah. Katelhön
   (2013, 26) spricht daher von einer „situazione di fedeltà fonetica quasi per-
   fetta in italiano". Für die Studierenden bedeutet dies, dass ihnen das (laute)
   Lesen des Italienischen sehr leichtfallen wird, was wiederum günstige
   Auswirkungen auf ihre Motivation zum freien Sprechen haben dürfte.

3. Bei Italienisch handelt es sich um eine der großen romanischen Sprachen,
   weltweit sprechen etwa 65 Millionen Menschen Italienisch als ihre Muttersprache, was Platz 4 hinter Spanisch, Portugiesisch und Französisch bedeutet. Die Entscheidung für eine große und gegen eine der kleineren romanischen Sprachen ist u.a. auf unsere Annahme einer Korrelation zwischen der (empfundenen) Bedeutsamkeit einer Sprache und der Motivation
   der Studierenden, sich mit ihr zu beschäftigen, zurück zu führen: Je bedeutender die Sprache, desto ‚nützlicher' wird sie u.U. von den Studierenden
   bewertet. Hinzu kommt, dass das Italienische im deutschsprachigen Raum
   ein vergleichsweise großes Prestige besitzt und dass in einigen deutschen
   Städten und Regionen, z.B. im Ruhrgebiet, italienischsprachige Communi-
   ties existieren, die als Beleg für die starke Präsenz des Italienischen im
   Alltag zu sehen sind.

4. Mit Blick auf eine potenzielle, im Anschluss an die Lehrveranstaltung geplante weitere Beschäftigung mit der neuen Sprache an der Hochschule
bietet sich die Wahl des Italienischen als Zielsprache der einsemestrigen
Sprachkurse insofern an, als Italienisch neben Französisch und Spanisch
die einzige Sprache ist, die fast flächendeckend als Studienfach angeboten
wird.[4] Zudem handelt es sich bei Italienisch um eine im Westen und Süden
Deutschlands sowie in Berlin fest in der Schullandschaft verankerte
Fremdsprache, die im Schuljahr 2017/18 von 47.845 Schüler*innen gelernt wurde, wobei die große Mehrheit Lernende an Gymnasien und Ge-
samtschulen waren (Statistisches Bundesamt 2018, 102). Denkbar wäre,
dass sich einzelne Studierende nach dem Kurs mit dem Gedanken tragen,
im Fach Italienisch eine Erweiterungsprüfung abzulegen.[5]

5. Mit Blick auf die im Rahmen der Lehrveranstaltung geplante Exkursion
spricht schließlich auch die relative geographische Nähe Italiens für das
Erlernen des Italienischen.

Der hier vorgestellte Italienischkurs ist als Beitrag zur Entwicklung einer mehrsprachigkeitssensiblen professionellen Handlungskompetenz von Lehramtsstudierenden des Französischen und/oder Spanischen zu verstehen. Gemeint ist
damit die

> didaktische Fähigkeit, verschiedene Handlungsoptionen *auf die sprachlichen Lernvor-
> aussetzungen der Lernenden hin zu prüfen* und lernzielorientiert anzuführen. Als hand-
> lungskompetent im mehrsprachigkeitssensiblen Sinne ist somit zu bezeichnen, wer in
> der Lage ist, ausgehend von einer sprachlich heterogenen Lerngruppe, Lehr-
> /Lernszenarien zu entwerfen, die die Mehrsprachigkeit der SchülerInnen nutzen, um
> zielsprachliche Lernziele zu erreichen. (Niesen 2018, 123; Hervorhebungen im Origi-
> nal)

Im Folgenden werden verschiedene Termini, die quasi als Schlüsselbegriffe diesen Beitrag durchziehen, definiert (Kap. 2). Eine Beschreibung des Projekts erfolgt im Anschluss (Kap. 3).

---

[4] Ausnahmen sind beispielsweise die Universitäten Bremen, Gießen, Kassel, Paderborn und
Wuppertal.

[5] An dieser Stelle muss eingeräumt werden, dass einige Universitäten im Zuge der Umstel-
lung der Lehramtsstudiengänge auf BA/MA kein Erweiterungsfach mehr anbieten bzw.
bislang noch keine Möglichkeit geschaffen haben, dieses parallel zu studieren. Darum un-
terliegt das o.g. Argument ggf. lokalen Einschränkungen.

2.   Exkurs: Begriffsbestimmungen zur Verdeutlichung der Argumentation

Den beiden eingangs vorgestellten Hypothesen, die das Fundament für das in Kapitel 3 beschriebene Projekt darstellen, liegen mehrere Konstrukte zugrunde, die an dieser Stelle zunächst kurz definiert werden sollten, da sie im wissenschaftlichen Diskurs mitunter in unterschiedlichen Bedeutungszusammenhängen divergierend ausgelegt werden. Darüber hinaus wird es als wichtig erachtet, Sprachbewusstheit als weiteren Terminus in die Auseinandersetzung zu integrieren, da diese in vielen Fällen als grundlegende Voraussetzung für Sprachlernkompetenz betrachtet wird bzw. sich die Erforschung der zweiten in wissenschaftshistorischer Perspektive aus der Auseinandersetzung mit Sprachbewusstheit entwickelt hat. Gleichzeitig spielt Sprachbewusstheit jedoch auch eine entscheidende Rolle im Rahmen der Sprachlehrkompetenz, wie zahlreiche Studien belegen (Andrews & Linn 2018, 57-74; Borg 2018, 75-91; Andrews 2007; Chadwick 2013).

2.1   Sprachbewusstheit

Der Terminus Sprachbewusstheit geht auf eine Übertragung des englischsprachigen Begriffs *Language Awareness* ins Deutsche zurück (Gnutzmann 1997; Gnutzmann 2016, 145; Eichler & Nold 2007, 65f.). Von der 1992 gegründeten *Association for Language Awareness*[6] (nachfolgend ALA) wird sie definiert als „explicit knowledge about language, and conscious perception and sensitivity in language learning, language teaching and language use" (ALA o.J.; Cots & Garrett 2018, 3). Die Auseinandersetzungen um *Language Awareness* beeinflussten bereits in der zweiten Hälfte der 1980er Jahre die deutsche Sprachdidaktik (auch

---

[6] Cots und Garret (auch im Folgenden 2018, 3) beschreiben als Schüler von Mitwirkenden bzw. selbst Mitbegründer des Forschungsfeldes, dass die *Association for Language Awareness* 1992 während einer ersten internationalen Konferenz zum Thema gegründet wurde, auf der gleichzeitig die wissenschaftliche Zeitschrift *Language Awareness* entstand. Im selben Jahr erschienen darüber hinaus zwei umfassende und bis heute rezipierte wie auch zitierte Publikationen, nämlich *Critical Language Awareness* (Fairclough 1992) und *Language Awareness in the Classroom* (James & Garrett 1992). Der letztgenannte Titel wurde bis heute durch zahlreiche Überarbeitungen und Neuauflagen zum *Routledge Handbook of Language Awareness* (Garrett & Cots 2018) weiterentwickelt.

im Folgenden Oomen-Welke 2006, 452f.). Diese hatte sich schon zu Beginn des 19. Jahrhunderts mit vergleichbaren Konzepten beschäftigt, die unter den Schlagworten „Sprachbewusstsein" oder „Wissen um den Charakter (Regeln, Wortschatz; Anmerkungen im Original) einer Sprache" (ebd. 453) zu zentralen Zielen des Sprachenlernens erklärt worden waren. Oomen-Welke (ebd.) führt diesbezüglich aus:

> Sprachbewusstsein über das große Repertoire sprachlicher Mittel und ein ausgebildetes Stilempfinden, produktiv und rezeptiv, war immer Ziel des Deutschunterrichts, wurde seit den 70er Jahren in seinem kritischen Potential erkannt und ging unter der Rubrik ‚Reflexion über Sprache' in die neueren Lehrpläne ein.[7]

Darüber hinaus erläutert sie, dass der Terminus Sprachbewusstheit schließlich den zuvor gebräuchlichen Begriff des Sprachbewusstseins in der Deutschdidaktik ersetzen sollte, weil letzterer in alltagssprachlichen Kontexten mitunter von der zugehörigen Fachsprache abweichend verwendet wurde.

Neben dieser historisch begründeten Erklärung zur Unterscheidung zwischen Sprachbewusstsein und -heit in Deutschland nehmen andere Autor*innen auch qualitative Unterscheidungen zwischen den beiden Termini vor. So zeigt beispielsweise Spitta (2000) eine Abgrenzung auf, die auf unterschiedlichen Graden von Willkür und Abstraktion beruht, bzw. merkt sie an, dass Sprachbewusstheit und Sprachbewusstsein demnach durch unterschiedliche Grade der „kognitiven Klarheit"[8] differenziert werden können:

> Sprachbewusstheit setzt – in kognitiver Klarheit darüber, dass ich ein Sprachproblem habe sowie ebenfalls in kognitiver Klarheit darüber, dass ich jetzt etwas tue, um dieses Problem zu lösen – willentlich eine Reflexion über den Aufbau und die Funktionsprinzipien von Sprache in Gang sowie über die eigene kognitive Aktivität, um bewusst und dies reflektierend Lösungsprozeduren einsetzen zu können (eine Regel anzuwenden, Analogien aufzubauen, Eselsbrücken anzuwenden...).

> Sprachbewusstsein dagegen ist deutlich enger mit der sprachlichen Intuition, dem Sprachgefühl als Ausdruck des unbewusst gespeicherten Netzwerkes von sprachlichen Kategorien und Regelsystemen, verbunden. Sprachbewusstsein drückt sich spontan in

---

[7] Für eine vertiefte Auseinandersetzung mit Sprachbewusstsein, Sprachbewusstheit und Didaktik der Grammatik im Deutschunterricht vgl. u.a. Glinz (2006) sowie Andresen & Funke (2006).

[8] Umfangreiche Diskussionen über den Grad der Bewusstheit in Bezug auf Sprachbewusstheit bzw. -sein sind u.a. in der Auseinandersetzung mit Konzepten wie *attention, focussing* und *noticing* bspw. bei Schmidt (1995), van Lier (1998), Robinson et al. (2014), Knapp-Potthoff (1997) und/oder Hinneberg (2005, 69-93) zu finden.

einem Problemlösungsverhalten aus, bei dem eine Person im Prozess der Sprachproduktion [...], quasi automatisch eine sprachliche Aktivität zur Problemlösung initiiert, aus dem „unguten Gefühl" heraus, das „irgendetwas nicht stimmen" könne, ohne dass diese Aktivität in dem Sinne bis ins Bewusstsein dringt, dass sie als Aktivität bewusst registriert oder willkürlich gesteuert eingesetzt wird sowie ohne, dass das Sprachsystem in Struktur und Funktionsweise bewusst reflektiert wird. (Spitta 2000, 3f.; Hervorhebungen im Original)

Diese Darstellung lässt zunächst vermuten, dass beide Termini im wissenschaftlichen Diskurs eindeutig voneinander abgegrenzt werden (können), beispielsweise basierend entweder auf dem Zeitpunkt des Eintritts in den wissenschaftlichen Diskurs (Oomen-Welke 2006, 453) oder dem Grad der „kognitiven Klarheit" (Spitta 2000, 3f.). Zahlreiche Versuche, die Forschungslandschaft diesbezüglich zu strukturieren, haben jedoch gezeigt, dass dies in der Realität nur schwer bis gar nicht möglich ist (Hohm 2005, 61-64; Schnuch 2018, 7-153). Denn neben einer Vielzahl an sich teilweise überschneidenden Begriffen, die parallel zu den beiden hier fokussierten ebenfalls – zum Teil synonymisch – Verwendung finden[9], sind viele Studien auch darum nicht in ihrem Verständnis der Termini miteinander vergleichbar, weil sie unterschiedliche sprachliche Aspekte fokussieren, welche wiederum als solche divergierende Bewusstseins- respektive -heitsstufen erfordern: phonologische Bewusstheit (z.B. Scheerer-Neumann & Ritter 2006, Piske 2010), morphologische respektive morphematische Bewusstheit (z.B. Carlisle et al. 2010; Hayashi & Murphy 2013; Kargl & Purgstaller 2016), semantische Bewusstheit (z.B. Roberts 2011; Nation 2010) oder pragmatische Bewusstheit (z.B. Alcón & Safont Jordà 2010; Garrett & Cots 2018). Erschwerend kommt hinzu, dass das Alter und damit die kognitive Reife der Versuchsteilnehmer*innen häufig keine direkten Vergleiche der Studien untereinander ermöglichen und dass einige Studien über mehr oder weniger hohe empirische Evidenz verfügen, während andere eher auf anekdotischer Evidenz basieren, etwa wenn Linguist*innen den eigenen Nachwuchs in seiner sprachlichen Entwicklung dokumentiert haben (Roberts 2011, 62).

---

[9] Hohm (2005, 71) führt bspw. zusätzlich noch die folgenden Termini an, die in der fachdidaktischen Diskussion mitunter synonymisch eingesetzt werden: „,Sprachbegegnung', ‚Sprachsensibilisierung', ‚Sprachbetrachtung', ‚Sprechen über Sprache', ‚Sprachgefühl', ‚Spracheinstellung', ‚Sprachinteresse', ‚Sprachreflexion', ‚Sprachwissen' und ‚Sprachkompetenz'."

Da sich das in Kap. 3 vorgestellte Projekt zur Förderung der Sprachlern- und -lehrkompetenz auf zukünftige Französisch- und Spanischlehrkräfte bezieht, die zunächst selbst über Sprachbewusstheit verfügen bzw. diese ausweiten sollten, um im Anschluss an das Studium die Sprachbewusstheit ihrer Schüler*innen fördern zu können, wird es als legitim erachtet, an dieser Stelle zur Definition von Sprachbewusstheit unmittelbar die entsprechenden curricularen Vorgaben zu verwenden. Zur Vermeidung einer regionalgebundenen Argumentation im Rahmen des Beitrages, beispielsweise durch Verweis auf bundeslandspezifische Lehrpläne für Französisch und/oder Spanisch als zweite bzw. dritte Fremdsprache, sollen nachfolgend die Bildungsstandards von 2003 und 2012 als Grundlage genutzt werden, obgleich diese nur „Englisch/Französisch" im Titel tragen sowie für die erste Fremdsprache bestimmt sind (KMK 2003; KMK 2012; zur Legitimation dieses Vorgehens beispielsweise Koch 2017). Während Sprachbewusstheit in den Bildungsstandards für die Sekundarstufe I noch keine explizit zu fördernde Kompetenz darstellt, sondern im Zusammenhang mit methodischen Kompetenzen implizit auf- bzw. ausgebaut werden soll (KMK 2003, 18)[10], weisen die Bildungsstandstandards für die Sekundarstufe II sowohl Sprachbewusstheit als auch Sprachlernkompetenz als jeweils eigenständige transversale Kompetenzbereiche aus (KMK 2012, 12f.). Sprachbewusstheit wird dort wie folgt definiert:

> Sprachbewusstheit bedeutet Sensibilität für und Nachdenken über Sprache und sprachlich vermittelte Kommunikation. Sie ermöglicht Schülerinnen und Schülern, die Ausdrucksmittel und Varianten einer Sprache bewusst zu nutzen; dies schließt eine Sensibilität für Stil und Register sowie für kulturell bestimmte Formen des Sprachgebrauchs, z.B. Formen der Höflichkeit, ein. Die Reflexion über Sprache richtet sich auch auf die Rolle und Verwendung von Sprachen in der Welt, z. B. im Kontext kultureller und politischer Einflüsse. (ebd. 21)

Differenzierter dargestellt bedeutet dies gemäß den Bildungsstandards:

---

[10] Gleichzeitig sollten die Lehrkräfte, die in der Sekundarstufe I Französisch und/oder Spanisch unterrichten, jedoch über umfangreiches Wissen in Bezug auf die erst ab der Sekundarstufe II explizit zu fördernden Kompetenzen Sprachbewusstheit und Sprachlernkompetenz verfügen, denn eine Anbahnung der zugehörigen Fähigkeiten und Fertigkeiten ist bereits in der Sekundarstufe I – und bis zu einem gewissen Grade auch schon in der Primarstufe – nötig wie auch möglich (Martin 2013). Darum richtet sich das in Kap. 3 vorgestellte Projekt an Französisch- und Spanischstudierende aller Lehrämter bzw. Schulformen.

Grundlegendes Niveau
Die Schülerinnen und Schüler können
- grundlegende Ausprägungen des fremdsprachigen Systems an Beispielen erkennen und benennen, Hypothesen im Bereich sprachlicher Regelmäßigkeiten formulieren und Ausdrucksvarianten einschätzen [SB 1][11]
- regionale, soziale und kulturell geprägte Varietäten des Sprachgebrauchs erkennen [SB 2]
- sprachliche Kommunikationsprobleme erkennen [SB 3] und Möglichkeiten ihrer Lösung u. a. durch den Einsatz von Kompensationsstrategien abwägen [SB 4]
- wichtige Beziehungen zwischen Sprach- und Kulturphänomenen an Beispielen belegen und reflektieren [SB 5]
- Gemeinsamkeiten, Unterschiede und Beziehungen zwischen Sprachen erkennen und reflektieren [SB 6]
- über Sprache gesteuerte Beeinflussungsstrategien erkennen, beschreiben und bewerten [SB 7]
- aufgrund ihrer Einsichten in die Elemente, Regelmäßigkeiten und Ausdrucksvarianten der Fremdsprache den eigenen Sprachgebrauch steuern [SB 8]

Erhöhtes Niveau
Die Schülerinnen und Schüler können darüber hinaus
- Varietäten des Sprachgebrauchs sprachvergleichend einordnen [SB 2+]
- die Erfordernisse einer kommunikativen Situation (u. a. bezogen auf Medium, Adressatenbezug, Absicht, Stil, Register) reflektieren und in ihrem Sprachhandeln berücksichtigen [SB 8+]
(KMK 2012, 21; Hervorhebungen und Formatierung im Original)

Basierend auf einer mehr oder weniger stark ausgeprägten Sprachbewusstheit kann sich durch den Einbezug und die Bewusstmachung von Sprachlernstrategien wiederum eine Sprachlernbewusstheit herausbilden. Die Bildungsstandards verwenden für das Konzept der Sprachlernbewusstheit inzwischen synonymisch den Terminus Sprachlernkompetenz (Gnutzmann 2016, 145).

2.2   Sprachlernkompetenz

Parallel zur Sprachbewusstheit wird die Sprachlernkompetenz als eigenständige Kategorie ebenfalls erst in den Bildungsstandards für die Sekundarstufe II aufgeführt (KMK 2012, 12), während sie sich in den Vorgaben für die Sekundarstufe I in den methodischen Kompetenzen nahezu verbirgt (beispielsweise Morkötter 2016, 80-83). Wie die Darstellung zur Entwicklung des Forschungsfeldes

---

[11] Die jeweiligen Globalziele wurden an dieser Stelle gelabelt, um in der Projektbeschreibung (Kap. 3) gezielt darauf verweisen zu können. In analoger Weise wird in der Darstellung der Sprachlernkompetenz (Kap. 2.2) sowie -lehrkompetenz (Kap. 2.3) verfahren.

der Sprachbewusstheit bereits aufgezeigt hat (Kap. 2.1), steht Sprachlernkompetenz auch insofern mit jener in einem engen Zusammenhang, als sich die wissenschaftliche Auseinandersetzung mit ihr aus der Beschäftigung mit Sprachbewusstheit entwickelt hat (James & Garrett 1992).

Eine weite Definition könnte nach Llanes (2018, 277) z.B. „self-perception of
the L2 learning process" lauten – ein wenig ausführlicher beschreibt Gnutzmann
(2016, 145) Sprachlernbewusstheit als „mentale Verarbeitung von Sprache" in
dem Sinne, „wie Lernende ihre Sprachlernprozesse organisieren und wie sie
versuchen, diese durch den Einsatz von Lernstrategien positiv zu beeinflussen".
Der in dieser Definition integrierte Terminus Sprachlernstrategie bezieht sich
wiederum auf die Kognition der Lernenden und wird beispielsweise von Hellmig & Wernke (2009a, 7) als die „mental repräsentierte[n] Handlungspläne, die
zur Steuerung des eigenen Lernverhaltes dienlich sind" erklärt.[12] Die beiden Autoren weisen darüber hinaus auf die Bedeutung der Förderung von (allgemeinen)
Lernstrategien respektive der Sprachlernstrategien im Fach Deutsch ab der Primarstufe hin (Hellmig & Wernke 2009b; KMK 2004a; KMK 2004b), damit auf
diese ebenfalls im Fremdsprachenunterricht der Sekundarstufe I aufgebaut werden kann (u.a. Michler 2013; Lohmann 2015). Auf die Definition Gnutzmanns
(2016, 145) von Sprachlernkompetenz zurückgreifend, ist festzuhalten, dass diese im Bereich der metakognitiven Strategien anzusiedeln ist, für welche Hattie
(2009, 188f.) eine relativ hohe Effektstärke von d = 0,69[13] ausweist, wodurch
ihnen eine positive Bedeutung im Lernprozess attestiert wird.[14]

Um das Konzept der Sprachlernkompetenzen zur Vorstellung der Projektidee
(Kap. 3) etwas ausführlicher darzustellen, wird an dieser Stelle, analog zur Auseinandersetzung mit der Sprachbewusstheit, auf die entsprechenden Angaben in
den Bildungsstandards der Sekundarstufe II verwiesen. Dort heißt es in einer

---

[12] Für weitere Definitionsansätze bzw. Vorschläge einer Taxonomie von Sprachlernstrategien
z.B. Grenfell & Harris (2017, 7-46), Sohrabi (2017), Bimmel & Rampillon (2001, 52-84)
oder Hellmig & Wernke (2009c).

[13] Damit erreichen die metakognitiven Strategien Rang 13 (von 138) unter den analysierten
Aspekten (Hattie 2009, 297-300).

[14] Gleichzeitig muss die Aussagekraft dieser Effektstärke vor dem Hintergrund betrachtet
werden, dass mit einer Gesamtanzahl von n = 5028 Testpersonen in 63 zusammengestell-
ten Studien (Hattie 2009, 189) die Generalisierbarkeit sehr wahrscheinlich weniger vorausgesetzt werden kann als in anderen Aspekten der Hattie-Studie (2009).

ersten Definition, die starke Bezüge zu Gnutzmann (2016, 145) erkennen lässt: „Sprachlernkompetenz beinhaltet die Fähigkeit und Bereitschaft, das eigene Sprachenlernen selbstständig zu analysieren und bewusst zu gestalten, wobei die Schülerinnen und Schüler auf ihr mehrsprachiges Wissen und auf individuelle Sprachlernerfahrungen zurückgreifen" (KMK 2012, 22).

Weiter wird in den Bildungsstandards ausgeführt:

> Sprachlernkompetenz zeigt sich
> - erstens im Verfügen über sprachbezogene Lernmethoden und in der Beherrschung daraus abgeleiteter, konkreter Strategien.
> - Sie zeigt sich zweitens in der Beobachtung und Evaluation der eigenen Sprachlernmotivation, -prozesse und -ergebnisse
> - sowie drittens in der Bereitschaft und Fähigkeit, begründete Konsequenzen daraus zu ziehen.
>
> (ebd.)

Diese drei unterschiedlichen Aspekte werden anschließend für das grundlegende und das erhöhte Niveau, welche in den meisten Bundesländern durch die Bildung von Grund- und Leistungskursen gezielt unterstützt werden, weiter ausdifferenziert:

> **Grundlegendes Niveau:**
> Die Schülerinnen und Schüler können
> - ihr Sprachlernverhalten und ihre Sprachlernprozesse reflektieren und optimieren [SLK 1]
> - ihre rezeptiven und produktiven Kompetenzen prüfen und gezielt erweitern, z. B. durch die Nutzung geeigneter Strategien und Hilfsmittel (u. a. Nachschlagewerke, gezielte Nutzung des Internets) [SLK 2]
> - das Niveau ihrer Sprachbeherrschung einschätzen, durch Selbstevaluation in Grundzügen dokumentieren und die Ergebnisse für die Planung des weiteren Fremdsprachenlernens nutzen [SLK 3]
> - Begegnungen in der Fremdsprache für das eigene Sprachenlernen nutzen (z. B. persönliche Begegnungen, Internetforen, Radio, TV, Filme, Theateraufführungen, Bücher, Zeitschriften) [SLK 4]
> - durch Erproben sprachlicher Mittel die eigene sprachliche Kompetenz festigen und erweitern und in diesem Zusammenhang die an anderen Sprachen erworbenen Kompetenzen nutzen [SLK 5].

Erhöhtes Niveau:
Die Schülerinnen und Schüler können darüber hinaus
- das Niveau ihrer eigenen Sprachbeherrschung einschätzen und selbstkritisch bewerten, durch Selbstevaluation angemessen dokumentieren und die Ergebnisse für die Planung des weiteren Sprachenlernens verwenden
- durch planvolles Erproben sprachlicher Mittel und kommunikativer sowie interkultureller Strategien die eigene Sprach- und Sprachhandlungskompetenz festigen und erweitern und in diesem Zusammenhang die an anderen Sprachen erworbenen Kompetenzen nutzen.

(KMK 2012, 22, Formatierung im Original)

Auf diese ausführliche Darstellung soll anschließend in der Beschreibung des Projekts und der Auseinandersetzung mit dessen Vorteilen wie auch Grenzen erneut Bezug genommen werden.

Den zu Beginn des Kapitels 2 initiierten Argumentationsstrang aufnehmend, dass zukünftige Französisch- und Spanischlehrkräfte sowohl über eine ausgeprägte Sprachbewusstheit als auch individuelle Sprachlernkompetenz verfügen müssen und diese darüber hinaus auf der Metaebene in vollem Umfang kennen sollten, um sie entsprechend bei ihren späteren Lerngruppen fördern zu können, ergibt sich eine weitere Konsequenz: Sie bedürfen ebenso umfangreicher Sprachlehrkompetenzen, welche über die soeben beschriebenen Fähigkeiten und Fertigkeiten hinaus gehen, diese jedoch gleichzeitig mit einschließen.

2.3   Sprachlehrkompetenz

Ebenso wie Sprachlernvorgehensweisen und die damit verbundenen Kompetenzen, über welche ‚gute' Sprachlerner*innen verfügen (sollten), historisch betrachtet einem fortwährenden Wandel unterlegen sind (beispielsweise Kuhfuß 2014; Willems 2013; Hüllen 2005), müssen sich auch die Kompetenzen der diesbezüglichen Lehrkräfte stetig ändern bzw. weiterentwickeln (auch im Folgenden Krumm 2016, 311). Dementsprechend betreffen der Umbruch von der Input- zur Outputorientierung und die Festlegung von Kompetenzen anstelle verbindlicher Inhalte nicht nur die curricularen Vorgaben des Fremdsprachenunterrichts wie z.B. Lehrpläne, sondern auch die Fähigkeiten und Fertigkeiten, welche von einer ‚guten' Fremdsprachenlehrkraft erwartet werden. Um im deutschen Bildungsföderalismus mittels bundeseinheitlicher richtungsweisender Beschlüsse eine potenzielle Vergleichbarkeit zu erreichen, hat die KMK auch für die Lehrer*innenausbildung entsprechende Papiere erarbeitet: zunächst die „Standards für die Lehrerbildung: Bildungswissenschaften" (KMK ^{2}2014/ 2004)[15] und anschließend sozusagen fachspezifisch die „Ländergemeinsame[n] inhaltliche[n] Anforderungen für die Fachwissenschaften und Fachdidaktiken in der Lehrerbildung" (KMK ^{2}2017/2008).[16] Da diese die „Grundlage für die Akkreditierung und Evaluierung von lehramtsbezogenen Studiengängen bilden" (KMK 2017, 2) sollen, werden sie auch diesem Beitrag, der sich mit Möglichkeiten zur Steigerung der Qualität der Französisch- und Spanischlehrkräfteausbildung an Hochschulen auseinandersetzt, zugrunde gelegt. Neben allgemeinen Lehrer*innenkompetenzen (ebd. 3f.), legen sie für alle studierbaren Fächer bzw. Fächergruppen – denn beispielsweise werden alle modernen Fremdsprachen hier zusammengefasst betrachtet – fachspezifische Kompetenzbeschreibungen vor (ebd. 8-102). Für zukünftige Französisch- und Spanischlehrkräfte sind demnach die Ausführungen für die „Neue[n] Fremdsprachen" (ebd. 44-46) relevant: Zunächst wird ein „Fachspezifisches Kompetenzprofil" (ebd. 44) aufgestellt und im Anschluss werden die „Studieninhalte" (auch im Folgenden ebd. 45f.) definiert, mittels derer die Kompetenzen erreicht werden sollen. Nachfolgend sollen v.a. die Studieninhalte näher beleuchtet werden, um aufzuzeigen, welche Bereiche durch das in Kapitel 3 vorgestellte Projekt ausgebaut werden könnten. Die KMK nimmt analog zum Studienaufbau an den meisten Universitäten eine Unterteilung der inhaltlichen Felder in Sprachpraxis, Sprach-, Literatur-, Kulturwissenschaften und Fachdidaktik der Fremdsprachen vor. Während sowohl in der Sprachpraxis als auch der Fachdidaktik für alle Schultypen/Studiengänge dieselben inhaltlichen Ziele vorgesehen sind, werden die Fachwissenschaften in zwei Niveaustufen – bezogen auf das Studium für Lehrämter der Sekundarstufe I und das Studium für das Lehramt an Gymnasien/Gesamtschulen – gegliedert.

---

[15] Die KMK-Vorgaben zur Lehrer*innenbildung von 2014 und 2017 beruhen auf den ersten Ausgaben von 2004 und 2008, wurden jedoch kürzlich um diejenigen Anforderungen ergänzt, die sich durch die Umsetzung der UN-Behindertenrechtskonvention (2006) und damit Inklusion in der deutschen Schullandschaft ergeben haben.

[16] Neben den von der KMK vorgeschlagenen Kompetenzrichtlinien in der Lehrer*innenausbildung (KMK 2017) existieren zahlreiche weitere Kompetenzmodelle, die zu beschreiben versuchen, was eine ‚gute' Lehrkraft definiert (bspw. Hallet 2006, 24-36; Krechel 2014; Frey 2014).

Im Bereich der Sprachpraxis wird es kaum möglich sein, mit Hilfe des Projekts eine Förderung der zielsprachlichen Kompetenzen zu erlangen. Lediglich auf Metaebene ließen sich beispielsweise im direkten Sprachvergleich „[s]oziokulturelle und interkulturelle Sprachkompetenz", „[t]extsortenadäquate Rezeption und Produktion von Sach- und Gebrauchstexten" oder „Besonderheiten und regionale Ausprägungen der Sprachpraxis in den einzelnen Fremdsprachen" (KMK 2017, 45) marginal betrachten. Gelegentlich könnten Sprachmittlungs- und/oder Übersetzungsübungen auch unmittelbare sprachliche Kompetenzen der studierten Zielfremdsprachen fördern, sollten jedoch keinesfalls im Fokus des Projekts stehen.

In Bezug auf die Vorgaben, die die KMK hinsichtlich der Sprachwissenschaft vorsieht, wären häufigere Anknüpfungsmöglichkeiten gegeben, sofern die jeweiligen theoretischen Grundlagen bereits im Rahmen von sprachwissenschaftlichen Lehrveranstaltungen thematisiert worden sind und beim Italienischlernen und dessen Reflexion lediglich wiederaufgegriffen bzw. ausgebaut werden können. Je nach Ausrichtung des Kurses bzw. potenziellen Referatsthemen während der Exkursion könnten – bis auf drei Bereiche, die nachfolgend nicht mit aufgeführt werden – alle anderen Themen (mehr oder minder) ausführlich bzw. vertiefend auf metasprachlicher Ebene oder im direkten Sprachvergleich behandelt werden:

Sprachwissenschaft [Sek. I]
- Theorien, Methoden und Modelle der fremdsprachenbezogenen Sprachwissenschaft [SW 1]
- Struktureigenschaften, Erscheinungsformen, Entwicklungstendenzen [SW 2]
- soziale, pragmatische und interkulturelle Aspekte der Fremdsprache [SW 3]
- Terminologie und Methodik der Beschreibung des gegenwärtigen Sprachstandes [SW 4]
- Einsatz elektronischer Medien bei der Sprachanalyse [SW 5]
- Theorien des Spracherwerbs und der Mehrsprachigkeit [SW 6]

Sprachwissenschaft [Sek. II]
- Diachrone und synchrone Betrachtung der Fremdsprache [SW 7]
- sprachliche Varietätenforschung [SW 8]
- Sprachverwandtschaft [SW 9] (ebd.)

Die literaturwissenschaftlichen Vorgaben (ebd.) betreffend scheint eine Auseinandersetzung im Rahmen des Projekts relativ unwahrscheinlich: Am Ende des

Italienischkurses werden die Studierenden lediglich sprachliche Kompetenzen bis etwa A1+/A2 gemäß den Niveaustufen des GeR erlangt haben und darum nur sehr bedingt authentische italienischsprachige Literatur rezipieren können. Dies wäre jedoch die Voraussetzung, um anschließend auf Metaebene bzw. im direkten Vergleich zur studierten Zielfremdsprache die von der KMK vorgestellten Inhalte ebenfalls thematisieren zu können. Eventuell ließen sich in dem einen oder anderen Referat während der Exkursion Verweise zur französischen und/oder spanischen Literaturwissenschaft integrieren. Hingegen erscheint es etwas einfacher, die Themenbereiche aus der Kulturwissenschaft (KMK 2017, 46) mittels kontrastiver Ansätze des Fremdsprachenlernens zu berücksichtigen, wie beispielsweise „Theorien des Fremdverstehens", „Interkulturelle Analyse von Texten, visueller Medien und Internetquellen" (beide für die Sekundarstufe I vorgesehen) oder „Methoden und Kernbereiche des kulturwissenschaftlichen Ländervergleichs" (für die Sekundarstufe II angegeben; ebd.).

Der Fokus des in Kapitel 3 vorgestellten Projekts liegt jedoch auf den fachdidaktischen Kompetenzen der Studierenden. Die KMK-Vorgaben führen dazu folgende Aspekte an:

- Theorien des Sprachenlernens und individuelle Voraussetzungen des Spracherwerbs [FD 1] auch unter Berücksichtigung migrationsbedingter Mehrsprachigkeit und interkultureller Kontexte [FD 2]
- Fachdidaktische Diagnoseansätze, Lernstandserhebungen [FD 3] und darauf basierende Förderkonzepte [FD 4]
- Theorie und Methodik des kommunikativen Fremdsprachenunterrichts [FD 5]
- ziel-, schüler- und fachgerechte Planung, Durchführung und Reflexion kompetenzorientierten Fremdsprachenunterrichts [FD 6] unter Berücksichtigung individueller Förderbedarfe in heterogenen Lerngruppen [FD 7]
- Theorien, Ziele und Verfahren des sprachlichen und interkulturellen Lernens und deren Umsetzung im Unterricht [FD 8]
- Literatur-, text-, kultur- und mediendidaktische Theorien, Ziele und Verfahren [FD 9]
- Fachdidaktische Besonderheiten im jeweiligen Fremdsprachenunterricht [FD 10]
- Anforderungen an bilinguales Lernen und Lehren [FD 11]
- Konzepte, Medien und Methoden des inklusiven Fremdsprachenunterrichts [FD 12]
- Formen der unterrichtlichen Kooperation mit sonderpädagogisch qualifizierten Lehrkräften und sonstigem pädagogischen Personal bei der Planung, Durchführung und Reflexion inklusiven Unterrichts [FD 13] (ebd.)

Da im Rahmen der Hochschullehre davon auszugehen ist, dass Inklusion[17] nicht denselben Stellenwert einnimmt wie in den Sekundarstufen I und II, muss vorausgeschickt werden, dass diejenigen von der KMK genannten Aspekte, welche den sonderpädagogischen Förderbereich betreffen, nicht bzw. nur in Einzelfällen bei entsprechender Zusammensetzung der Lerngruppe berücksichtigt werden könnten (s.o. FD 4, FD 7, FD 12, FD 13). Unter der Verwendung eines weiten Inklusionsbegriffs (vgl. Fußnote 17) ließen sich jedoch Teilaspekte von FD 4, FD 7 und FD 12 in Bezug auf Schüler*innen mit sprachlich und kulturell heterogenen Hintergründen bzw. sprachlich sehr begabte Lerner*innen behandeln. Gleichzeitig darf in der Reflexion der Lehr- und Lernprozesse wie -methoden nicht außer Acht gelassen werden, dass die Lerngruppe an der Hochschule in der Regel über einen anderen kognitiven Entwicklungsstand verfügen und umfangreichere Sprachlernerfahrungen mitbringen könnte, als dies in der Schule zu erwarten wäre.

Wenn davon ausgegangen wird, dass die Studierenden zum Zeitpunkt der Teilnahme am Sprachkurs über allgemeines fremdsprachendidaktisches Grundlagenwissen verfügen, sollten alle anderen oben genannten Themenfelder jedoch fortwährend im Rahmen des Projekts angesprochen und reflektiert werden können, um so zu einer umfangreichen Weiterentwicklung der Sprachlehrkompetenzen der Lerngruppe beitragen zu können.

2.4   Interkomprehension

Die romanischen Sprachen verfügen über ein besonderes Potenzial, das in den vergangenen Jahren in zahlreichen Projekten der Mehrsprachigkeits- und insbesondere der Interkomprehensionsforschung sichtbar gemacht wurde: Wer in einem dieser Idiome über produktive und rezeptive Kenntnisse auf mindestens dem Niveau B2 des GeR verfügt, kann vergleichsweise leicht eine Lesekompe-

---

[17] Während im fremdsprachendidaktischen Diskurs bei der Auseinandersetzung mit inklusionsspezifischen Fragestellungen überwiegend von einem weiten Inklusionsbegriff ausgegangen wird, der bspw. kulturelle, sprachliche und geschlechtliche Heterogenität einschließt, wofür an dieser Stelle nachdrücklich plädiert wird, stehen in bildungspolitischen Auseinandersetzungen um Inklusion v.a. Aspekte der Sonder- und Förderpädagogik im Mittelpunkt. Auf eben jene vermag das hier vorgestellte Projekt kaum einzugehen, hingegen sollen die zuvor genannten Heterogenitätsaspekte fortwährend Teil der Betrachtungen sein.

tenz in einer bzw. mehreren anderen romanischen Sprache/n erwerben.[18] Diese, auf der Verwandtschaft zwischen zwei Sprachen beruhende Fähigkeit, „fremde Sprachen oder Varietäten zu dekodieren, ohne sie in zielsprachlicher Umgebung erworben oder formal erlernt zu haben" (Meißner 2010, 381), wird in der Fremdsprachendidaktik „Interkomprehension" genannt. Interkomprehension zielt demnach auf rezeptive Fertigkeiten, insbesondere auf das Leseverstehen.[19] Im vorliegenden Beitrag gehen wir davon aus, dass eine auf Transferprozessen und vorhandenen Sprachkenntnissen in einer oder mehreren verwandten Sprache/n (Französisch und/oder Spanisch sowie Englisch und eventuell weitere Fremdsprachen, auch Latein) basierende interkomprehensionsdidaktische Auseinandersetzung mit einem italienischen Text zu dessen Verstehen führt, obwohl die Französisch- und/oder Spanisch-Studierenden sich zuvor nicht mit dem Italienischen beschäftigt haben. Mit Reissner (2010, 829) kann festgehalten werden,

> dass jedes vorgelernte Sprachwissen Ressourcen für einen potentiellen Transfer auf eine andere, unbekannte Sprache zur Disponibilität stellt. Dabei gilt der Grundsatz, dass die Qualität der Transferinventare in unmittelbarer Relation zu der sprachverwandtschaftlichen Nähe steht, d. h., je näher zwei Sprachen sich typologisch stehen, desto mehr transferierbares Material steht dem Lerner zur Verfügung.

Tatsächlich stellt die Interkomprehension innerhalb der Didaktik der romanischen Sprachen einen Bereich dar, der sich ungefähr seit der Jahrtausendwende durch eine große Anzahl an empirischen Untersuchungen (z.B. die jüngeren Arbeiten von Mordellet-Roggenbuck 2011; Morkötter 2016; Brunner 2017) und zahlreiche auf Gute Praxis-Beispielen beruhenden Publikationen auszeichnet.

> During the last decades and in the German context, various case studies with different learning groups […] have documented the feasibility of the intercomprehension approach. With very few exceptions, the results are very encouraging. They confirm numerous findings from Romance contexts. (Meißner 2017, 93)

---

[18] Dabei eignen sich allerdings nicht alle Sprachen gleichermaßen gut als Ausgangsbasis für die Beschäftigung mit einer anderen romanischen Sprache. Und die reziproke Verständlichkeit zwischen zwei Sprachen einer Sprachenfamilie ist in der Regel unterschiedlich ausgeprägt. Ein*e Portugiesischsprecher*in kann vergleichsweise leicht gesprochenes Standardspanisch verstehen, während Sprecher*innen des Spanischen das Verstehen des gesprochenen Portugiesisch in der Regel schwerer fällt (Jensen 1989).

[19] Interkomprehension in der Bedeutung einer Kommunikationsform, bei der zwei Sprecher*innen unterschiedlicher, aber verwandter Sprachen jeweils ihre eigene Sprache sprechen und die des anderen verstehen, wird im Rahmen dieses Beitrags nicht weiter verfolgt (z.B. die Dissertation von Doetjes 2010 zur interskandinavischen Kommunikation).

Neben der steilen Progression im Bereich der rezeptiven Fertigkeiten fördern interkomprehensionsdidaktische Arbeitsphasen zwei weitere im Kontext des Fremdsprachenlernens zentrale Kompetenzen: die Sprachbewusstheit und die Sprachlernkompetenz. So sind beispielsweise die Reflexion des eigenen Vorgehens bei der Beschäftigung mit einem Text in einer unbekannten Sprache sowie das Zusammentragen der individuellen Vorgehensweisen im Plenum ein fester Bestandteil des Interkomprehensionsunterrichts.

Bedauerlicherweise haben die positiven Ergebnisse der veröffentlichten Fallstudien bislang nur selten zum Einzug der Interkomprehensionsdidaktik in den schulischen Fremdsprachenunterricht geführt. Dies ist umso überraschender, als interkomprehensives Arbeiten im Unterricht romanischer Sprachen positive Effekte auf mehrere Kompetenzbereiche hat. Schmelter (2015, 88f.) hält zusammenfassend fest,

> dass mit interkomprehensionsdidaktischen Verfahren schnelle Fortschritte beim Leseverstehen erzielt werden können. Diese können für den weiteren Kompetenzaufbau in anderen sprachlichen Kompetenzbereichen genutzt werden und wirken sich positiv auf die Motivation der Lernenden aus (Bär 2010). Zugleich konnte festgestellt werden, dass interkomprehensionsdidaktische Unterrichtselemente zur Ausbildung und Entwicklung von Sprachen- und Sprachlernbewusstheit beitragen können (Morkötter 2011). Daneben sollen sich positive retroaktive Effekte einstellen, d.h. dass z.B. von einem interkomprehensiven Einstieg ins Spanischlernen rückwirkend auch die Kompetenzen in den zuvor gelernten Sprachen Französisch und Englisch profitieren.

Ergänzend zu Schmelters Ausführungen sei erwähnt, dass auch die interkulturelle Kompetenz der Lernenden in interkomprehensionsdidaktisch basierten Unterrichtseinheiten weiterentwickelt wird. Dies ist in erster Linie den zu einem sehr frühen Zeitpunkt des Sprachlernprozesses eingesetzten authentischen zielsprachlichen Texten zu verdanken. Während im klassischen Unterricht moderner Fremdsprachen in der Regel mehrere Schuljahre vergehen, ehe den Lernenden authentische, nicht didaktisierte Sachtexte begegnen, arbeiten die Schüler*innen im Interkomprehensionsunterricht von Anfang an mit authentischem Material, vor allem Texten aus den online-Ausgaben der großen Tageszeitungen oder (Werbe)Texten zu Regionen oder Städten des Zielsprachenlandes, und sprechen – zunächst noch auf Deutsch – über deren Inhalte. Sie erwerben somit zu einem sehr frühen Zeitpunkt des Sprachlehrgangs soziokulturelles Orientierungswissen (*savoir*), das im weiteren Verlauf der Beschäftigung mit der Zielsprache die (Weiter-)Entwicklung der anderen *savoir*-Bereiche unterstützt (Byram 1997).

Beschäftigen sich Lernende mit einem Text in einer unbekannten Zielsprache X, so stellen ihre Kenntnisse in einer verwandten Sprache Y zwar ein enormes Potenzial zum Verstehen des zielsprachigen Textes dar, die zahlreichen potenziellen Transferbasen werden jedoch nicht automatisch von allen Leser*innen erkannt, so dass eine Lenkung ihrer Aufmerksamkeit durch die Lehrkraft hilfreich und sinnvoll ist. Sowohl im schulischen als auch im universitären Kontext hat sich dabei der *EuroComRom*-Ansatz der beiden Frankfurter Romanisten Horst G. Klein und Tilbert D. Stegmann bewährt. In ihrem Grundlagenwerk *Die sieben Siebe. Romanische Sprachen sofort lesen können* (2000) erläutern die Autoren, dass sich das Entdecken von Bekanntem im Fremden auf zwei sprachlichen Fundamenten vollzieht:

1. der Sprachverwandtschaft,
2. den Internationalismen, die für weite Bereiche des modernen Lebens und der Fachsprachen auf ähnlicher lexikalischer Basis beruhen (2000, 13).

Während sich das zweite Fundament ausschließlich auf den Bereich der Lexik bezieht, zeigt sich die Sprachverwandtschaft zwischen den romanischen Sprachen auch in anderen Bereichen, etwa in der Morphologie oder der Syntax.

Zudem weisen Klein & Stegmann (2000, 21) zu Recht darauf hin, dass Leser*innen einer vermeintlich neuen Sprache bereits vor der Lektüre eines Textes über eine Reihe von Vorinformationen bezüglich des Textes verfügen, z.B. in Form von Fotos oder Illustrationen oder hinsichtlich der Textsorte. Auch die durch Absätze angedeutete Sinngliederung eines Textes kann sich als hilfreich erweisen (ebd.). Mordellet-Roggenbuck (2011), die in ihrer Untersuchung Studierenden des Französischen einen spanischen Zeitungsartikel vorgelegt und deren Lesekompetenz überprüft hat, hält als ein Fazit fest:

Der Rückgriff auf ein textlinguistisches Wissen, das dem Lerner/Leser erlaubt, die Text-sorte und deren kommunikative Funktion, die Struktur, [...] zu ermitteln, würde das Textverständnis (ebenso wie in der Erstsprache) erleichtern. (2011, 228)

Eine wertvolle Systematisierung des Vorwissens hat Doyé (2004, 2005, 2010) in verschiedenen Publikationen vorgenommen. Er unterscheidet neun Kategorien des Vorwissens, „die als Grundlagen für das Verstehen von Texten und mündlichen Äußerungen in fremden Sprachen aktiviert werden können" (Doyé 2010, 33). Der Autor sieht in der Bewusstmachung dieser Kategorien eine entscheidende Lernerleichterung.

1. General knowledge: the learners' knowledge of the world, encyclopaedic/historical/geographical/political/extralinguistic knowledge.
2. Cultural knowledge: the learners' knowledge of other cultures and the relationship of these cultures to their own (e.g. place names or personal names).
3. Situational knowledge: the learners' knowledge of how a text or utterance is embedded in a situation (the persons who produce it, the occasions on which it occurs, the places where it is used…).
4. Behavioural knowledge: the learners' knowledge of other patterns of behaviour than verbal behaviour to express ideas, emotions and intentions (e.g. gestures, facial expressions, posture, movement).
5. Pragmatic knowledge: the learners' knowledge of the indicators of the illocutionary function of a text or an utterance (e.g. the outer form of a written statement, the stress and intonation of an utterance).
6. Graphic knowledge: the learners' knowledge of previously encountered writing systems and graphic indicators of meaning (e.g. text segmentation, capitalization, underlining, punctuation marks, numeric symbols).
7. Phonological knowledge: the learners' knowledge of previously learnt sound systems and sound correspondences between languages (e.g. the sound correspondences between Romance languages).
8. Grammatical knowledge: the learners' knowledge of previously encountered grammatical systems (e.g. the Pan-Romance Sentence Structures).
9. Lexical knowledge: the learners' knowledge of the international vocabulary and of the vocabulary of related languages (e.g. Pan-Romance vocabulary) (in Anlehnung an Doyé 2005, 205ff.).

Die Aktivierung dieser Wissensbestände erlaubt im interkomprehensiv basierten Unterricht einer nah verwandten weiteren Sprache eine vergleichsweise steile Progression im Bereich der rezeptiven Fertigkeiten. Zweifelsohne sind dabei der internationale und der panromanische Wortschatz die Bereiche, über die Lernende die meisten erfolgreichen Transferprozesse vollziehen. Die von Doyé identifizierten Kategorien des Vorwissens müssen den Studierenden jedoch bewusst sein bzw. ihnen bewusstgemacht werden. Klein & Stegmann (2000, 12) sprechen davon, dass die Lernenden in den Anfangsphasen des Interkomprehensionsunterrichts oftmals „die Rendite aus dem sprachlichen Kapital, das sie besitzen, noch gar nicht wirklich realisiert haben […]". Konsequenterweise verfolgt die Interkomprehensionsdidaktik neben der raschen Entwicklung des Lese-

und Hörverstehens zwei weitere, nicht weniger bedeutende Ziele: die Förderung von Sprachenbewusstheit und Sprachlernkompetenz (vgl. Kap. 2.1 und 2.2).

3. Projektidee

Bei dem von uns konzipierten Interkomprehensionskurs „Italienisch für Lehramtsstudierende der Sprachen Französisch und/oder Spanisch" handelt es sich um eine einsemestrige Lehrveranstaltung im Umfang von zwei Semesterwochenstunden, die durch eine einwöchige Exkursion in eine italienische Region oder Stadt abgerundet wird. Neben Phasen interkomprehensiven Arbeitens zeichnet sich der Kurs durch das Vorhandensein ‚traditioneller' Sequenzen eines modernen neokommunikativen Fremdsprachenunterrichts in der Spracherwerbsphase aus, d.h. die Studierenden erwerben sowohl rezeptive als auch produktive Kompetenzen. Während in der ersten Phase des Semesters das interkomprehensive Arbeiten weitestgehend im Unterricht erfolgt, verlagert sich die Interkomprehension in der zweiten Semesterhälfte in den Bereich der Hausaufgaben. Von den Studierenden wird das individuelle Einarbeiten in ein die Exkursion betreffendes Referatsthema mittels italienischsprachiger Quellen erwartet, ergänzt um die Reflexion der angewandten interkomprehensiven Strategien. Lektürevorschläge sollten von den Lehrenden unterbreitet werden. Grundsätzlich gut geeignet sind Reiseführer, die sich an Kinder und Jugendliche richten, da sie zum einen die Sehenswürdigkeiten einer Stadt weniger ausführlich beschreiben als an Erwachsene adressierte und zum anderen häufig in einem einfacheren Stil als letztgenannte verfasst sind. Auch im Internet finden sich zahlreiche interessante und gut geeignete Texte, vgl. den folgenden Auszug:

> La grande ricchezza della Toscana [...] è il turismo, grazie all'immenso patrimonio artistico, oltre che naturale. Firenze, Siena, Pisa, Lucca, Arezzo, ad esempio, sono città colme d'arte e di storia, conosciute davvero in tutto il mondo. In questi luoghi operarono i più grandi personaggi del Medioevo e del Rinascimento Italiano (come Leonardo), il cui passaggio ha lasciato in eredità monumenti e opere d'arte mozzafiato.[20]

---

[20] https://www.focusjunior.it/scuola/geografia/geografia-ditalia-la-toscana/. Selbstverständlich müssen sprachliche Besonderheiten im Text, deren Kenntnis von den Studierenden nicht erwartet werden kann, von den Lehrkräften erläutert werden, im vorliegenden Fall bspw. die Tatsache, dass das Adjektiv *mozzafiato* unveränderlich ist. Auch seine Bedeu-

Es ist davon auszugehen, dass die Studierenden schon nach etwa vier Sitzungen in der Lage sind, sich Texte, die vom Schwierigkeitsgrad dem obigen Auszug ähneln, zu erschließen, auch unter Zuhilfenahme von Wörterbüchern und/oder Grammatiken.

Die Ziele des Kurses sind vielfältig. Zum einen werden die Studierenden, die in ‚ihren' Sprachen über eine sehr hohe Sprachkompetenz verfügen (sollten), in die Rolle von Lernenden im Anfangsunterricht einer unbekannten Sprache versetzt. Dabei machen sie beispielsweise die Erfahrung, dass es frustrierend sein kann, bei einem anspruchsvollen Hörtext nicht alle Verständnisfragen beantworten oder bestimmte Graphemfolgen nicht sofort korrekt aussprechen zu können. In speziellen Reflexionsphasen während des Kurses oder zu Hause beschreiben sie – im Plenum oder in Kleingruppen oder in einem Lerntagebuch – ihre Gefühle in den verschiedenen Phasen des Unterrichts und die von ihnen verwendeten Strategien beim Dechiffrieren der italienischen Texte. Damit entwickeln sie im Idealfall ein größeres Verständnis für ihre zukünftigen Schüler*innen, die, davon ist auszugehen, mehrheitlich sicher auch diverse Male im Verlauf ihrer Beschäftigung mit dem Französischen und/oder Spanischen neben Erfolgserlebnissen und damit einhergehender Freude ein Gefühl der Enttäuschung oder der Frustration über die eigene Leistung erfahren werden. Insbesondere das Französische leidet unter dem bei vielen Schüler*innen nach den beiden ersten Lernjahren festzustellenden Motivationslust, der u.a. der Tatsache geschuldet ist, dass sie Französisch als deutlich schwieriger als ihre erste Fremdsprache Englisch empfinden (Venus 2017).

Zum anderen sehen die Studierenden, dass im Unterricht ihrer vierten, fünften, sechsten etc. Fremdsprache Vieles gar nicht mehr so fremd ist, wie es auf den ersten Blick scheinen mag. Auch hier gilt selbstverständlich, dass das Vorwissen hochgradig individuell ist – vergleichbar mit der Situation im schulischen Klassenzimmer. Insbesondere im Fall nah verwandter Sprachen bestehen jedoch zahlreiche Transfermöglichkeiten, die sich für das Verständnis eines zielsprachlichen Textes nutzen lassen, in unserem Fall also vom Französischen und/oder Spanischen auf das Italienische. Klein & Stegmann (2000) stellen sie-

tung müsste den Studierenden angegeben werden, da es weder über eine romanische Sprache noch das Englisch ableitbar ist.

ben Bereiche vor, in denen die Studierenden lexikalische, lautliche und (morpho-)syntaktische Ähnlichkeiten entdecken können:

1. Der Internationale Wortschatz
2. Der Panromanische Wortschatz
3. Lautentsprechungen
4. Graphien und Aussprachen
5. Panromanische syntaktische Strukturen
6. Morphosyntaktische Elemente
7. Präfixe und Suffixe

Der Bereich des Wortschatzes ist sicherlich der ergiebigste Transferbereich (z.B. it. *la bottiglia*, fr. *la bouteille*, sp. *la botella*, engl. *the bottle* oder it. *curioso*, fr. *curieux*, sp. *curioso*, engl. *curious*, lat. *curiosus*), allerdings warnt u.a. Morkötter davor, das Potenzial morphosyntaktischer Strukturen auszublenden (2016, 24). Es gilt folglich, die Studierenden für den Transfer von ihren Ausgangssprachen[21] auf die Zielsprache Italienisch zu sensibilisieren, was ihnen die Weiterentwicklung der individuellen Sprachbewusstheit und Sprachlernkompetenz gestattet. Analog sollten die Studierenden in ihrer späteren Rolle als Lehrkräfte vorgehen. Zu Recht betont Bär (2011, 23) die Bedeutung des entdeckenden Lernens im Kontext des Interkomprehensionsunterrichts:

> Die Lehrpersonen sollten die Schüler deshalb einerseits immer wieder zum Vergleichen, Nachdenken, Besprechen, Weiterfragen, Rückfragen usw. anregen und sie andererseits zu einer selbstständigen Auseinandersetzung mit der Sprache führen.

Sowohl die individuelle Reflexion des eigenen Erschließungsprozesses als auch das gemeinsame Gespräch mit den anderen Teilnehmer*innen über das (unterschiedliche) Vorgehen beim Dekodieren des vermeintlich unbekannten Sprachmaterials bilden darüber hinaus einen wichtigen Bestandteil des Interkomprehensionsunterrichts.

Bezüglich der Ziele des Projekts im Bereich der funktionalen kommunikativen Kompetenz im Italienischen ist ganz klar zwischen produktiven und rezeptiven Teilkompetenzen zu unterscheiden. Während für die mündliche Kommu-

---

[21] Neben der/den studierte/n Sprache/n verfügen alle Kursteilnehmer*innen über Englischkenntnisse und, da an vielen Universitäten das Latinum nach wie vor obligatorisch für das Lehramtsstudium einer romanischen Sprache ist, auch über mehr oder weniger solide Lateinkenntnisse. Hinzu kommen eventuell Herkunftssprachen und/oder weitere in der Schule oder außerhalb erlernte Fremdsprachen.

nikation das Niveau A1+ anzusetzen ist, scheint im Bereich des Leseverstehens A2+ realistisch. Diese vergleichsweise steile Progression ist auf die sehr guten Kenntnisse der Studierenden in mindestens einer romanischen Sprache zurückzuführen. Es muss thematisiert werden, dass im schulischen Rahmen selbstverständlich eine Anpassung der Lernziele an das Alter bzw. die kognitive Reife der Lernenden und ihre Sprachenkenntnisse zu erfolgen hat.

4.   Ausblick

Der hier vorgestellte Italienischkurs vermag unseres Erachtens einen nicht zu unterschätzenden Beitrag zur Entwicklung einer mehrsprachigkeitssensiblen professionellen Handlungskompetenz angehender Französisch- und/oder Spanischlehrkräfte zu leisten. Wenn Studierende bereits in ihrer universitären Ausbildung den Themen Mehrsprachigkeit, Sprachbewusstheit und Sprachlernkompetenz im Rahmen der hier skizzierten Lehrveranstaltung begegnen und sich auf die Herausforderungen in der späteren schulischen Praxis gut vorbereitet fühlen, steigt, so unsere Überzeugung, die Wahrscheinlichkeit, dass sie als Lehrer*innen diesen Themen auch tatsächlich eine große Bedeutung beimessen und sie als unverzichtbare Bausteine ihres Unterrichts erachten werden.

In einem nächsten Schritt wäre die hier skizzierte Lehrveranstaltung konkret für ein Semester inhaltlich zu planen und an verschiedenen Universitäten im Rahmen eines Modellversuchs mit Studierenden des Französischen bzw. Spanischen durchzuführen. Daran anschließen müsste sich eine umfassende Evaluation, in deren Rahmen verschiedene Forschungsfragen eine Rolle spielen sollten. Für eine Sensibilisierung der Studierenden in Bezug auf Mehrsprachigkeit, für eine Stärkung der individuellen Sprachlernkompetenz und der Sprachbewusstheit ist dabei nicht nur der Wissens- bzw. Kompetenzerwerb der zukünftigen Lehrer*innen als relevanter Indikator anzusehen. Wie Paetsch & Wagner & Darsow (2017, 131) betonen, „ist auch die Zufriedenheit mit der entsprechenden Lehre ein wichtiger Faktor, den es zu berücksichtigen gilt, möchte man das Lehrangebot verbessern". Daher sollte auf eine offene schriftliche Befragung der Studierenden nicht verzichtet werden. Zwar ist aufgrund theoretischer Überlegungen sowie der Ergebnisse empirischer Studien zu Interkomprehension im

Hochschulunterricht (z.B. Mordellet-Roggenbuck 2011) eine hohe Zufriedenheit der Studierenden mit dem skizzierten, einsemestrigen Italienischunterricht zu erwarten, dennoch sollte nicht versäumt werden, die Studierenden nach Verbesserungsmöglichkeiten zu befragen, um die Struktur und die inhaltliche Ausgestaltung der Lehrveranstaltung zu optimieren.

Damit stellt sich die Frage nach den Möglichkeiten der Verankerung eines solchen Kurses in den Studienordnungen der Lehramtsfächer Französisch und Spanisch.[22] Sind die zu erwartenden Wissens- und Kompetenzzuwächse sowie die Veränderungen in den Bereichen der Sprachbewusstheit und der Einstellungen zu Mehrsprachigkeit bedeutend genug, um die Aufnahme eines solchen Kurses in die Studienordnungen zu rechtfertigen? Eingangs haben wir darauf hingewiesen, dass die Zahl der verpflichtenden Lehrveranstaltungen in einem Studiengang nicht beliebig erhöht werden kann. Allerdings ermutigen eine Reihe von aktuell gültigen Studienordnungen zumindest zur Diskussion über die Inhalte. So erscheint die Frage legitim, ob von den fünf Kursen zur Landeskunde Frankreichs und der Frankophonie, die an der Julius-Maximilians-Universität Würzburg im Studiengang Französisch für das Lehramt an Gymnasien obligatorisch besucht werden müssen, nicht einer zugunsten der hier beschriebenen Lehrveranstaltung gestrichen werden könnte.[23] Es soll an dieser Stelle keinesfalls der Versuch unternommen werden, die verschiedenen Säulen des Französisch- bzw. Spanischstudiums gegeneinander auszuspielen und die Fachdidaktik im Vergleich zur Linguistik, zur Literatur- und Kulturwissenschaft, zur Landeskunde und zur Sprachpraxis als bedeutender darzustellen. Mit Blick auf die spätere Tätigkeit der Lehramtsstudierenden wollen wir aber mit Meißner (2016, 238) abschließend festhalten:

> Die Qualität zukünftigen Fremdsprachenunterrichts wird auch davon abhängen, inwieweit Lehrkräfte interkomprehensionsdidaktische Verfahren lernwirksam in ihren Unterricht einbeziehen (können).

---

[22] Selbstverständlich sollte es auch ein entsprechendes Angebot für Lehramtsstudierende des Italienischen geben. Hier bietet sich die Beschäftigung mit dem Spanischen an.

[23] Es handelt sich um die folgenden Lehrveranstaltungen: Einführung in die Landeskunde Frankreichs, Einführung in die Landeskunde der Frankophonie, Landeskunde und Kulturwissenschaft 1, Landeskunde und Kulturwissenschaft 2, Landeskunde und Kulturwissenschaft 3 (http://www.romanistik.uni-wuerzburg.de/studium/lehramt/lehramt-po-201516/).

Bibliographie

ALA = ASSOCIATION FOR LANGUAGE AWARENESS. o.J. „About", http://www.language awareness.org/?page_id=48.

ALCÓN, Eva & SAFONT JORDÀ, Maria Pilar. 2010. „Pragmatic Awareness in Second Language Acquisition", in: Cenoz, Jasone & Hornberger, Nancy. edd. *Encyclopedia of Language and Education*, Bd. 6: *Knowledge about Language*. Berlin: Springer, 193-204.

ANDRESEN, Helga & FUNKE, Reinold. [2]2006. „Entwicklung sprachlichen Wissens und sprachlicher Bewusstheit", in: Bredel, Ursula & Günther, Hartmut & Klotz, Peter & Ossner, Jakob & Siebert-Ott, Gesa. edd. *Didaktik der deutschen Sprache – ein Handbuch*. Bd. 1. Weinheim/Basel: Beltz, 438-451.

ANDREWS, Stephen. 2007. *Teacher language awareness*. Cambridge: Cambridge University Press.

ANDREWS, Stepehen & LIN, Angel M.Y. 2018. „Language Awareness and Teacher Development", in: Garrett, Peter & Cots, Josep M. edd. *The Routledge Handbook of Language Awareness*. London/New York: Routledge, 57-74.

BÄR, Marcus. 2010. „Motivation durch Interkomprehensionsunterricht – empirisch geprüft", in: Doyé, Peter & Meißner, Franz-Joseph. edd. *Lernerautonomie durch Interkomprehension. Projekte und Perspektiven – Promoting Learner Autonomy Through Intercomprehension. Projects and Perspectives – L'autonomisation de l'apprenant par l'intercompréhension. Projets et perspectives*. Tübingen: Narr, 281-290.

BÄR, Marcus. 2011. „Interkomprehension – Nicht ‚nur' ein Weg zur Förderung individueller Mehrsprachigkeit", in: *Die Neueren Sprachen* 2, 21-32.

BIMMEL, Peter & RAMPILLON, Ute. [2]2001. *Lernerautonomie und Lernstrategien – Fernstudienprojekt zur Fort- und Weiterbildung im Bereich Germanistik und Deutsch als Fremdsprache*. Berlin et al.: Langenscheidt.

BORG, Simon. 2018. „Teachers' Beliefs and Classroom Practices", in: Garrett, Peter & Cots, Josep M. edd. *The Routledge Handbook of Language Awareness*. London/New York: Routledge, 75-91.

BRUNNER, Marie-Louise. 2017. „Interkomprehensionsdidaktik in der Praxis: Eine Fallstudie zu interkomprehensiven Erschließungsprozessen in Lautdenkprotokollen von Studierenden einer deutschen Universität", in: *Zeitschrift für interkulturellen Fremdsprachenunterricht* 22, 2, 128-142.

BYRAM, Michael. 1997. *Teaching and Assessing Intercultural Communicative Competence*. Clevedon: Multilingual Matters.

CARLISLE, Joanne & MCBRIDE-CHANG, Catherine & NAGY, William & NUNES, Terezinha. 2010. „Effects of Instruction in Morphological Awareness on Literacy Achievement – An Integrative Review", in: *Reading Research Quarterly* 45/4, 464-487.

CASPARI, Daniela. 2018. „Reflexives Fremdsprachenlernen – eine Chance zur Verbindung von Fachlichkeit und Bildungsauftrag im Fremdsprachenunterricht", in: *Fremdsprachen lehren und lernen* 47/1, 72-87.

CHADWICK, Timothy. 2013. *Language awareness in teaching: A toolkit for content and language teachers*. Cambridge: Cambridge University Press.

COTS, Josep M. & GARRETT, Peter. 2018. „Language Awareness – Opening Up the Field of Study", in: Garrett, Peter & Cots, Josep M. edd. *The Routledge Handbook of Language Awareness*. London/New York: Routledge, 1-19.

DOETJES, Gerke. 2010. *Akkomodation und Sprachverstehen in der interskandinavischen Kommunikation.* Dissertation Universität Hamburg, ediss.sub.uni-hamburg.de/volltexte/ 2010/ 4805/pdf/Doetjes_2010_Dissertation.pdf.

DOYÉ, Peter. 2004. „A methodological framework for the teaching of intercomprehension", in: *Language Learning Journal* 30, 59-68.

DOYÉ, Peter. 2005. *Intercomprehension. Guide for the development of language education policies in Europe: from linguistic diversity to plurilingual education. Reference study.* Strasbourg: Council of Europe, rm.coe.int/intercomprehension/1680874594.

DOYÉ, Peter. 2010. „Interkomprehensives Lernen als ein Weg zur Selbstständigkeit", in: Doyé, Peter & Meißner, Franz-Joseph. edd. *Lernerautonomie durch Interkomprehension. Promoting Learner Autonomy Through Intercomprehension. L'autonomisation de l'apprenant par l'intercompréhension.* Tübingen: Narr, 128-145.

EICHLER, Wolfgang & NOLD, Günter. 2007. „Sprachbewusstheit", in: Beck, Bärbel & Klieme, Eckhard. edd. *Sprachliche Kompetenzen – Konzepte und Messungen – DESI-Studie (Deutsch Englisch Schülerleistungen International).* Weinheim/Basel: Beltz, 63-82, https://www.pedocs.de/volltexte/2010/3231/pdf/Eichler_Nold_Sprachbewusstheit_2007_ D_A.pdf.

FAIRCLOUGH, Norman. 1992. *Critical Language Awareness.* London: Longman.

FREY, Andreas. [2]2014. „Kompetenzmodelle und Standards in Lehrerbildung und Lehrerberuf", in: Terhart, Ewald & Bennewitz, Hedda & Rothland, Martin. edd. *Handbuch der Forschung zum Lehrerberuf.* Münster: Waxmann, 540-572.

GARRETT, Peter & COTS, Josep M. 2018. *The Routledge Handbook of Language Awareness.* London/New York: Routledge.

GLINZ, Hans. [2]2006. „Geschichte der Didaktik der Grammatik", in: Bredel, Ursula & Günther, Hartmut & Klotz, Peter & Ossner, Jakob & Siebert-Ott, Gesa. edd. *Didaktik der deutschen Sprache – ein Handbuch.* Bd. 1. Weinheim/Basel: Beltz, 423-437.

GNUTZMANN, Claus. [3]1997. „Language Awareness, Sprachbewusstheit, Sprachbewusstsein", in: Bausch, Karl-Richard & Christ, Herbert & Krumm, Hans-Jürgen. edd. *Handbuch Fremdsprachendidaktik.* Tübingen: Francke, 335-339.

GNUTZMAN, Claus. [6]2016. „Sprachenbewusstheit und Sprachlernkompetenz", in: Burwitz-Melzer, Eva & Mehlhorn, Grit & Riemer, Claudia & Bausch, Karl-Richard & Krumm, Hans-Jürgen. edd. *Handbuch Fremdsprachenunterricht.* Tübingen: Francke, 144-149.

GRENFELL, James & HARRIS, Vee. 2017. *Language Learner Strategies: Contexts, Issues and Applications in Second Language Learning and Teaching.* London et al.: Bloomsbury.

HALLET, Wolfgang. 2006. *Didaktische Kompetenzen: Lehr- und Lernprozesse erfolgreich gestalten.* Stuttgart: Klett.

HATTIE, John. 2009. *Visible Learning: A synthesis of over 800 meta-analyses relating to achievement.* London et al.: Routledge.

HAYASHI, Yoku & MURPHY, Victoria. 2013. „On the nature of morphological awareness in Japanese-English bilingual children – a cross-linguistic perspective", in: *Language and Cognition* 16, 49-67.

HELLMIG, Frank & WERNKE, Stephan. 2009a. „Vorwort der Herausgeber", in: Hellmig, Frank & Wernke, Stephan. edd. *Lernstrategien im Grundschulalter: Konzepte, Befunde und praktische Implikationen.* Stuttgart: Kohlhammer, 7-12.

HELLMIG, Frank & WERNKE, Stephan. 2009b. „Was sind Lernstrategien und warum sind sie wichtig?", in: Hellmig, Frank & Wernke, Stephan. edd. *Lernstrategien im Grundschulalter: Konzepte, Befunde und praktische Implikationen*. Stuttgart: Kohlhammer, 13-24.

HELLMIG, Frank & WERNKE, Stephan. edd. 2009c. *Lernstrategien im Grundschulalter: Konzepte, Befunde und praktische Implikationen*. Stuttgart: Kohlhammer.

HINNEBERG, Sabrina. 2005. *Sprachbewusstheit und Aphasie – Eine Untersuchung metasprachlicher Fähigkeiten*. Hamburg: Dr. Kovač.

HOHM, Michael. 2005. *Zum Zusammenhang von Sprachbewusstheit, Lesekompetenz und Textverstehen – Historische, fachdidaktische und unterrichtspraktische Aspekte der Problematik*. Würzburg: Inaugural-Dissertation, https://opus.bibliothek.uni-wuerzburg.de/opus4 -wuerzburg/frontdoor/deliver/index/docId/1653/file/hohm.pdf.

HÜLLEN, Werner. 2005. *Kleine Geschichte des Fremdsprachenlernens*. Berlin: Erich Schmidt.

JAMES, Carl & GARRETT, Peter. 1992. *Language Awareness in the Classroom*. London: Longman.

JENSEN, John B. 1989. „On the Mutual Intelligibility of Spanish and Portuguese", in: *Hispania* 72, 4, 848-852.

KARGL, Reinhard & PURGSTALLER, Christian. 2016. „Morphematische Bewusstheit – Eine große Chance für die Förderung der Schriftsprache", in: Stitzinger, Ulrich & Sallat, Stephan & Lüdtke, Ulrike. edd. *Sprache und Inklusion als Chance?! Expertise, Innovation für Kita, Schule und Praxis*. Idstein: Schulz-Kirchner, 201-208.

KATELHÖN, Peggy. 2013. „Ortografia e grafematica", in: Bosco Coletsos, Sandra & Costa, Marcella. edd. *Italiano e tedesco: Questioni di linguistica contrastiva*. Torino: Edizioni dell'Orso, 21-37.

KLEIN, Horst G. 2006. „EuroCom: Leseverstehen im Bereich der romanischen Sprachen", in: *Babylonia* 3-4/06, 57-61.

KLEIN, Horst G. & STEGMANN, Tilbert D. ^{3}2000. *EuroComRom – Die sieben Siebe: Romanische Sprachen sofort lesen können*. Aachen: Shaker.

KLEIN, Horst G. & RUTKE, Dorothea. 2005. *Italienisch interkomprehensiv. Italienisch sofort lesen können*. Aachen: Shaker.

KMK = STÄNDIGE KONFERENZ DER KULTUSMINISTER DER LÄNDER. ed. 2003. *Bildungsstandards für die erste Fremdsprache (Englisch/Französisch) für den Mittleren Schulabschluss – Beschluss vom 4.12.2003*. München: Wolters Kluwer, https://www.kmk.org/file admin/veroeffentlichungen_beschluesse/2003/2003_12_04-BS-erste-Fremdsprache.pdf.

KMK = STÄNDIGE KONFERENZ DER KULTUSMINISTER DER LÄNDER. ed. 2004a. *Bildungsstandards für das Fach Deutsch im Primarbereich – Beschluss vom 15.10.2004*. München: Wolters Kluwer, https://www.kmk.org/fileadmin/Dateien/veroeffentlichungen_beschlues se/2004/2004_10_15-Bildungsstandards-Deutsch-Primar.pdf.

KMK = STÄNDIGE KONFERENZ DER KULTUSMINISTER DER LÄNDER. ed. 2004b. *Bildungsstandards für das Fach Mathematik im Primarbereich – Beschluss vom 15.10.2004*. München: Wolters Kluwer, https://www.kmk.org/fileadmin/Dateien/veroeffentlichungen_beschlues se/2004/2004_10_15-Bildungsstandards-Mathe-Primar.pdf.

KMK = STÄNDIGE KONFERENZ DER KULTUSMINISTER DER LÄNDER. ed. 2012. *Bildungsstandards für die fortgeführte Fremdsprache (Englisch/Französisch) für die Allgemeine Hochschulreife – Beschluss vom 18.10.2012*. München: Wolters Kluwer, https://www.kmk. org/fileadmin/veroeffentlichungen_beschluesse/2012/2012_10_18-Bildungsstandards-Fort gef-FS-Abi.pdf.

KMK = STÄNDIGE KONFERENZ DER KULTUSMINISTER DER LÄNDER. ed. ²2014. *Standards für die Lehrerbildung: Bildungswissenschaften* – Beschluss der Kultusministerkonferenz vom 16.12.2004 i. d. F. vom 12.06.2014. Berlin/Bonn: o.V., https://www.kmk.org/fileadmin /Dateien/veroeffentlichungen_beschluesse/2004/2004_12_16-Standards-Lehrerbildung-Bil dungswissenschaften.pdf.

KMK = STÄNDIGE KONFERENZ DER KULTUSMINISTER DER LÄNDER. ed. ²2017. *Ländergemeinsame inhaltliche Anforderungen für die Fachwissenschaften und Fachdidaktiken in der Lehrerbildung* – Beschluss der Kultusministerkonferenz vom 16.10.2008 i. d. F. vom 16.03.2017. Berlin/Bonn: o.V., https://www.kmk.org/fileadmin/Dateien/veroeffentlich ungen_beschluesse/2008/2008_10_16-Fachprofile-Lehrerbildung.pdf.

KNAPP-POTTHOFF, Annelie. 1997. „Srach(lern)bewusstheit im Kontext", in: *Fremdsprachen lehren und lernen* 26, 9-23.

KOCH, Corinna. 2017. „Curriculare Vorgaben für den Spanischunterricht in Deutschland", in: Grünewald, Andreas & Küster, Lutz. edd. *Fachdidaktik Spanisch: Handbuch für Theorie und Praxis.* Stuttgart: Ernst Klett Sprachen, 28-36.

KRECHEL, Hans-Ludwig. 2014. „Kriterien guten Französischunterrichts", in: Krechel, Hans-Ludwig. ed. *Französisch unterrichten: planen, durchführen, reflektieren.* Berlin: Cornelsen, 6-12.

KRUMM, Hans-Jürgen. ⁶2016. „Kompetenzen der Sprachlehrenden", in: Burwitz-Melzer, Eva & Mehlhorn, Grit & Riemer, Claudia & Bausch, Karl-Richard & Krumm, Hans-Jürgen. edd. *Handbuch Fremdsprachenunterricht.* Tübingen: Francke, 311-315.

KUHFUß, Walter. 2014. *Eine Kulturgeschichte des Französischunterrichts in der frühen Neuzeit: Französischlernen am Fürstenhof, auf dem Marktplatz und in der Schule in Deutschland.* Göttingen: V & R Unipress.

LIER, Leo van. 1998. „The relationship between consciousness, interaction and language learning", in: *Language Awareness* 7, 128-145.

LLANES, Àngels. 2018. „The Role of Language Awareness in a Study Abroad Context", in: Garrett, Peter & Cots, Josep M. edd. *The Routledge Handbook of Language Awareness.* London/New York: Routledge, 275-289.

LOHMANN, Christa. 2015. „Lernstrategien: Anleitung zum autonomen Lernen – Schülerinnen und Schüler lernen, ihren Lernfortschritt eigenständig zu organisieren", in: *Praxis Englisch* 9, 44f.

MARTIN, Hannelore. 2013. „Die Förderung von Sprachlernkompetenz von Anfang an – Chancen vernetzten Fremdsprachenlernens auf der Basis mehrsprachigkeitsdidaktischer Ansätze", in: Franke, Manuela & Schöpp, Frank. edd. *Auf dem Weg zu kompetenten Schülerinnen und Schülern: Theorie und Praxis eines kompetenzorientierten Fremdsprachenunterrichts im Dialog.* Stuttgart: Ibidem, 181-202.

MEIßNER, Franz-Joseph. 2010. „Interkomprehensionsforschung", in: Hallet, Wolfgang & Königs, Frank G. edd. *Handbuch Fremdsprachendidaktik.* Seelze: Klett/Kallmeyer, 381-386.

MEIßNER, Franz-Joseph. 2016. „Interkomprehension", in: Burwitz-Melzer, Eva & Mehlhorn, Grit & Riemer, Claudia & Bausch, Karl-Richard & Krumm, Hans-Jürgen. edd. *Handbuch Fremdsprachenunterricht.* Tübingen: Francke, 234-239.

MEIßNER, Franz-Joseph. 2017. „The Core Vocabulary of Romance Plurilingualism: the CVRP-project", in: Ambrosch-Baroua, Tina & Kropp, Amina & Müller-Lancé, Johannes. edd. *Mehrsprachigkeit und Ökonomie.* München: Universitätsbibliothek der Ludwig-Maximilians-Universität, 91-106.

MICHLER, Christine. 2013. „Methodische Kompetenzen im Französischunterricht – Lernstrategien als Grundlage des lebenslangen Lernens", in: Franke, Manuela & Schöpp, Frank. edd. *Auf dem Weg zu kompetenten Schülerinnen und Schülern: Theorie und Praxis eines kompetenzorientierten Fremdsprachenunterrichts im Dialog.* Stuttgart: Ibidem, 55-78.

MORDELLET-ROGGENBUCK, Isabelle. 2011. *Herausforderung Mehrsprachigkeit. Interkomprehension und Lesekompetenz in den zwei romanischen Sprachen Französisch und Spanisch.* Landau: Verlag Empirische Pädagogik.

MORKÖTTER, Steffi. 2011. „Frühe Interkomprehension zu Beginn der Sekundarstufe", in: Baur, Ruprecht & Hufeisen Britta. edd. *„Vieles ist sehr ähnlich." – Individuelle und gesellschaftliche Mehrsprachigkeit als bildungspolitische Aufgabe.* Baltmannsweiler: Schneider Verlag Hohengehren, 201-223.

MORKÖTTER, Steffi. 2016. *Förderung von Sprachlernkompetenz zu Beginn der Sekundarstufe: Untersuchungen zu früher Interkomprehension.* Tübingen: Narr Francke Attempto.

NATION, Paul. 2010. „Lexical Awareness in Second Language Learning", in: Cenoz, Jasone & Hornberger, Nancy. edd. *Encyclopedia of Language and Education,* Bd. 6: *Knowledge about Language.* Berlin: Springer, 167-178.

NIESEN, Heike. 2018. „Förderung mehrsprachigkeitssensibler professioneller Handlungskompetenz angehender Englischlehrkräfte", in: *Zeitschrift für Interkulturellen Fremdsprachenunterricht* 23, 1, 121-134.

OOMEN-WELKE, Ingelore. [2]2006. „Entwicklung sprachlichen Wissens und Bewusstseins im mehrsprachigen Kontext", in: Bredel, Ursula & Günther, Hartmut & Klotz, Peter & Ossner, Jakob & Siebert-Ott, Gesa. edd. *Didaktik der deutschen Sprache – ein Handbuch.* Bd. 1. Weinheim/Basel: Beltz, 452-463.

PAETSCH, Jennifer & WAGNER, Fränze Sophie & DARSOW, Annkathrin. 2017. „Prädikatoren der Zufriedenheit von Lehramtsstudierenden mit den Berliner Deutsch-als-Zweitsprache-Modulen. Ansatzpunkte für Veränderungsmaßnahmen in der Hochschullehre", in: Jostes, Brigitte & Caspari, Daniela & Lütke, Beate. edd. *Sprachen – Bilden – Chancen: Sprachbildung in Didaktik und Lehrkräftebildung.* Münster: Waxmann, 127-149.

PISKE, Thorsten. 2010. „Phonetic Awareness, Phonetic Sensitivity and the Second Language Learner", in: Cenoz, Jasone & Hornberger, Nancy. edd. *Encyclopedia of Language and Education,* Bd. 6: *Knowledge about Language.* Berlin: Springer, 155-166.

REISSNER, Christina. 2010. „Europäische Interkomprehension in und zwischen Sprachfamilien", in: Hinrichs, Uwe. ed. *Handbuch der Eurolinguistik.* Wiesbaden: Harrowitz, 821-842.

ROBERTS, Anthony David. 2011. *The Role of Metalinguistic Awareness in the Effective Teaching of Foreign Languages.* Oxford et al.: Peter Lang.

ROBINSON, Peter & MACKEY, Alison & GASS, Susan M. & SCHMIDT, Richard. 2014. „Attention and awareness in second language acquisition", in: Gass, Susan M. & Mackey, Alison. edd. *The Routledge Handbook of Second Language Acquisition.* London et al.: Routledge, 247-267

SCHEERER-NEUMANN, Gerheid & RITTER, Christiane. 2006. „Phonologische Bewusstheit & Fallstudie zur Phonologischen Bewusstheit", in: Landesinstitut für Schule und Medien Brandenburg. ed. *Sieben diagnostische Verfahren – ein Reader zum Leitfaden «ILeA 1 – Individuelle Lernstandsanalysen in den ersten sechs Schulwochen und darüber hinaus»,* Kap. 5 & 6, https://bildungsserver.berlin-brandenburg.de/fileadmin/bbb/unterricht/ rahmenlehrplaene/grundschule/lernstandsanalyse/pdf_ilea1_reader/0._Vorwort.pdf.

SCHMELTER, Lars. 2015. „Klein. Aber fein? – Ein minimalinvasiver Weg zur schulischen Förderung von Mehrsprachigkeit", in: Hoffmann, Sabine & Stork, Antje. edd. *Lernerorientierte Fremdsprachenforschung und -didaktik. Festschrift für Frank G. Königs zum 60. Geburtstag.* Tübingen: Narr, 85-96.

SCHMIDT, Richard. ed. 1995. *Attention and Awareness in Foreign Language Teaching.* Manoa: Second Language Teaching & Curriculum Center, University of Hawaii at Manoa.

SCHNUCH, Johanna. 2018. *Language Awareness bei mehrsprachigen Kindern.* Köln: Inaugural-Dissertation.

SOHRABI, Parvaneh. 2017. „Zur Rolle von Lernstrategien bei der Informationsverarbeitung", in: Roche, Jörg & Suñer, Ferran. edd. *Sprachenlernen und Kognition: Grundlagen einer kognitiven Sprachendidaktik.* Tübingen: Narr, 240-256.

SPITTA, Gudrun. 2000. „Sind Sprachbewusstheit und Sprachbewusstsein dasselbe? oder Gedanken zu einer vernachlässigten Differenzierung", in: *Deutschdidaktische Perspektiven – eine Schriftenreihe des Studiengangs Primarstufe an der Universität Bremen im Fachbereich 12: Bildungs- und Erziehungswissenschaften,* https://elib.suub.uni-bremen.de/edocs/00101144-1.PDF.

STATISTISCHES BUNDESAMT. 2018. *Bildung und Kultur. Allgemeinbildende Schulen. Schuljahr 2017/18.* https://www.destatis.de/DE/Themen/Gesellschaft-Umwelt/Bildung-Forschung-Kultur/Schulen/Publikationen/Downloads-Schulen/allgemeinbildende-schulen-2110100187004.pdf?__blob=publicationFile.

VENUS, Theresa. 2017. *Einstellungen als individuelle Lernervariable. Schülereinstellungen zum Französischen als Schulfremdsprache – Deskription, Korrelationen und Unterschiede.* Tübingen: Narr.

WILLEMS, Aline. 2013. *Französischlehrwerke im Deutschland des 19. Jahrhunderts – eine Analyse aus sprachwissenschaftlicher, fachdidaktischer und kulturhistorischer Perspektive.* Stuttgart: Ibidem.

Ein Versuch zur Didaktisierung einer ladinischen Schulgrammatik[1]

Ruth Videsott (Brixen)

1. Einleitung

Der folgende Beitrag bietet neben einem kurzen Überblick über das ladinische Schulsystem in Südtirol eine Einsicht in die soziolinguistischen Aspekte des Ladinischen an den ladinischen Schulen. Darauf aufbauend wird ein Projekt vorgestellt, welches auf der Didaktisierung einer ladinischen Schulgrammatik für die Grundstufe beruht und aus der engen Zusammenarbeit zwischen der Ladinischen Abteilung der Fakultät für Bildungswissenschaften der Freien Universität Bozen und dem Ladinischen Schulamt in Südtirol gewachsen ist.

Im vorliegenden Text wird insbesondere auf die integrierte Sprachendidaktik eingegangen, die bereits seit mehreren Jahren an den oben genannten Schulen angewandt wird und auch für die Erarbeitung des hier präsentierten Lehrmaterials eine der Grundmethoden darstellt. Dabei geht es darum, einen möglichst konkreten und reflexionsorientierten Sprachvergleich im Sprachunterricht zu ermöglichen. Es stellt sich heraus, dass insbesondere die Zweitsprachen Deutsch und Italienisch oft zum besseren Verständnis von Charakteristika des Ladinischen gut beitragen können.

2. Das ladinische Schulsystem als mehrsprachiges Modell

Durch das erste Autonomiestatut 1948 wird an den ladinischen Schulen in Südtirol das paritätische Modell[2] eingeführt, welches jedoch erst mit dem 2. Autonomiestatut 1972 in Bezug auf den Artikel 19 als System eine verfassungs-

---

[1] Eine in einigen Teilen gleiche italienische Version des Beitrags wurde bereits in *Ladinia* 42 (Videsott 2018, 211ff.) publiziert. Der vorliegende Beitrag ist in einigen Aspekten erweitert worden.

[2] Zum ladinischen Schulsystem vgl. insbesondere Rifesser (1992), (2006); Verra (2000), (2011), (2020); Videsott (2008); Vittur (1994). Das paritätische System wird von der Grund- bis zur Oberstufe der ladinischen Ortschaften in Südtirol gewährleistet.

rechtliche Absicherung erhält. Artikel 19 des Statuts ist in der Handhabung der Sprachen sehr deutlich:

> Die ladinische Sprache wird in den Kindergärten verwendet und in den Grundschulen der ladinischen Ortschaften gelehrt. Dort dient diese Sprache auch als Unterrichtssprache in den Schulen jeder Art und jeden Grades. In diesen Schulen wird der Unterricht auf der Grundlage gleicher Stundenzahl und gleichen Enderfolges in Italienisch und in Deutsch erteilt (Artikel 19 des Autonomiestatuts).[3]

Für das Ladinische als Muttersprache sind zwei Wochenstunden *Ladinisch* vorgesehen. Ab der vierten Klasse Grundstufe kommen zwei Stunden Englischunterricht hinzu. Ausschließlich die Fächer Religion und Musik werden dreisprachig unterrichtet. Seit mehreren Jahren gibt es im ladinischen Curriculum zudem das Fach ELI (*Educaziun Linguistica Integrada* – Integrierte Sprachendidaktik)[4], das dem konkreten Sprachvergleich zwischen den Unterrichtssprachen einmal wöchentlich gewidmet ist.

Im Folgenden wird ein typischer Wochenstundenplan einer vierten Klasse an einer ladinischen Schule dargestellt:

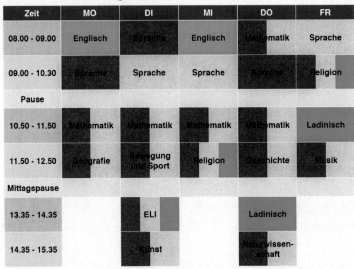

Zeit	MO	DI	MI	DO	FR
08.00 - 09.00	Englisch	Sprache	Englisch	Mathematik	Sprache
09.00 - 10.30	Sprache	Sprache	Sprache	Sprache	Religion
Pause					
10.50 - 11.50	Mathematik	Mathematik	Mathematik	Mathematik	Ladinisch
11.50 - 12.50	Geografie	Bewegung und Sport	Religion	Geschichte	Musik
Mittagspause					
13.35 - 14.35		ELI		Ladinisch	
14.35 - 15.35		Kunst		Naturwissenschaft	

Tab. 1: Wochenstundenplan für eine 4. Klasse an einer ladinischen Grundschule.

---

[3] http://www.sgbcislschule.it/download/135dextutFbNu.pdf.
[4] Siehe Kapitel 4.1 zur integrierten Sprachendidaktik.

Auffällig ist in der Tabelle insbesondere die Farbenwahl, die auf einem System beruht, wonach jede Farbe einer Sprache zugeordnet ist: Grün steht für Ladinisch, Rot für Deutsch, Gelb für Italienisch und schließlich Blau für Englisch. Die Kinder werden bereits im Kindergarten mit diesem Farbensystem vertraut gemacht, sodass der Einstieg in die Schule in Bezug auf die Sprachendidaktik erleichtert wird. Durch die Tabelle wird gleich auf den ersten Blick der ausgewogene Sprachgebrauch ersichtlich. Wann und wie die Unterrichtssprachen in den verschiedenen Fächern angewandt werden, abgesehen vom eigentlichen Sprachunterricht, obliegt der Schuldirektion. Es muss jedoch der paritätische Wechsel bereits ab der ersten Klasse gewährleistet sein. Folgende Zielsetzungen stellen die Grundlage des paritätischen Systems dar (Verra 2000, 76):

a) Die Förderung und Pflege der ladinischen Sprache und Kultur
b) Die Gewährleistung einer guten Sprachkompetenz der Unterrichtssprachen Deutsch und Italienisch

Dies bedeutet, dass die Schülerinnen und Schüler der ladinischen Schule einerseits die Lernziele der jeweiligen Fächer erreichen müssen und andererseits ihre Sprach- und Kommunikationskompetenz in den jeweiligen Unterrichtssprachen dadurch stärken sollen. Dabei gibt es einen wesentlichen Unterschied zwischen den Unterrichtssprachen: Während Deutsch und Italienisch auch als Unterrichtssprachen für Sachfächer gebraucht werden, bleibt das Ladinische ausschließlich Unterrichtssprache im Fach Ladinisch (abgesehen von den bereits angesprochenen Ausnahmen), was sicherlich mit großen Nachteilen verbunden ist, wenn man bedenkt, dass dieses Fach lediglich zwei Wochenstunden des gesamten Stundenplans deckt.[5]

3.   Der soziolinguistische Kontext des Ladinischen in Südtirol

Das Ladinische als Minderheitensprache ist in Südtirol durch eine äußere sowie starke innere Mehrsprachigkeit charakterisiert. Erstere ist durch den Kontakt mit den angrenzenden großen Sprachen Deutsch und Italienisch gegeben, welche –

---

[5] Anders ist der Sprachgebrauch des Ladinischen an den ladinischen Schulen des Fassatals: Neben der einen Ladinischstunde pro Woche wird das Fassanische auch für Sachfächer verwendet (vgl. dazu Florian 2011). Dadurch erhält das Ladinische als Muttersprache eine größere Sichtbarkeit.

diachron wie synchron betrachtet – einen in einigen Aspekten oft dominanten Einfluss auf das Ladinische hatten.[6] Diese äußere Mehrsprachigkeit spiegelt auch die Handhabung der Sprachen an den Schulen wider, wie im obigen Kapitel bereits beschrieben. Hinzu kommt die Tatsache, dass das Ladinische durch eine relevante Anzahl an mehreren gesprochenen Varietäten gekennzeichnet ist, neben der Schriftnorm, die ebenso von Idiom zu Idiom variiert. So existieren im Gadertal neben der Standardvariante für die Schriftsprache *Ladin scrit dla Val Badia* (LSB) mindestens drei dialektale Varietäten, die das Gadertal (*Val Badia*) zudem auch geographisch aufteilen: das *Badiot* (BAD) im oberen Gadertal (85, 89, 90, 91) auf der untenstehenden Karte aus dem ALD), das *Ladin zentral* (LZ) im Zentralgadertal (83, 84) und das *Mareo* (MAR – Ennebergisch) im Seitental Enneberg (81, 82). Für das Grödnerische (*Gherdëina* – 86, 87, 88) hingegen sind diese großen dialektalen Unterschiede auf wenige Aspekte reduziert.

Abb. 2: Karte aus dem ALD-II entnommen
http://ald2.sbg.ac.at/a/index.php/de/daten/stumme-karten/mit-polygonen/ und zugeschnitten

Somit zeigt sich das Gesamtbild des Ladinischen in Südtirol bereits sehr facettenreich, was seine dialektale Eingliederung anbelangt. Zudem kommt auch für die Ladinischsprechenden hinzu, dass der angrenzende Südtiroler Dialekt mit

---

[6] Vgl. dazu insbesondere Craffonara (1995). Craffonara geht unter anderem auf die vielen linguistischen Einflüsse des Italienischen und Deutschen ein, die das Ladinische in seiner Sprachentwicklung mitgestaltet haben.

Sicherheit einen engeren Kontakt darstellt als das Hochdeutsch, welches fast ausschließlich in institutionellen Kontexten gebraucht wird.[7] Somit sind Sprachkontaktphänomene im konkreten Sprachgebrauch des Ladinischen sehr häufig, z.B. die vielen Fälle von *Code-mixing* und *Code-switching*, wobei das Italienische sowie das Deutsche sogar parallel im Zusammenhang mit dem Ladinischen auftauchen können, wie die folgenden Beispiele aus einer *Facebook* (1) und *WhatsApp* (2) Nachricht zeigen[8]:

1)
Carissimi amici de [Nickname] y [Nickname], ses einfach fortiscimi! Un ciafé tröpiscimi goti pur fa pasteln.
[Liebe Freunde von [Nickname] und [Nickname], ihr seid einfach super. Wir haben sehr viele Gläser zum Basteln erhalten.]

2)
Mi vijin l [Nickname], a fat kurse pur insigne a mituns da klettern. Al fajess kurse pur mituns dla scolina o scola y spo ince pur i genitori da impare da sichern i mituns. An pudess magari damane l sport verein o i [Nickname], y i cundüj te kletterhalle a [Nickname] cui pulmini, sciöche ai fej dal skikurs, tipo da ainsciüda o altonn la sabda danmisde .... ma al epa ma una mia idea
[Mein Nachbar [Nickname] hat einen Kurs gemacht, um Kindern das Klettern beizubringen. Er würde Kinderkurse machen für Kindergarten oder Schule und dann auch für Eltern, damit sie lernen die Kinder richtig zu sichern. Man könnte vielleicht den Sportverein fragen oder die [Nickname] und sie in die Kletterhalle nach [Nickname] mit dem Bus fahren, wie sie beim Skikurs machen, so im Frühling oder im Herbst am Samstag vormittags ... aber das ist nur so eine Idee.]

Diesen Texten entnehmen wir nicht nur Beispiele für Sprachkontaktphänomene, sondern auch einen sehr freien Gebrauch des Ladinischen als Schriftsprache. So sind hier die diatopischen Merkmale des Obergadertalischen deutlich markiert, wie beispielsweise BAD *ses* in (1) im Gegensatz zur entsprechenden Form des Schriftgadertalischen LSB *i séis* ‚ihr seid‘. Neben den rein diatopischen Charakteristika sind sehr wohl auch Phänomene der Sprachökonomie zu finden,

---

[7] Das deutsche Schulamt hat 2007 ein *Sprachenkonzept für die deutschen Kindergärten und Schulen in Südtirol* ausgearbeitet (Deutsches Schulamt & Pädagogisches Institut 2007), wobei insbesondere der Aspekt des Hochdeutschen diskutiert wird. Hierbei kann man feststellen, dass fast ausschließlich die Schule als Vermittler des Hochdeutschen gesehen wird und ihr dadurch eine wichtige und delikate Funktion diesbezüglich zugeschrieben wird.

[8] Die Beispiele sind einem 2017 von mir erstellten Korpus entnommen, welches digitale Texte auf Ladinisch aus verschiedenen sozialen Netzwerken enthält.

wonach orthographische Besonderheiten ausgelassen werden, wie der Nicht-Gebrauch der verschiedenen graphischen Akzente, die man beispielsweise auf *a fat kurse* (2) (LSB: *á fat cursc*) oder *pur fa* (1) (LSB: *por fá*) erwarten würde.

3.1   Mehrsprachigkeit in der Schule

Aus diesem soziolinguistischen Gesamtbild wird deutlich, dass die Mehrsprachigkeit nicht nur in der Schule, sondern auch im gewöhnlichen Umfeld eine leitende Rolle übernimmt. Daher ist ein paritätisches Modell ohne Zweifel ein wichtiges Mittel, um die Sprachkompetenzen insbesondere der beiden ‚großen' Sprachen zu verstärken und fördern. Hinzu kommt jedoch, dass dem Ladinischen im Gegensatz zum Deutschen und zum Italienischen in der Schule wenig Raum gewidmet wird.

Die Einführung eines paritätischen Systems mit dem Ladinischen als Unterrichtssprache fand anfangs beim Großteil der (ladinischen) Bevölkerung wenig Zuspruch. So ergibt eine vom damaligen ladinischen Schulamtsleiter durchgeführte Befragung an den ladinischen Schulen (Vittur 1999), dass lediglich 5% der Eltern im Gadertal und in Gröden Ladinisch als eines der wichtigsten Fächer ansehen, während für das Italienische und Deutsche der Prozentsatz sogar über die Hälfte steigt (44,9% bis 55% für das Italienische und 58,3% bis 62,1% für das Deutsche). Diese Ergebnisse spiegelten sich auch in den Antworten der Schülerinnen und Schüler wider, wonach das Fach Ladinisch als Lieblingsfach zwischen 4,8% (im Gadertal) und 6,8% (in Gröden) lag. Dem Ladinischen mehr Gewichtung in der Schule zu ermöglichen, war in Anbetracht dieses Kontextes sicherlich kein leichtes Unterfangen. So hat sich an der Anzahl der Ladinisch-stunden bis heute nichts geändert, die Haltung zum paritätischen System aber sehr wohl.

Ausgehend von einer Studie im Rahmen des LINEE Projekts aus dem Jahr 2009 kann unter anderem festgestellt werden, dass das Ladinische mittlerweile als mitbewerbendes Fach zum Deutschen und Italienischen betrachtet wird (Videsott 2009). Es sticht sogar heraus, dass viele Schülerinnen und Schüler Ladinisch als Unterrichtsfach mehr schätzen als die restlichen Unterrichtssprachen. Die durchaus positiven Ergebnisse des paritätischen Systems haben sich auch in den zwischen 2009 und 2012 durchgeführten Sprachevaluierungen zur Sprachkompetenz in den drei Sprachen (Ladinisch, Italienisch und Deutsch) von der Grund- bis zur Oberstufe bestätigt. Es resultieren zufriedenstellende Ergebnisse, gerade weil sehr gute Kompetenzen in allen drei Sprachen erwartet werden.[9] Obwohl laut dieser Studie die Schülerinnen und Schüler im Ladinischen als Muttersprache in der Grundstufe in einigen Aspekten besser abschneiden als in den anderen beiden Sprachen, wird diese Kompetenz in den höheren Stufen nicht verstärkt, vor allem, was die syntaktische und lexikalische Komplexität betrifft. Im Gegensatz dazu kann man sogar behaupten, dass im Deutschen und Italienischen die Kompetenz in der Schriftsprache in den höheren Stufen deutlich besser ist als im Ladinischen.

Bereits Rasom kommt zu einer analogen Schlussfolgerung in Bezug auf die Schreibkompetenz von ladinischsprachigen Erwachsenen. In ihrem Beitrag resümiert sie wie folgt:

> Il rapporto con la varietà scritta è pressoché inesistente, soprattutto negli adulti, i quali hanno sempre considerato la varietà ladina come povera e inadeguata per la comunicazione scritta (Rasom 2007, 179).

Es liegt auf der Hand, dass eine solche Aussage nicht *tout court* auf die soziolinguistische Situation der ladinischsprachigen Schülerinnen und Schüler übertragen werden kann; dennoch kann man feststellen, dass viele Unregelmäßigkeiten und Divergenzen gerade die Schriftsprache charakterisieren. Die deutlichsten Schwierigkeiten sind orthographischer Natur, wo unter anderem oft die diatopischen Aspekte der gesprochenen Sprache einen relevanten Einfluss auf die Schriftsprache haben. Wenn man das Korpus der schriftlichen Texte der Schülerinnen und Schüler der 5. Klassen in den Grundschulen des Gadertals anschaut, die im Rahmen der Sprachevaluierungen von 2009 verfasst und analysiert wurden (Comitê y Sorvisc Provinzial por l'Evaluaziun dles Scores Ladines & Zênter linguistich dl'Université Lëdia de Balsan 2009), so ist es interessant zu beobachten, dass auf der Grundlage der gesamten Texte auf Gader-

---

[9] Dass das paritätische System zum Teil positive Ergebnisse bringt im Gegensatz zu monolingualen Schulen, wird von den 2017 publizierten Ergebnissen der *Kolipsi*-Studie wieder bestätigt. Es stellt sich heraus, dass die Zweitsprachkompetenzen in den Sprachen Deutsch und Italienisch der Schülerinnen und Schüler der deutschen und italienischen Oberschulen, die einsprachige Schulen (deutsch oder italienisch) besuchen, in den letzten Jahren deutlich schlechter geworden sind (Vettori & Abel 2017).

talisch, für die Wörter *botëga* ‚Geschäft‘, *braia* ‚Hose‘, *cujì* ‚nähen‘ folgende orthographische Realisierungen zustande gekommen sind:

(3) LSB[10] *botëga:*   *butaga, butëga, botaga, botega, botegha*
LSB *braia:*   *braia, breia, brëia*
LSB *cujì:*   *coji, cujì*   (Videsott 2009, 55)

Laut Videsott kann man im Gegensatz zu den Texten auf Italienisch und Deutsch nur in den ladinischen Texten eine solche orthographische Varietät beobachten.

Neben rein orthographischen Divergenzen charakterisieren oft auch die morphosyntaktischen Aspekte eine deutliche Unstimmigkeit in der geschriebenen Sprache. So kommt es vor, dass die vielen einsilbigen Wörter im Ladinischen, sprich Klitika, Partikeln u.s.w., voneinander nicht getrennt werden und ein einziges Element bilden, wo eigentlich mehrere Konstituenten vorhanden wären, wie Beispiel (4) deutlich zeigt:

(4)   *L'oma dijova ënghe **cla** ti plesc.*   (ebd. 51)[11]
LSG   L'oma dijova ënghe **che la** ti plej.
[Die Mutter sagt auch, dass sie ihr gefällt.]

*Canch al và ciasa dij la uma che ara **tila** cuncia.*   (ebd. 53)
LSB   Canch'al và a ciasa dij la uma che ara **ti la** cuncia.
[Als er nach Hause geht, sagt die Mutter, dass sie ihn flicken wird.]

Zuletzt findet man auch in den rein syntaktischen Besonderheiten des Ladinischen viele Unregelmäßigkeiten, so zum Beispiel die Verletzung der V2-Regel[12], wie in (4) dargestellt:

(5)   *Sëgn **Jan** é indô cuntat (...).*   (ebd. 52)
LSB   Sëgn é **Jan** indô contënt (…)
[Jetzt ist Jan wieder glücklich (…)]

---

[10] Zu den Abkürzungen:
LSB: Schriftgadertalisch
LSG: Schriftgrödnerisch
Deu: Deutsch
Ita: Italienisch
Eng: Englisch

[11] Beispiele (4) und (5) sind demselben Korpus zu Sprachevaluierungen der 5. Klassen in den Grundschulen entnommen.

[12] Das Gadertalische und Grödnerische sind Verbzweitsprachen und verlangen die Subjekt-Verb-Inversion in deklarativen Sätzen, wenn ein anderes Element außer dem Subjekt die erste Position im Satz einnimmt.

Demzufolge ist das Anliegen, dem Fach Ladinisch mehr Bedeutung zuzuschreiben, insbesondere was die grammatikalischen Inhalte anbelangt, sicherlich ge-
rechtfertigt. Schaut man sich *de facto* die Rahmenrichtlinien der Provinz Bozen
für den Ladinischunterricht an, so fällt in erster Linie auf, dass gerade die
sprachbezogenen Inhalte bzw. die grammatikalischen Angaben sehr oberflächlich beschrieben werden, im Gegensatz zu den restlichen kulturellen Schwer-
punkten. So geben beispielsweise die Rahmenrichtlinien für die Grundstufe folgende Angaben vor:

- *Regoles gramaticales de basa y confrunc cun la gramatica de d'atri lingac.*
  [Grundregeln der ladinischen Grammatik und Vergleiche zu den anderen Sprachen]
- *Gramatica comparada, integraziun linguistica*
  [Vergleichende Grammatik, integrierte Sprachendidaktik]
- *Carateristiches particolares dla sintassa ladina*
  [Charakteristische Aspekte der ladinischen Syntax]
  (Intendënza Ladina por les scores 2009, 65)

Mit dem Unterrichtsfach Ladinisch ist demnach im Vergleich zu den anderen
Unterrichtssprachen großer Aufwand verbunden, zumal weder in den Rahmenrichtlinien noch in den didaktischen Materialien klare Angaben zu den Basis-
regeln des Ladinischen in der Grundstufe bestimmt werden. Somit ist der Unterricht des Ladinischen sehr oft auf die individuellen Kenntnisse und Bedürfnisse
des/der Lehrenden beschränkt, was diesem Fach keine stabile und solide inhaltliche Funktion überträgt. Man neigt in gewissen Situationen dazu, die sprachlichen Inhalte meistens nur durch orthographische Aspekte der Sprache abzu-
decken und dies bis in die höchste Stufe. Trotz der vielen problematischen
Inhalte der ladinischen Orthographie ist ein Unterricht, der sich fast ausschließlich diesen Themen widmet, eher oberflächlich, wenn man die gesamten
Sprachkompetenzen in Betracht zieht. Im Gegensatz dazu sind der Deutsch- und
Italienischunterricht vollständiger und klarer strukturiert und integriert – neben
der Orthographie auch viele grammatikalische Aspekte. Es sei jedoch auch
bedacht, dass für den Sprachunterricht des Deutschen und Italienischen mehr
Wochenstunden zur Verfügung stehen. Dies führt unter anderem zu einer besseren Schreibkompetenz in diesen beiden Sprachen als im Ladinischen, zumal die
Muttersprache im Spracherwerb bekanntlich einen unbewussten Prozess durch-

läuft (Cardinaletti 2009, 5) und daher gerade in der Schriftsprache viele Mängel aufweisen kann.

4. Ein Vorschlag zum mehrsprachigen Grammatikunterricht für das Ladinische

Ausgehend vom bisher Erläuterten kommen wir zum Schluss, dass eine Schulgrammatik für das Fach Ladinisch unentbehrlich ist, auch weil es ein solches Werk, das insbesondere den didaktischen Aspekt miteinbezieht und die Sprachstandards für die Grundstufe festlegt, für die ladinischen Schulen im Gadertal und in Gröden nicht gibt. Im September 2014 ist deshalb ein solches Projekt als Zusammenarbeit zwischen der Ladinischen Abteilung der Fakultät für Bildungswissenschaften der Freien Universität Bozen und dem Ladinischen Schulamt ins Leben gerufen worden. Ziel des Projekts ist die Herausgabe von didaktischem Lehrmaterial für den Grammatikunterricht im Ladinischen und somit die Stärkung des Erwerbs grammatikalischer Inhalte in der Erstsprache, indem man jedoch Folgendes vorab erwägen muss:

- die guten Sprachkompetenzen der Schülerinnen und Schüler im Deutschen und Italienischen,
- die spürbare Präsenz des Italienischen und Deutschen in der Schule,
- zu wenig Ladinischunterricht,
- Ladinisch ist längst nicht mehr die Erstsprache aller Schülerinnen und Schüler, viele haben einen mehrsprachigen Hintergrund in Bezug auf den Spracherwerb,
- die Rahmenrichtlinien sind unklar in Hinblick auf die zu unterrichtenden Sprachenstandards für die L1,
- Schülerinnen und Schüler zeigen Schwierigkeiten im Schriftspracherwerb der Erstsprache,
- die grammatikalischen Inhalte sind im Unterricht auf wenige Aspekte beschränkt.

Ein erstes Projektziel ist die Festlegung der zu erreichenden Sprachenstandards in Bezug auf das Ladinische bei Abschluss der Grundstufe. Diesbezüglich dienten die bereits vorhandenen normativen Grammatiken des Gadertalischen und Grödnerischen[13] sowie auch die sprachvergleichende Grammatik des Ladinischen[14] als Grundlage. Die Grammatiken des Deutschen und Italienischen für

---

[13] Anderlan-Obletter (1991); Gasser (2000).
[14] Gallmann & Siller-Runggaldier & Sitta (2007), (2010), (2013), (2018).

die ladinischen Grundschulen wurden auch herangezogen sowie schließlich die didaktisierte Schulgrammatik für das Bünderromanische.[15] Viele dieser Standards sind den morphologischen Aspekten der Sprache gewidmet, wobei man von einer Einteilung nach Wortkategorien ausgeht. Obwohl diese Kategorisierung den traditionellen Grammatiken zuzuschreiben ist, hat sie in diesem Fall die Funktion, die verschiedenen Wortarten selbst wieder zu revitalisieren, um deren wichtigen Beitrag für den Erwerb von grammatikalischen Fähigkeiten hervorzuheben.[16] Eine zum Teil ähnliche Einteilung nach Wortarten wurde bereits für die Erarbeitung der bünderromanischen Grammatik angewandt, wonach ein Sprachbaum als Ordnungshilfe für die Systematisierung und Visualisierung der Wortgrammatik und als Teil eines Sprachengartens erstellt wurde.[17]

Es soll aber in erster Linie klar sein, dass eine Schulgrammatik nicht als wissenschaftliche Arbeit bezüglich Sprachenstandards und theoretischer Inhalte zu sehen ist, sondern als Werk, welches sich vielmehr an der Sprachfunktion orientiert und demnach am Sprachgebrauch seitens der Schülerinnen und Schüler (Menzel 1999, 12). Das Hauptziel eines solchen Schulwerks ist es also, ein didaktisches Material zur Verfügung zu stellen, welches sowohl dem/der Lehrenden als Instrument zur Vermittlung von grammatikalischen Inhalten als auch dem/der Lernenden zum besseren Erwerb solcher Inhalte in Hinblick auf die kommunikative Funktion der Erstsprache zur Verfügung steht. Einerseits soll daher auf die bereits angesprochenen spezifischen Charakteristika im Ladinischen als Sprech- und Schriftsprache eingegangen werden, andererseits soll zu diesem Idiom generell ein grammatikalischer Überblick über die Grundregeln[18] geschaffen werden. Um diese Ziele zu erreichen, wurde ein mehrsprachiger Ansatz gewählt, der sich für die soziolinguistische Situation an den ladinischen Schulen als ideal erweist. Somit kann sprachvergleichend gearbeitet werden mit Einbezug des Italienischen und des Deutschen und ab der vierten Klasse – bzw.

---

[15] Lutz & Telli & Cathomas & Cathomas (2015).

[16] Cinque & Vigolo (2007, 4). Es ist nämlich nicht sinnvoll, wenn man im Sprachunterricht auf eine Kategorisierung nach Wortarten verzichtet, denn gerade die Kategorisierung ermöglicht eine zielgerichtete Sprachreflexion, auch in Hinblick auf den Erwerb von Fremdsprachen.

[17] Cathomas & Lutz & Cathomas (2018).

[18] Dabei handelt es sich größtenteils um die Regelmäßigkeit der grammatikalischen Aspekte im Ladinischen.

sobald es gewünscht ist – auch im Vergleich zum Englischen. Es handelt sich demnach um eine komparative Grammatik, die es ermöglicht, den Erwerb von grammatikalischen Fähigkeiten und die Entwicklung der Sprachreflexion in mehreren Sprachen zur gleichen Zeit zu erzielen, ausgehend vom Ladinischen als Erstsprache.[19]

4.1 Die integrierte Sprachendidaktik als Grundmethode für den Sprachunterricht

Lange Zeit war man der Ansicht, dass der gleichzeitige Erwerb mehrerer Sprachen keine positiven Ergebnisse erbringen würde. In den letzten Jahrzehnten jedoch hat sich die weitläufige Meinung durchgesetzt, dass Mehrsprachigkeit gerade im Spracherwerb und später im Schriftspracherwerb eine durchaus gültige Bildungsmöglichkeit darstellt und zudem eine sprachliche sowie kulturelle Bereicherung für jedes Kind ist, da gerade durch die Integration mehrerer Sprachen die kognitiven, sozialen und sprachlich-kulturellen Fähigkeiten leichter entwickelt werden können (Cathomas 2005, 2015; Cardinaletti 2007, 5-7).

Der mehrsprachige Ansatz wie auch die integrierte Sprachendidaktik wurden demnach auch für die Erstellung des Lehrmaterials zur ladinischen Grammatik gewählt. Die Methode der mehrsprachigen integrierten Didaktik ist an den ladinischen Schulen eine etablierte Arbeitsmethode, insbesondere in der Alphabetisierungsphase. Durch eine für die Bedürfnisse der ladinischen Schulen extra angefertigten Anlauttabelle werden die Kinder mehrsprachig alphabetisiert.[20] Bereits für den Kindergarten wurde mehrsprachiges Material für die phonetisch-phonologische Bewusstheit entwickelt.[21] Die integrierte Sprachendidaktik verfolgt das Ziel, die Gemeinsamkeiten der verschiedenen Sprachendidaktiken zu

---

[19] Cathomas (2005, 9). Mängel in der Erstsprache beeinflussen nämlich nicht nur den Erwerb anderer Sprachen, sondern auch die kognitiven Kompetenzen generell der schulischen Laufbahn von Schülerinnen und Schülern.

[20] Der mehrsprachige Alphabetisierungsprozess geht auf das Jahr 2012 zurück, mit der Herausgabe des *Alfabetier pluringual* (Rubatscher & Rubatscher 2012), wonach die Schülerinnen und Schüler jeden Buchstaben demselben Wort in jeder Sprache zuordnen können, wie beispielsweise ‚L' wie *liun* (ladinisch), *leone* (italienisch), *Löwe* (Deutsch) und wenn notwendig auch wie *lion* (Englisch).

[21] Das Material ist unter dem Namen *Quaky* herausgegeben worden (Hofer & Rubatscher 2014). Siehe auch Cathomas (2015) für einen detaillierten Überblick über den soziolinguistischen Kontext an den ladinischen Kindergärten.

verstärken und geht davon aus, dass die Trennung zwischen Erstsprache und Zweit- oder Fremdsprachen dadurch überwunden werden soll. Nur somit können die Schülerinnen und Schüler ihre metalinguistischen Kompetenzen verstärken und ihre Reflexionsfähigkeit in Bezug auf die Sprache(n) weiterentwickeln, indem sie gezielt auf die Gemeinsamkeiten und Unterschiede im Sprachvergleich aufmerksam gemacht werden.[22] Einer der Grundgedanken dieser Didaktik ist das Hervorheben der wichtigen Rolle der Muttersprache für die Aneignung von kognitiven Grundkompetenzen, die alle Sprachen betreffen, sodass man die Kompetenzen der Erstsprache sehr leicht in die Zweitsprachen übertragen kann. Die Funktion der Muttersprache ist in diesem Fall unentbehrlich, wie bereits Rasom erklärt:

> La lingua materna viene ad assumere rilevanza fondamentale nella riflessione grammaticale e viene proposta come punto di partenza per l'autoriflessione linguistica (Rasom 2009, 38).

Der hier diskutierte Vorschlag zur Didaktisierung einer ladinischen Grammatik geht genau in diese Richtung der Sprachreflexion. Damit man aber die Schülerinnen und Schüler dazu bringt, über die Sprache zu reflektieren, bedarf es einer guten linguistischen Vorbereitung seitens der Lehrenden (Cinque & Vigolo 2007, 5). Daher sieht dieses Material neben dem didaktischen Lehrmaterial auch ein Grammatikbuch mit den Grundregeln des Ladinischen vor.

5. Wie kann mehrsprachiges Lehrmaterial den Erwerb der Erstsprache verstärken?

Im Rahmen einer integrierten Sprachendidaktik soll stets mitbedacht werden, wie der Grammatikunterricht im Ladinischen auch auf die anderen Unterrichtssprachen Bezug nimmt und umgekehrt, wie der Italienisch- und Deutschunterricht das Ladinische integrieren kann.[23] Gerade was den hier beschriebenen didaktischen Vorschlag anbelangt, werden oft Deutsch und Italienisch als Vermitt-

---

[22] Sieh dazu Cathomas (2006) und Le Pape Racine (2007).

[23] Vgl. auch die vielen Projekte der Università degli Studi di Padova (*Applicazione di analisi formali di lingue e dialetti alla didattica delle lingue*) wobei den vielen Dialekten und der Erstsprache viel Bedeutung zugeschrieben wird für den Erwerb der Zweitsprache (Rasom 2009; Cardinaletti 2009).

lungssprachen für das Erlernen bestimmter Besonderheiten des Ladinischen verwendet. Dadurch können die historischen Merkmale des Ladinischen herausgehoben sowie auch die Analogien und die Unterschiede zu den anderen Sprachen diskutiert werden.

Im Folgenden sollen einige Beispiele aus diesem Lehrmaterial erörtert werden, um zu zeigen, wie man durch den Sprachvergleich die bereits angedeuteten Divergenzen in der ladinischen Schriftsprache aufarbeiten kann.

5.1 Diatopische Unterschiede im Gesprochenen vs. in der normierten Schriftsprache

Eine der deutlichsten phonologischen Schwierigkeiten im Gadertalischen betrifft das Graphem <ë>. Dieser orthographische Aspekt geht auf diatopische Unterschiede des Gadertalischen zurück, wonach das Phonem /ë/ lediglich im Zentralgadertalischen, sprich in den Gemeinden St. Martin in Thurn und Wengen, vorhanden ist, während es im Ennebergischen zu /é/ oder /è/ geworden ist und im Hochabteital zu /a/. Im Grödnerischen hingegen ist das Phonem /ë/ für das ganze Tal vorhanden. Zur besseren Veranschaulichung der diatopischen Unterschiede soll das folgende Beispiel zum lat. Etymon STELLA dienen:

(6)	la stella/le stelle	(ALD-I, 771)
	[der Stern/die Sterne]	
	la štẹra/les štẹres	(Enneberg)
	la štëra/les štërəs	(St. Martin in Thurn)
	la štára/les štárəs	(St. Leonhard, St. Kassian, Corvara)
	la štẹ̈ila/la štẹ̈iləs	(Wolkenstein, St. Cristina)
LSB:	*la stëra/les stëres*	
LSG:	*la stëila/la stëiles*	

Die normierte Schriftsprache des Gadertalischen sieht zur Vereinfachung das Graphem /ë/ vor. Dies kann daher gerade für Schülerinnen und Schüler aus dem oberen Gadertal und Enneberg als nicht nachvollziehbares Graphem verstanden werden, zumal sie zu diesen Varietäten keinen wirklichen phonetischen Bezug haben. Schülerinnen und Schüler verwenden demnach auch in der Schriftsprache das diatopisch geprägte Graphem:

(7) MAR   *Al êa en iade Moriz y söa mama co jêa te na boteğha dai guanć.* (Gerda
             Videsott 2009, 54)
(8) BAD   *Al è danmise Jan y süa Uma è te na botağa dl guant.* (ebd. 52)

(9) LDM   *La uma y Davide và té butëga di guanc.* *(*ebd. 53)

Die Einführung des Graphems /ë/ geschieht in diesem Grammatikwerk sprachvergleichend mit dem Italienischen, das weder ein analoges Phonem oder Graphem enthält. Wenn man aber ladinische Wörter mit /ë/ neben die entsprechenden Wörter im Italienischen setzt, so erkennt man beispielsweise, dass in vielen Fällen das interkonsonantische <e> im Italienischen einem <ë> im Ladinischen entspricht:

(10)   LSB   LSG   Ita.
        lëgna   *lënia*   *legna*
        rëgn   *rëni*   *regno*
        sëgn   *sëni*   *segno*[24]

Gerade dieser Sprachvergleich verhilft somit zur Reflexion in Bezug auf diese phonologische Charakteristik des Ladinischen.

Eigentlich gibt es für das Obergadertalische – im Gegensatz zum Ennebergischen – einen internen Hinweis für den richtigen Gebrauch des Graphems <ë>: die unterschiedliche Vokalquantität von /a/, wie folgendes Beispiel deutlich zeigt:

(11)   il sacco/i sacchi (ALD-I, 678)   vs   secco/secchi (ALD-I, 710)
        [der Sack/die Säcke]   [trocken]
        l sāk/i sātχ   vs   *sak /satχ*   (St. Leonhard)
LSB   *l sach/i sac*   vs   *sëch/sëc*

Dieser rein quantitative Unterschied zwischen /ā/ und /a/ reicht jedoch als deutliches Erkennungsmerkmal zum richtigen Gebrauch des Graphems <ë> bei Schülerinnen und Schülern nicht aus. Ausgehend von dieser Schwierigkeit dienen das Italienische und Deutsche als semantischer Verweis gerade für diese Wortpaare, wo zwischen /ā/ und /a/ unterschieden werden muss, indem man durch die Bedeutung in der Zweitsprache auf die entsprechende Orthographie im Ladinischen verweist:

---

[24]   Zur besseren Veranschaulichung werden nur drei Beispiele angeführt. Die Entsprechungen zwischen dem Ladinischen und dem Italienischen sind aber zahlreich.

Por di	scriunse	mo	por di
	A	Ë	
ragno **Spinne**	aragn	rëgn	regno **Reich**
bagno **Bad**	bagn	bëgn	bene **gut**
pantaloni **Hose**	braia	brëia	tavola **Brett**
lana **Wolle**	lana	lëgna	legna **Holz**
sani **gesund**	sagns	sëgns	segni **Zeichen**
sano **gesund**	sann	sënn	rabbia **Zorn**
raggio **Strahl**	rai	rëi	rete **Netz**
sacco **Sack**	sach	sëch	secco **trocken**
rigida **steif**	stara	stëra	stella **Stern**

Tab. 2: Gebrauch des Graphems <ë> (Videsott & Rubatscher & Valentin 2018, 47)

5.2 Phonologische Bewusstheit auf der Grundlage des Sprachvergleichs

Einer der Grundgedanken der integrierten Sprachendidaktik ist, wie bereits an-
gedeutet, die Sprachreflexion, die auf Gemeinsamkeiten in zwei oder mehreren
Sprachen hinweist. In unserem Fall geht es darum, grammatikalische Aspekte
des Ladinischen auf der Grundlage des Deutschen und Italienischen zu vermitteln oder auch umgekehrt. Weil oft die grammatikalischen Kenntnisse in diesen Sprachen deutlicher sind, kann man diese Kompetenzen auf den Erwerb
derselben Inhalte für das Ladinische als Erstsprache übertragen. Dies geschieht
insbesondere bei vielen phonologischen Schwierigkeiten im Vergleich mit dem
Italienischen. Im Rahmen des Projekts *Alfabetier plurilingual* haben Projekt-
mitarbeiter bereits eine Tabelle mit ‚besonderen Lauten' erarbeitet, wonach die
Gemeinsamkeiten zwischen dem Italienischen und Ladinischen hervorgehoben
werden und somit die phonologische Bewusstheit in Bezug auf diese Laute

verstärkt wird. Es handelt sich demnach um postalveolare Laute wie [ʧ], [ʤ], um velare Laute [k] e [g] und um frikative Laute [ʃ], wenn sie mit Vokalen in Verbindung stehen, die eine vollständige Entsprechung zum Italienischen aufweisen:

(12)	LSB	LSG	Ita.
	ucel	*vicel*	*uccello*
	ciacia	*ciacia*	*caccia*
	geniturs	*genitores*	*genitori*
	chitara	*chitara*	*chitarra*
	ghepard	*ghepard*	*ghepardo*
	scerif	*scerif*	*sceriffo*

Schülerinnen und Schüler können somit die bereits für das Italienische vertieften Kenntnisse reaktivieren und diese durch den Sprachvergleich für den Erwerb dieses phonologischen Phänomens auf das Ladinische übertragen. Dies ist deshalb auf phonologischer Ebene möglich, weil wir zwei romanische Sprachen vergleichen.

Für die Erarbeitung der ladinischen Grammatik ist auch ein phonetisch-phonologischer Vergleich zum Deutschen vorgeschlagen worden. In diesem Fall handelt es sich nicht mehr um phonologische wie auch graphische Entsprechungen in diesen beiden Sprachen, sondern um eine rein phonetische Analogie. Es geht dabei um Fälle von Homophonie, bei der die Schwierigkeit darin besteht, die korrekte graphische Realisierung im Ladinischen zu erkennen. Deshalb ist es für die Bewusstmachung von Lautung und Schreibweise in der Grundstufe durchaus nützlich, wenn man darauf aufmerksam macht, dass zwei gleiche Laute unterschiedliche graphische Umsetzungen haben, wie die folgende Tabelle zeigt:

(13)	LSB	LSG	Deu.
	cacao	*cacao*	*Kakao*
	cupola	*cupola*	*Kuppel*
	ghips	*ghips*	*Gips*
	scech	*scech*	*Scheck*
	scial	*scial*	*Schal*

Gerade durch diesen Sprachvergleich kann eine konkrete Reflexion zu den phonetisch-phonologischen Gemeinsamkeiten aber graphischen Unterschieden zustande kommen.

5.3   Morphologische Bewusstheit auf der Grundlage des Sprach-vergleichs

Diese komparative Methode, obwohl anfänglich für phonologische Besonder-heiten gedacht, kann sehr wohl auch für morphologische Aspekte der Sprache herangezogen werden. Das Italienische liefert hierzu gerade für die Plural-bildung wiederum eine konkrete Stütze für die Aneignung bestimmter Regeln in der Pluralbildung des Ladinischen.

So bilden auch im Ladinischen wie im Italienischen Substantiva auf *-o/-e* den Plural mit *-i*. Wenn jedoch diese Pluralbildung in jeder der beiden Sprachen isoliert voneinander erlernt wird, erkennen nur einige Schülerinnen und Schüler die Analogie in den beiden Sprachen. Präsentiert man aber gleich zu Beginn der Einführung die Regel sprachvergleichend, so kann das bereits vorhandene Wissen für das Italienische auf das Ladinische übertragen werden oder um-gekehrt:

(14) LSB	LSG	Ita.
le scioldo > i scioldi	*l scioldo > i scioldi*	*il soldo > i soldi*
le pere > i peri	*(l pere > i peresc)*	*il padre > i padri*

Die Schwierigkeit liegt insbesondere bei der Endung *-e*, wobei oft, insbesondere im oberen Gadertal, der Plural diesbezüglich zwischen -/š/ und -/əš/ schwankt:

(15)	il padre/i padri	(ALD-I, 547)
	[der Vater/die Väter]	
	l pę́rə/i pę́ri	(St. Martin in Thurn)
	l pę́r/i pę́rš	(St. Leonhard)
	l pę́rə/i pę́rəš	(Corvara)

Noch deutlicher ist die Divergenz bei der Verwendung des sigmatischen Plurals im Schriftgadertalischen, eine der Charakteristika des Ladinischen. Der Schwund des sigmatischen *-s* in der Pluralbildung ist eine Besonderheit der ge-sprochenen Sprache, die die Schriftsprache deutlich beeinflusst, insbesondere bei Substantiva auf *-f, -m, -p*, wie es in den folgenden Beispielen der Fall ist:

(16)	il fiore/i fiori	(ALD-I, 303)
	[die Blume/die Blumen]	
	l ćüf/i ćüf	(St. Martin in Thurn, Wengen, Corvara, St. Kassian)
	LSB *le ciüf/i ciüfs*	

(17)	la mela/le mele	(ALD-I, 450)

[der Apfel/die Äpfel]

l pǫm/ i pǫm   (St. Martin in Thurn, Wengen, St. Leonhard)

LSB   *le pom/i poms*

(18)   il campo/i campi   (ALD-I, 104)

[das Feld/die Felder]

l ćamp/i ćamp   (Wellschellen, St. Kassian)

l tχamp/i tχamp   (Wengen, St. Leonhard, Corvara)

LSB   *le ciamp/i ciamps*

Ausgehend von dieser Problematik in der Schriftsprache kann der Vergleich zum Deutschen und Standarditalienischen nicht als Unterstützung dienen, zumal diese Sprachen dieses Merkmal nicht kennen.[25] Das Englische kann aber in diesem Fall als didaktisches Vergleichsmittel herangezogen werden. Die Endung –*s* in der Pluralbildung gehört im Unterrichtscurriculum zu einem der ersten grammatikalischen Inhalte überhaupt. Auch wenn es sich etymologisch um ein ganz anderes ‚-s' handelt, kann es sehr wohl als Pluralmarker und im Vergleich mit dem Ladinischen gewissermaßen als ‚Eselsbrücke' dienen:

(19)   LSB   Eng.

le ciüf > i ciüfs   *the flower > the flowers*

le pom > i poms   *the apple > the apples*

le crëp > i crëps   *the mountain > the mountains*

5.4   Morphosyntaktische Bewusstheit auf der Grundlage des Sprachvergleichs

Neben der Sprachreflexion in Bezug auf die Gemeinsamkeiten zweier oder mehrerer Sprachen zielt die integrierte Sprachendidaktik auch auf die Bewusstmachung der Unterschiede zwischen den Sprachen. Ein solches Beispiel kann das Pronominalsystem im Ladinischen darstellen. Bekanntlich unterscheidet es sich vom Italienischen und vom Deutschen insofern, als dass es ein Paradigma von betonten und unbetonten Personalpronomen aufweist, wobei die unbetonten pro- oder enklitisch gebraucht werden können.[26] Während im Gadertalischen – so zumindest in der Schriftsprache – beide Paradigmata vollständig sind, besitzt das Grödnerische jedoch lediglich ein vollständiges Paradigma von betonten

---

[25] Vgl. Kramer in diesem Band (155-170).

[26] Für einen Überblick über das Pronominalsystem im Dolomitenladinischen vgl. Vanelli (1984); Siller-Runggaldier (2012); Thiele (2000), (2001).

Pronomen, während jenes der unbetonten auf die zweite und dritte Person
Singular und auf die dritte Person Plural beschränkt ist. In der enklitischen
Position fehlt das Pronomen nur in der zweiten Person Singular und Plural.
Somit kann man im gesprochenen Ladinischen, und insbesondere im oberen
Gadertal, eine deutliche Divergenz im Gegensatz zum Schriftladinischen in
Bezug auf den Gebrauch von Pronomen feststellen:

(20)	Vi vediamo mangiare	(ALD-II, 514)
	i̯ s udúŋ maṅǵáŋ	(St. Martin in Thurn)
	Ø s udúŋ maṅǵáŋ	(St. Leonhard, St. Kassian, Corvara)

Dies spiegelt sich in der Schriftsprache wider, insbesondere im Gebrauch des
Ladinischen in den sozialen Netzwerken:

(21) *Ø sas bëgn al inizio ... Ø ne ores pa te fa dormi en edma.*
[Du weißt ja am Anfang…. Ich möchte nicht, dass du wegen mir eine ganze Woche
schläfst.]   (*WhatsApp*)

(22) *Ø Sëis düc dër bel invià a chësta interessanta y importanta incuntada.*
[Ihr seid alle sehr herzlich zu diesem interessanten und wichtigen Treffen
eingeladen.]   (*Facebook*)

Um das Verständnis des richtigen Gebrauchs des Pronomens im Ladinischen zu
erleichtern, ist es sinnvoll, den Vergleich zum Italienischen und zum Deutschen
herzustellen. Somit wird ersichtlich, dass das Ladinische − so zumindest das
Gadertalische − anders als im Italienischen als Nicht-*Pro-Drop*-Sprache die
obligatorische Setzung des klitischen Pronomens vorsieht, was andererseits eine
Parallele zum Deutschen und zum Englischen herstellt:

(23)			
LSB	*Te*	*sones*	*la chitara.*
	I	*sonun*	*la chitara.*
Ita		*Suoni*	*la chitarra.*
		Suoniamo	*la chitarra.*
Deu	*Du*	*spielst*	*Gitarre.*
	Wir	*spielen*	*Gitarre.*
Eng	*You*	*play*	*the guitar.*
	We	*play*	*the guitar.*

Je nach Niveau der Schülerinnen und Schüler kann die Lehrperson die
Sprachreflexion vertiefen, indem auch auf die Präsenz von zwei Paradigmata
im Ladinischen hingewiesen wird, im Gegensatz zu den restlichen Sprachen.
In diesem Fall kann auch der interlinguistische Aspekt hilfreich sein:

(24)

LSB	*Tö*	*sones*	*la chitara*	*y nia iö.*
	I	*sonun*	*la chitara.*	
Ita.	*Tu*	*suoni*	*la chitarra*	*e non io.*
		Suoniamo	*la chitarra.*	
Deu	*Du*	*spielst*	*Gitarre*	*und nicht ich.*
	Wir	*spielen*	*Gitarre.*	
Eng	*You*	*play*	*the guitar*	*and not I.*
	We	*play*	*the guitar.*	

Der Schüler/die Schülerin beobachtet die Präsenz zweier Pronominalserien nur für das Ladinische. Zudem wird ersichtlich, dass der Gebrauch der betonten Pronomen eine Analogie zum Gebrauch des Pronomens im Italienischen generell herstellt; denn eine der Funktionen des Pronomens im Italienischen, wie das betonte im Ladinischen, ist es auch, ein bestimmtes Subjekt sichtbar zu machen bzw. hervorzuheben.[27]

6. Schlussbemerkungen

Die positiven Auswirkungen des paritätischen und mehrsprachigen Systems an den ladinischen Schulen wurden bereits durch die Sprachevaluierungen zwischen 2009 und 2012 bestätigt (siehe Kapitel 3.1). Diese berichten, dass die Sprachkompetenzen beachtenswert sind, wenn man vom Sprachgebrauch in drei, wenn nicht vier Sprachen in der Grundstufe ausgeht. Diejenige Sprache jedoch, der es an lexikalischer, syntaktischer und grammatikalischer Komplexität mangelt, ist oft das Ladinische. Die Kopräsenz des Italienischen und des Deutschen sollte demnach vielmehr als Chance in Bezug auf den Grammatikerwerb des Ladinischen gesehen werden. Der Vergleich zwischen mehreren Sprachen kann auf die Charakteristika des Ladinischen hinweisen, um bestimmte Schwierigkeiten zu umgehen. Der mehrsprachige Ansatz soll zusätzlich auch die grammatikalischen Kompetenzen generell festigen, indem man versucht, alle Sprachen zu integrieren und sie nicht getrennt voneinander zu unterrichten.

---

[27] Zum Gebrauch des Personalpronomens im Italienischen vgl. Serianni (2000); Benincà (1994, 197).

Der Versuch einer Didaktisierung einer ladinischen Schulgrammatik zielt bewusst darauf hin, die Relevanz des Grammatikunterrichts hervorzuheben, indem
dieser Unterricht nicht ausschließlich orthographische Besonderheiten der
Sprache behandelt, sondern ein breites Themenspektrum und vom Inhalt her
einen abwechslungsreichen Unterrichtsplan bietet, wodurch die kommunikativen Kompetenzen in der Schriftsprache sowie im Mündlichen verstärkt werden
können.

Bibliographie

ALD-I= GOEBL, Hans et al. 2006. *ALD-I: Atlant linguistich dl ladin dolomitich y di dialec
vejins, 1ᵃ pert/Atlante linguistico del ladino dolomitico e dei dialetti limitrofi, 1ᵃ
parte/Sprachatlas des Dolomitenladinischen und angrenzender Dialekte, 1. Teil/Linguistic
Atlas of Dolomitic Ladinian and neighbouring dialects, 1st Part.* Wiesbaden: Reichert.

ALD-II= GOEBL, Hans. 2012. *ALD-II: Atlant linguistich dl ladin dolomitich y di dialec vejins,
2ᵃ pert/Atlante linguistico del ladino dolomitico e dei dialetti limitrofi, 2ᵃ parte/Sprachatlas
des Dolomitenladinischen und angrenzender Dialekte, 2. Teil/Linguistic Atlas of Dolomitic
Ladinian and neighbouring dialects, 2nd Part.* Strasbourg: Éditions de linguistique et de
philologie.

ANDERLAN-OBLETTER, Amalia. 1991. *La rujeneda dla oma. Gramatica dl ladin de
Gherdëina.* Bulsan: Istitut Pedagogich Ladin.

BENINCÀ, Paola. 1994. *La variazione sintattica. Studi di dialettologia romanza.* Bologna: Il
Mulino.

CARDINALETTI, Anna. 2009. „L'approccio comparativo in linguistica e in didattica", in:
Grammatica e Didattica 2, 3-18.

CATHOMAS, Rico. 2005. *Schule und Zweisprachigkeit.* Münster: Waxmann.

CATHOMAS, Rico. 2006. „Auf dem Wege zu einer integralen (Mehr-) Sprachendidaktik", in:
Wiater, Walter & Videsott, Gerda. edd. *Schule in mehrsprachigen Regionen Europas.
School Systems in Multilingual Regions of Europe.* Frankfurt am Main et al.: Peter Lang,
137-152.

CATHOMAS, Rico. 2015. „Das Projekt „Schritte in die Mehrsprachigkeit": Ein (geglückter)
Versuch, die theoretischen Grundlagen einer integrierenden Mehrsprachendidaktik aus der
Praxis und für die Praxis zu entwickeln", in: Villige, Caroline. & Trautwein, Ulrich. edd.
*Zwischen Theorie und Praxis. Ansprüche und Möglichkeiten in der Lehrer(innen)bildung:
Festschrift zum 65. Geburtstag von Alois Niggli.* Münster/New York: Waxmann, 147-168.

CATHOMAS, Rico & LUTZ, Irina & CATHOMAS Annalisa. 2018. „Der Sprach(en)garten: Eine
didaktische Visualisierungshilfe zur Systematisierung des Sprachenunterrichts", in: Caspa-
ni, Franca & Manna, Valeria & Todisco, Vincenzo & Trezzini, Marco. edd. *Fremdsprachen transcurricular und interkulturell lehren und lernen.* Akten des gleichnamigen Kon-
gresses vom 17. und 18. November 2016 an der PHGR in Chur. Chur: PHGR, 169-177
(Collana, 4/2018).

CINQUE, Guglielmo & VIGOLO, Maria Teresa. 2007. „A che cosa può servire la grammatica", in: *Grammatica e Didattica* 1, 1-7.

CRAFFONARA, Lois. 1995. „Sellaladinische Sprachkontakte", in: Kattenbusch, Dieter. ed. *Minderheiten in der Romania*. Wilhelmsfeld: Egert, 285-329.

COMITÊ Y SORVISC PROVINZIAL POR L'EVALUAZIUN DLES SCORES LADINES & ZËNTER LINGUISTICH DL'UNIVERSITÉ LËDIA DE BALSAN. 2009. *Resultac dl'analisa linguistica – Ergebnisse der Untersuchung der Sprachkompetenzen – Risultati dell'analisi linguistica. 5a tlasses scoles elementeres – 5. Grundschulklassen – 5e classi scuole primarie.* 2010. *Resultac dl'analisa linguistica – Ergebnisse der Untersuchung der Sprachkompetenzen – Risultati dell'analisi linguistica. 3a tlasses scoles mesanes – 3. Mittelschulklassen– 3e classi scuole secondarie di primo grado. Balsan,* 2012. *Resultac dl'analisa linguistica – Ergebnisse der Untersuchung der Sprachkompetenzen – Risultati dell'analisi linguistica. 5a tlasses scoles autes – 5. Oberschulklassen – 5e classi scuole secondarie di secondo grado.* Balsan: Comité y Sorvisc Provinzial por l'Evaluaziun dles Scores Ladines & Zënter linguistich dl'Université Lëdia de Balsan.

DEUTSCHES SCHULAMT & PÄDAGOGISCHES INSTITUT. 2007. *Sprachenkonzept für die deutschen Kindergärten und Schulen in Südtirol.* Bozen.

FLORIAN, Mirella. 2011. „L ladin tl sistem formatif de Fascia: Dal ladin curicolèr al ladin veicolèr – Il ladino nel sistema formativo della Val di Fassa: Dal ladino curricolare al ladino veicolare", in: Rifesser, Theodor & Videsott, Paul. edd. *L ladin tl sistem formatif – Das Ladinische im Bildungssystem – Il ladino del sistema formativo.* Bolzano: BuPress, 65-74 (Scripta Ladina Brixinensia I).

GALLMANN, Peter & SILLER-RUNGGALDIER, Heidi & SITTA, Horst. 2007. *Sprachen im Vergleich, Deutsch-Ladinisch-Italienisch. Das Verb,* Balsan: Istitut Pedagogich Ladin. 2010. *Sprachen im Vergleich, Deutsch-Ladinisch-Italienisch. Determinanten und Pronomen.* Balsan: Istitut Pedagogich Ladin. 2013. *Sprachen im Vergleich: Deutsch – Ladinisch – Italienisch. Der einfache Satz.* Balsan: Inovaziun y Consulënza. 2018. *Sprachen im Vergleich: Deutsch – Ladinsich – Italienisch. Der komplexe Satz.* Balsan: Inovaziun y Consulënza.

GASSER, Tone. 2000. *Gramatica ladina por les scores.* Balsan: Istitut Pedagogich Ladin.

HOFER, Sabine & RUBATSCHER, Veronica. 2014. *Quaky, jüc por le svilup dla cosciënza di sonns = juesc per l svilup dla cusciënza di sonns = giochi per lo sviluppo della coscienza fonologica = Spielesammlung zur Förderung der phonologischen Bewusstheit.* Balsan: Inovaziun y Consulënza.

INTENDËNZA LADINA POR LES SCORES. 2009. *Indiraziuns provinziales spor la definiziun di curricula por les scores elementares y mesanes ladines dla Provinzia da Balsan-Südtirol.*

LE PAPE RACINE, Christine. 2007. „Integrierte Sprachendidaktik – Immersion und das Paradoxe an ihrem Erfolg. Beiträge zur Lehrerbildung", in: *Fremdsprachendidaktik: Konzepte – Umsetzungen – Fragen – Erfahrungs- und Fallberichte* 2, 156-168.

LUTZ, Irina & TELLI, Daniel & CATHOMAS, Annalisa & CATHOMAS, Rico. 2015. *Rumantsch Grischun. Verbs e grammatica.* Cuira: Meds d'instrucziun dal Grischun.

MENZEL, Wolfgang. 1999. *Grammatikwerkstatt: Theorie und Praxis eines prozessorientierten Grammatikunterrichts für die Primar- und Sekundarstufe.* Seelze: Klett & Kallmeyer.

RASOM, Sabrina. 2007. „Le varietà ladino-dolomitiche. Dati linguistici e sociolinguistici a confronto. Le fasi della normazione", in: *Mondo Ladino* 169-190.

RASOM, Sabrina. 2009. „Il ladino per studiare le lingue straniere. Un progetto per insegnare la grammatica", in: *Grammatica e Didattica* 2, 37-49.

RIFESSER, Theodor. 1992. „Die Schulordnung an den Schulen der zwei ladinischen Täler der Provinz Bozen", in: *Europa Ethnica* 2, 75-89.

RIFESSER, Theodor. 2006. „Das ladinische Schulmodell im Vergleich zum deutschen und italienischen in Südtirol", in: Wiater, Walter & Videsott, Gerda. edd. *Schule in mehrsprachigen Regionen Europas. School Systems in Multilingual Regions of Europe.* Frankfurt am Main et al.: Lang, 237-252.

RUBATSCHER, Claudia & RUBATSCHER, Veronica. 2012. *Alfabetier plurilingual.* Balsan: Istitut Pedagogich Ladin.

SERIANNI, Luca. 2000. *Italiano. Grammatica, sintassi, dubbi,* Torino: Garzanti.

SILLER-RUNGGALDIER, Heidi. 2012. „Soggetti, pronomi espletivi e frasi presentative: un confronto interlinguistico", in: *Revue de Linguistique Romane* 76, 5-38.

THIELE, Sylvia. 2000-2001. „Die gadertalischen und grödnerischen Personalpronomina", in: *Ladinia* 24-25, 251-286.

VANELLI, Laura. 1984. „Il sistema dei pronomi soggetto nelle parlate ladine", in: Messner, Dieter. ed. *Das Romanische in den Ostalpen. Vorträge und Aufsätze der gleichnamigen Tagung am Institut für Romanistik der Universität Salzburg* (6.-10. Oktober 1982). Wien: Verlag der Österreichischen Akademie der Wissenschaften, 147-160.

VERRA, Roland. 2000. „La scuola delle località ladine dell'Alto Adige: storia ed evoluzione di un sistema scolastico plurilingue", in: Verra, Roland. ed. *La minoranza ladina. Cultura – Lingua – Scuola.* Bozen: Istitut Pedagogisch Ladin, 69-101.

VERRA, Roland. 2011. „L ladin tl sistem formatif dla provinzia de Bulsan: Cunsciderazions storiches y situazion atuela – Das Ladinische im Bildungssystem der Provinz Bozen: Überlegungen zur Geschichte und zur derzeitigen Situation – Il ladino nel sistema formativo della Provincia di Bolzano: Considerazioni storiche e situazione attuale", in: Rifesser, Theodor & Videsott, Paul. edd. *L ladin tl sistem formatif – Das Ladinische im Bildungssystem – Il ladino del sistema formativo.* Bolzano: BuPress, 55-64 (Scripta Ladina Brixinensia I).

VERRA. Roland. 2020. „L'insegnamento e l'uso del ladino nelle scuole delle valli ladine", in: Videsott, Paul & Videsott, Ruth & Casalicchio, Jan. edd. *Manuale di linguistica ladina.* Berlin/Boston: de Gruyter (Manuals of Romance Linguistics 26, im Druck).

VETTORI, Chiara & ABEL, Andrea. edd. 2007. *Kolipsi II: Gli studenti altoatesini e la seconda lingua; indagine linguistica e psicosociale = Kolipsi: Die südtiroler SchülerInnen und die Zweitsprache; eine linguistische und sozialpsychologische Untersuchung.* Bolzano: Eurac Research.

VIDESOTT, Gerda. 2008. „Multilingualism in Classrooms: The Paritetic School System of the LadinValleys in South Tyrol (Italy)", in: Scott, Cobb Jerry et al. edd. *Affirming Students' Right to Their Own Language. Bridging Language Policies and Pedagogical Practices.* New York/London: Routledge, 319-328.

VIDESOTT, Gerda. 2009. „Analisa dla competenza linguistca y ejempli de tesc ladins", in: Comité y Sorvisc Provinzial por l'Evaluaziun dles Scores Ladines & Zenter linguistich dl'Université Ledia de Balsan. 2009. *Resultac dl'analisa linguistica – Ergebnisse der Untersuchung der Sprachkompetenzen – Risultati dell'analisi linguistica. 5a tlasses scoles elementeres – 5. Grundschulklassen – 5e classi scuole primarie.* Balsan: Comité y Sorvisc

Provinzial por l'Evaluaziun dles Scores Ladines & Zënter linguistich dl'Université Lëdia de Balsan.

VIDESOTT, Paul. 2009. *Cie ladin te scola? Referat tegnì ai 11.09.2009 en ocajion dl "11. Di dla Scola ladina".* La Ila.

VIDESOTT, Ruth. 2018. „Verso un approccio plurilingue nell'apprendimento della grammatica del ladino L1", in: *Ladinia* 42, 211-231.

VIDESOTT, Ruth & RUBATSCHER, Veronica & VALENTIN, Daria. 2018. *Junde! Liber de gramatica.* Bozen: BuPress.

VITTUR, Franz. 1994. *Ein Leben, eine Schule: zur Geschichte der Schule in den ladinischen Ortschaften.* Bozen: Istitut Pedagogich Ladin.

VITTUR, Franz. 1999. *Inrescida sön la scola de oblianza de Gherdëna y Badia.* Bozen: Intendënza Ladina.

Verso l'italiano: testi semicolti in contesto migratorio
Sergio Lubello (Salerno)

1. Brevemente sull'italiano popolare

Dopo il lavoro pioneristico e ancora fondamentale di Leo Spitzer del 1921, in Italia si iniziò a prestare attenzione all'italiano popolare intorno agli anni '70 grazie a Tullio De Mauro e Manlio Cortelazzo. Alla denominazione di tale varietà, che con l'oralità fa i conti solo in quanto si riverbera nella scrittura (la documentazione è costituita da testi scritti), Francesco Bruni propose di sostituire quella di italiano dei semicolti, ovvero di individui appartenenti "a gruppi sottratti all'area dell'analfabetismo ma neppure del tutto partecipi della cultura elevata" (Bruni 1978, 548). Paolo D'Achille, a cui si deve negli anni '90 uno dei primi profili d'insieme dopo un ventennio di studi, definisce *semicolti* coloro che "pur essendo alfabetizzati, non hanno acquisito una piena competenza della scrittura e pertanto rimangono sempre legati alla sfera dell'oralità" (D'Achille 1994, 41); più focalizzata sulla modalità di scrittura, Rita Fresu intende l'italiano dei semicolti come la varietà di coloro che si servono dello "strumento linguistico in modo deviante rispetto alla norma corrente, condivisa e accettata, e il cui comportamento linguistico per tale motivo è soggetto a forte stigmatizzazione sociale" (Fresu 2014, 195).

Se l'italiano popolare emerge come varietà tra Otto- e Novecento in correlazione con il processo di italianizzazione dell'Italia unita, va anche ricordato che esempi di testi semicolti, devianti rispetto alla norma e intenzionalmente non dialettali, si ritrovano in tutto l'arco della storia linguistica dell'italiano (basti pensare a semicolti ben noti in letteratura come Maddalena, pizzicarola di Trastevere, la strega laziale Bellezze Ursini da Collevecchio e il mugnaio friulano Domenico Scandella detto Menocchio).[1] Resta il fatto che tale varietà, ancorché di basso prestigio e dalla diffusione relativamente contenuta, è stata ed è importante per individuare i processi di acquisizione dell'italiano nei circuiti meno tradizionali e non ufficiali, e i rapporti tra varietà basse e quelle più

---

[1] Cfr. il ricco quadro fornito dai lavori di D'Achille (1994) e Fresu (2014) e l'ampio affresco, cronologico e geografico, disegnato da Testa (2014, 19-111).

prestigiose. In tale ottica le ricerche recenti (per le quali si rinvia al quadro aggiornato fornito da Fresu 2016a) evitano di fissarsi sull'opposizione troppo schematica e astratta italiano standard (letterario) *vs.* italiano popolare, puntando piuttosto a evidenziare il *continuum* di competenze scrittorie e quindi la competenza testuale dei semicolti.[2]

Nell'architettura variazionale dell'italiano alcuni studiosi ritengono che l'italiano popolare sia se non scomparso del tutto, ormai in via di estinzione. Secondo Berruto (2012, 158-159), invece, il fatto che l'italiano dei parlanti poco istruiti sembri oggi meno marcatamente sub-standard e meno deviante rispetto ad alcuni decenni fa non vuol dire che non esista un nucleo di tratti condizionati dall'estrazione bassa dei parlanti: un italiano popolare certamente meno visibile, ma non estinto; esso inoltre è ancora vivo in contesti di migrazione. È chiaro che la diminuzione di parlanti che lo avevano come varietà principale, quindi la diminuzione della fascia dei semicolti, la diffusione capillare dell'istruzione e la risalita di alcuni tratti tipici dell'italiano popolare in altre varietà collocano oggi l'italiano dei semicolti ai margini, quasi fuori dal repertorio; del resto l'assenza di testi contemporanei si spiega anche con la riduzione drastica della corrispondenza epistolare, fonte principale negli studi. Va aggiunto, inoltre, che negli ultimi decenni i semicolti sono diventati spesso produttori di documenti di tipo burocratico-amministrativo (cfr. Lubello 2015) e hanno inoltre un'identità più variegata se a loro, con molta prudenza, vanno ricondotte varie tracce che emergono dalle nuove scritture spontanee sul web (cfr. Malagnini 2007; Fresu 2016b).

2.   La conquista della scrittura in contesti migratori[3]

Un settore privilegiato per lo studio dell'italiano popolare è la produzione scritta in contesti migratori. Tra i molti disseppellimenti di testi meritano segnalazione il lavoro in corso su testi di migranti irpini (Bianco 2013) e il recente studio di Salvatore (2017), che ha analizzato 240 lettere di emigrati italiani, solo in parte edite, distribuite in oltre cento anni, dal 1880 al 1990, di diversa provenienza

---

[2]   Del resto già Bruni (1984, 216) suggerisce di pensare alle „infinite gradazioni intermedie" esistenti tra i due poli delle categorie di colto e semicolto.
[3]   I testi semicolti citati, salvo diversa indicazione, fanno parte del *corpus MeTrOpolis*.

geografica (Lombardia e Veneto, Toscana, Abruzzo e Calabria) e disomogenee quanto alle capacità alfabetiche degli scriventi, spesso circoscritte al possesso passivo e ad alcune macroabilità. L'emigrazione italiana viene solitamente scandita in quattro macroperiodi:

- dal 1800 al primo dopoguerra, quando vari milioni di italiani abbandonarono la penisola, inizialmente verso altri paesi europei (in particolare Francia, Svizzera e Germania) e dopo l'Unità d'Italia verso l'America Latina;

- il periodo fascista, durante il quale si sviluppò un'emigrazione temporanea dovuta sia ad attività lavorative (edilizia nelle colonie italiane) sia alle campagne militari;

- dagli anni '40 agli anni '60 del Novecento, in cui crebbero le migrazioni transoceaniche di professionisti, in particolare verso l'Argentina (molte imprese italiane posero all'estero industrie e stabilimenti, con trapianto di tecnici e professionisti);

- dagli anni '60 agli anni '70 del Novecento, in cui si svilupparono migrazioni verso l'Europa industrializzata (Svizzera, Belgio, Germania, Francia) di popolazione professionalmente sempre più specializzata (imprenditori, di recente medici, ricercatori, ecc.).[4]

Dal punto di vista linguistico il quadro socio-variazionale in contesto migratorio è complesso e stratificato e deve prendere in considerazione diversi elementi: la gamma delle varietà (solitamente marcate diastraticamente) che l'emigrato porta con sé dal luogo di origine; l'assenza di modelli linguistici di riferimento che invece condizionano l'italiano in Italia; gli ambiti d'uso, relativi ai rapporti interpersonali all'interno del gruppo di emigrati o di microcomunità; la pressione e l'influenza delle lingue dei paesi di arrivo, usate per rispondere alle istanze comunicative quotidiane (lavoro, scuola, burocrazia, ecc.), inclusi – nel caso di migrazione interna – i dialetti/italiano regionale ecc. del luogo d'arrivo.

I fenomeni che caratterizzano la scrittura dei semicolti (la cosiddetta sgrammatica) sono già ben indagati.[5] In generale il livello di espressione scritta dipende dal basso grado di istruzione e quindi da una scarsa e saltuaria pratica di scrittura; tuttavia nello sforzo di scrivere in una varietà il più possibile vicina

---

[4] Sulla periodizzazione e sull'analisi sociolinguistica dell'emigrazione italiana cfr. Vedovelli (2011).

[5] Si rimanda al prospetto esaustivo fornito da Fresu (2014, 209-217).

all'italiano standard, i semicolti cercano di evitare gli elementi sentiti come popolari e diatopicamente marcati, che tuttavia affiorano, in modo più o meno vistoso, a seconda della consapevolezza testuale e quindi della padronanza di scrittura. Nel complesso le produzioni semicolte si caratterizzano per l'incapacità di astrazione sufficiente a formare un testo scritto autonomo dalle condizioni della comunicazione orale: la testualità pertanto, di tipo oralizzante (Lubello & Nobili 2018, 45), corrisponde quasi a una messa per iscritto di un testo che, come nel parlato, procede per blocchi separati da vuoti comunicativi, ellitticamente, con rinvii spesso assenti, con coesione e coerenza vacillanti, senza un progetto testuale (nella maggioranza dei casi) e con il frequente ricorso a pezzi prefabbricati, prelevati da modelli alti e prestigiosi o che sono sedimentati nella memoria (degli anni di scuola, per esempio).

L'esigenza di comunicare con parenti e amici durante esperienze di allontanamento dalla propria casa e dai propri affetti spinge a scrivere, dunque, chi fino a quel momento era estraneo alla cultura scritta.[6] D'altra parte, con Cardona, "il fatto di saper scrivere non abilita *ipso facto* alla scrittura. Saper tracciare le parole non insegna a comporle" (Cardona 1983, 79). Della difficoltà del foglio bianco sono consapevoli gli stessi semicolti, che ricorrono frequentemente a varie forme di *captatio benevolentiae* per farsi perdonare la cattiva scrittura e i frequenti errori, imputati a cause bizzarre, di volta in volta inventate (il dolore ad una mano, gli strumenti e i luoghi di scrittura inadeguati e fortuiti, la mancanza di tempo, ecc.); a volte il disagio viene esplicitamente comunicato, come nel caso di Carmela che scrive da Montevideo[7]:

> Caro fratello e cognata risponto ala tua lettera sono contenta avere il tuo scritto ame me cuosta molta ascrivere pero col cuore vi penzo sempre a tutti.

Proprio perché lo scrivere viene riconosciuto come un atto molto difficile e faticoso, i semicolti, nel momento in cui usano carta e penna, avvertono tale azione come una vera e propria conquista: non a caso nel titolo si è scelto quello di un lavoro fondamentale e suggestivo a cura di Anna Giacalone Ramat, *verso l'italiano*, lì riferito al processo di acquisizione dell'italiano come lingua

---

[6]   Cfr. le riflessioni di Bartoli Langeli (2000).

[7]   Da una lettera di Carmela G. inviata al fratello Luigi G., residente a Nusco (SA), da Montevideo, il 14 gennaio 1992 e ora conservata dal nipote Amato G.

seconda, che ben si adatta anche al percorso linguistico dei semicolti nella scrittura.

3.   Una lingua in bilico (dal corpus MeTrOpolis)

Nel 2014, in occasione di una giornata di studio all'università di Salerno, veniva ufficialmente avviato un progetto del Laboratorio LeGIt dal titolo MeTrOpolis, spazio virtuale di raccolta di documentazione e scritture semicolte per ricostruire una storia linguistica „minore" della Campania, dispersa e sotterranea.[8]

3.1   Lettere

La maggior parte delle lettere degli emigrati rientra nella categoria della lettera di saluto (cfr. Franzina 1979, 51-52) che si apre, per l'appunto, con i saluti e passa poi a trattare dello stato economico e di salute di chi scrive con l'augurio di successo e benessere. Ovviamente il desiderio di scrivere una bella lettera, non supportato da una buona padronanza dell'italiano, porta il semicolto a commettere errori dovuti anche a ipercorrezione[9]:

> Caro fratello dopo tanto silenzio io ti scrivo vi dico che io stao bene asieme ai miei figli ma lostesso spero asentire di voi Michelina si sta bene e tutti i tuoi figli
> Caro fratello dopo na quanta giorni sono andata ala casa di Palmina non pote inimaginare alegria chi agi ricevito avere il tuo scritto che stati tutti bene e lostesso ti dico di me stai bene asieme ai miei figli e nipoti.

---

[8] L'acronimo indica *Luogo di Memorie, Tracce, Orizzonti*. Il progetto rientra in una ricerca più ampia, *Alfabetizzazione e cultura scritta dall'unità a oggi*, riguardante soprattutto le aree meno studiate della Campania (Salerno, Avellino e Benevento). Il Laboratorio LeGIT (Lessico e Grammatica dell'italiano), sotto la responsabilità di chi scrive, è incardinato nel Dipartimento di Studi Umanistici dell'università di Salerno.

[9] Le cinque lettere (1991-1994), da cui sono tratti i brevi stralci nel testo, sono di Carmela G. (12/1/1915) e moglie dal 1933 di Antonio L. (6/4/1910). Insieme al marito e ai suoi figli nel 1948, trovandosi in condizioni economiche difficili, emigrò nell'America del sud, in Uruguay. Da Montevideo intrattenne una corrispondenza epistolare con il fratello Luigi. La scrivente aveva frequentato solo la prima elementare; successivamente era stato il fratello Luigi, destinatario delle lettere, a continuare a istruirla. Luigi G. (21/07/1917) frequentò la prima e la seconda elementare, poi lasciò la scuola e decise, anche se per un periodo temporaneo, di emigrare nel sud America, dove dopo qualche tempo trovò lavoro come saldatore. Il salario, però, era basso e pertanto Luigi, essendo uno dei pochi del cantiere a sapere scrivere, offrì la sua consulenza a tutti gli altri lavoratori. Con il guadagno di vari anni (un dollaro a lettera) tornò a Nusco e comprò una piccola proprietà. Le cinque lettere sono oggi conservate dal figlio di Luigi G., Amato G.

Un *leitmotiv* è quello della distanza enorme tra i corrispondenti, che diventa pretesto per inviare regali ai familiari lontani:

> caro fratelo mi chiamo la Rosa di bunSario che il zio Antonio chiere sapere de la zia Asunta inorde America se sta viva ò nò
>
> Caro fratello avienta la portunita che Palmina viene alitalio io ti manto un presente.

Scrivere lettere è insomma l'unico modo per vincere la lontananza, nonostante rappresentasse una fatica non da poco per la maggior parte degli emigrati:

> Non tenco altro che dirti solo mi fermo con la pena ma col cuore vi penzo senpre a tuti avoi;
>
> dunquo caro fratello ame noe la mala volontà io non a scrito però il mio cuore vi penza siempre siembre a tutti.

Non di rado ci sono i ringraziamenti per il supporto finanziario che nei primi tempi dalla partenza gli emigranti ricevevano da parte dei parenti che restavano in Italia oppure per il disbrigo di pratiche presso le autorità italiane o i comuni di origine:

> caro fratello tante crazie dela 100 mila lire lo voi atenere di ricordo tuo io caro fratello no mi scordo mai di voi e tutta la tua famiglia
>
> vi dico tante crazie che me lai mantato la carta
>
> dunqua fratello vi dico se me puoi asere un favore di farmi una carto come esta io sono andada alimbacato Italiana por ricevire una penzione da litalio e lei mi dicono che mifalotava esto papelo io telo pito por favore se melo puoi asere quanto cobro ti venco avere il papelo tiene che esere uguale a questa lei gia sa come lo devono fare.

Alcuni scriventi hanno come punto di riferimento per la scrittura modelli testuali alti come per esempio la norma burocratica che agì a lungo come norma rassicurante.

> Nonostante il carattere privato della corrispondenza, è evidente il tentativo di elevare la lingua e lo stile evitando, per quanto possibile, i tratti più vernacolari e attingendo a un bagaglio di risorse 'alte', costituito da reminiscenze scolastiche, burocratismi di vario genere e altri elementi acquisiti in modo più o meno casuale da varietà cui è attribuito un certo prestigio sociale (Bianco 2013, 111).

L'esempio che segue è tratto dalla lettera dell'emigrato Antonio G. che per indicare la lettera ricorre al sinonimo più alto, *la presente*, non appropriato alla scrittura immediata e familiare:[10]

---

[10] Su Antonio G. non si hanno molte notizie: nacque a Nusco nel 1896 e frequentò le prime due classi elementari. La sua lettera, datata 25/06/1984 e inviata da Montevideo, è destinata a Luigi G., suo nipote ed è ora conservata dal pronipote Amato G.

Caro Luigi spero che la presente ti troverà in ottimo stato di salute…con la presente venco a molestarlo chiedendogli un granfavore ho bisogno urgente del foglio matricolare non lo chiedo tramite consolare perche ritarda almeno due mesi se vuoi farmi questo favore senò deve scrivermi ††† e nontenco altro camino che quello consolare grazie anticipatamente… perdona il male scritto purche la mano mi trema e spero che la mia richiesta nonsia molto fastidio di nuovo saluti e grazie.

3.2   Cartoline postali

Rientrano tra le produzioni scritte di emigranti anche le cartoline postali, inviate di solito durante le festività, per esempio a Natale o a Pasqua (con illustrazioni del caso; in alternativa sono molto frequenti anche fotografie personali) e quindi con gli auguri da parte del mittente al destinatario[11]:

feli fiesta attuti in famiglia spero che questo anno viene meglio di hanno posato tua sorella e cognato… saluti ricevi di noi tutti repito felici fiesta Carmela.

Le tre cartoline seguenti fanno parte di un piccolo epistolario di 14 pezzi di corrispondenza (1958-1973) che la signora Antonietta T., originaria di Forino, un paese irpino, inviò da Torino ai suoi familiari. Le informazioni sulla scrivente sono state fornite dalla testimonianza diretta del cognato Pasquale, destinatario, insieme alla moglie Rosa, dei documenti. Secondo i ricordi del cognato, Antonietta, chiamata sin da piccola Tattella, frequentò la scuola dell'obbligo fino alla terza elementare, dove imparò a leggere e a scrivere senza poter conseguire il diploma a causa dell'inagibilità dell'edificio scolastico; per tale motivo per migliorare le sue poche conoscenze grammaticali e aritmetiche si recava saltuariamente a casa delle signorine Fanelli[12], due sorelle nobili e maestre elementari del paese. All'età di circa vent'anni si trasferì a Torino dove venne assunta alla FIAT come operaia. Dopo il matrimonio con un giovane infermiere originario della provincia di Foggia, Tattella smise di lavorare per dedicarsi alla famiglia:

I
Cara sorela teli mande come
siami venuti, qui e il giorno
di carnevale, siamo andati
a Piazza Vittoria.
qui dovo celabiamo fato e dovo

---

[11]   Da una cartolina di Carmela G.
[12]   La famiglia Fanelli di Nusco era di antiche origini nobiliari.

abiamo visto quel giorno
a Pellegrino il figlio di
Raziela roprencipi Baci
Tuta la compagnia
Torino 9-4-68
II
le piu bele telo
mandate lultime
non farli veere
anessuno che
si prendano paura
Torino 17-6-69
III
Cara sorela ti manda questo
fota. ala prosimo ti mande
dovo stiami tuti 3. Baci
dal tuo Nipoto Giuseppe
caserta
Torino 24-7-70

3.3   Corrispondenze di ritorno

Spesso non sono conservate le lettere degli emigrati (per motivi vari, anche per cause naturali come incendi o il terremoto dell'Irpinia del 1980), ma quelle ricevute dagli emigrati e gelosamente custodite come bene prezioso legato agli affetti. È il caso della lettera che segue (uno stralcio) di Angelina, tratta da un gruppo di lettere scritte dalla *commara Angelina* al *compare Pasquale*, suo cognato, emigrato in Germania per motivi di lavoro nei primi anni Sessanta e che aveva lasciato a Valva, paese dell'entroterra salernitano, sua moglie Margherita e le sue figlie Angelina e Anna Maria. Delle risposte di Pasquale non si conserva nulla, poiché andarono distrutte dal terremoto del 1980. Angelina, nata a Valva nell'ottobre del 1942, frequentò le prime cinque classi della scuola dell'obbligo per poi continuare ad aiutare la madre nelle faccende domestiche e nei campi. La scrivente, che aveva rare occasioni di scrittura, dovette impugnare la penna per poter intrattenere rapporti epistolari con il futuro marito, con i fratelli emigrati in varie parti d'Italia e d'Europa e con il cognato Pasquale.

Valva 15.5.63
caro compare subito venco
arrispondere alla tua cara
lettera dove sono rimasta con
tenta assentire le tue buone

notizie che stai bene e cosi ti
posso assicurare anche di me
e della cara Mamma poi Caro
compare tu ai detto come mi
o passata la festa di San Mi
chele io non o mica uscita
e poi per ditta della Gente o sapu
to che ce stato la Banda di rici
gliano ma io non o pro
prio scito e poi Caro
compare
come il tuo cuore te lo vessi
detto che me lo fatta male
la festa senza di vito ma
cosa ci possiamo fare deve
venire Natale e spero che
porti il disci dei balli e così
se siamo tutti auniti
possiamo ballare
...

3.4   Produzioni *pro memoria*

Le produzioni *pro memoria* (come diari, memorie, autobiografie, resoconti di viaggio, ecc.) non nascono di solito con l'intento di essere pubblicate, ma per conservare il ricordo di sé e della propria famiglia, e perciò sono improntate a una forte spontaneità di contenuti e di forma (cfr. Fresu 2014, 205). Oltre all'interesse linguistico tali testi hanno anche un valore storico, perché gli eventi particolari della microstoria familiare fanno luce anche sulle vicende della macrostoria, come nel caso dell'*autobiografia* di Antonio De Mita, un contadino di Nusco che a 17 anni l'8 maggio del 1939 lasciò Felitto (contrada di Nusco, in provincia di Salerno), per raggiungere prima Napoli e poi in treno Genova, da dove si sarebbe imbarcato sul transatlantico "Conte Grande" diretto in Argentina. Nell'ottobre del 1940 il giovane ebbe l'idea di annotare su un quaderno di ventidue pagine la storia della sua vita, dai ricordi dell'infanzia al momento della partenza per l'Argentina. L'*autobiografia*[13] è tripartita: la vita scolastica, poi la vita di lavoro nei campi e infine il viaggio verso l'America.

---

[13] L'autobiografia è stata pubblicata da G. Marino, *Il diario della mia vita. Autobiografia di un giovane emigrato in Argentina -1939-*, Abedizioni, Empoli 2001, ma è stata qui

Ad un anno dallo sbarco in Argentina la notizia dell'entrata in guerra dell'Italia fece riaffiorare in Antonio l'orgoglio di essere italiano:

> Scrivo pagine di grande storia; storia da voi tutti ricordata; ed e quella di un giovane Italiano in America, che narra i successi della sua vita…Qui racconto i miei anni passati in Italia la terra mia nativa, che tanto amo, perché della terra nativa miei cari non ci dovemo dimenticare mai specialmente noi Italiani che siamo della terra che porta la civiltà, l'arte, scrittura al mondo intero.

Nitido affiora anche il momento doloroso della separazione dai familiari:

> Oh quanta tristezza! Lasciare la mamma il vecchio nonno i fratelli la sorella pensava che erano i ultimi giorni cioè che li chiamava per la mia bocca pechè poi li doveva chiamare per la carta, imaginatevi Antonio non poteva stare contento a pensare, che doveva lasciare, lasciare la sua casa Natalizia, la sua famiglia, la sua adorata mamma.
> E così nell'automobile io entrava e l'audista in marcia metteva il motore e il freno lasciava. Tutti gridavano il loro arrivederci ed io le rispondeva Con il mio fazzoletto sciogliendolo al vendo, Addio Addio)) e così l'audista la terza marcia ingranava via diretto a Napoli si fermava.

Le ultime pagine dell'autobiografia ripercorrono l'intero viaggio da Nusco a Genova. Antonio si sofferma in maniera minuziosa su tutte le tappe del tragitto. Richiama alla mente *la bella Napoli* (riga 335) e il sentimento di tristezza provato nel dover lasciare *il sud beato Napoletano* (riga 340); quindi ricorda *le colline fatali Romane* (riga 344), contento di aver potuto *osservare le storiche mura di Roma* e di aver potuto trovare nella visita alla *città eterna* (riga 346) il riscontro di tutto ciò che aveva studiato; infine rievoca Genova, *tutta una bellezza* e ricca di *bellezze d'arte, e naturale* come *il suo splendido porto custodiato dalle montagne* (righe 406-7). La microstoria si intreccia con la grande storia presente sullo sfondo: le pagine di quando Antonio giocava a pennini, degli esami di scuola elementare, della malattia, del lavoro nei campi, della morte della nonna e di molti altri eventi sembrano pagine di piccole cose di dimensione privata. In realtà, invece, il racconto di vita quotidiana consente di ricostruire uno spaccato di storia corrispondente alla prima metà del XX secolo: Antonio, come si evince dalle pagine dell'autobiografia, aveva ben chiari lo sfondo storico dalla fine della prima guerra mondiale ed aveva probabilmente avvertito il pericolo, annunciato dall'instaurarsi di regimi totalitari, di una prossima tragedia bellica:

---

trascritta controllando direttamente le riproduzioni fotografiche dell'autografo (lì stampate).

ed io pensava, ed ammirava, questi tempi incui io mi incontrava, fin dalla mia infanzia, incominciavo a capire, che mincontrava in una epoca molto male, in questi tempi sincominciò a parlare di guerra…studia la storia dei primi abitatori della terra cioè 733 anni avanti Cristo, e pensava…da quei tempi, a questi giorni presenti la trasformazione del mondo, digli uomini e dei governi, e la guerra che e la cosa che asiste sempre al mondo, la cosa che io penso e la guerra il disastro del mondo, però dobbiamo ricordare che questo verbo es inevitabile perché l'uomo fin dei tempi in cui nulla si conosceva, pensò alla guerra. E dunque questi non tenevano armi e incominciarono a filare le pietre una contra l'altra e dunque formavano una punta come una spada, e conqueste pietre gli uomini si andavano uno contro l'altro ((Rifletti e pensa)).

il dramma di chi emigra e dei suoi cari rimasti invece in patria, dall'altra, il dolore della separazione e la difficoltà di accettare un nuovo inizio, una nuova vita:

le braccia della mamma si aprirono e abbraciandomi e baciando dicendomi figlio e giunta l'ora incui ci dobbiamo lasciare, mentre piogge di baci mi cadevano sul volto… …Miei cari lettori di questi versi manoscritti si voi sieti emigranti, specialmente da ragazzo come lo sono io, che ai 17 anni, per andare incerca della mia fortuna e del mio destino, ho dovuto lasciare di quanto io più caro ciavevo La mamma mia e la Patria mia. (Rifletti e Pensa) (E! doloroso?).

Colpiscono, inoltre, alcune tracce di interferenza con lo spagnolo (*buen, buena, aprovado, istorico, espresare* 'esprimere'), nonostante Antonio, nel momento in cui scriveva, fosse emigrato in Argentina da appena un anno. Qua e là nell'*Autobriografia* non manca una certa liricità: i giorni che lo separano dalla partenza diventano *penosi* (riga 224); la madre lo *inonda di pioggie di baci* (riga 236); durante i saluti agita il *fazzoletto sciogliendolo al vendo* (riga 313); il suo volto è bagnato da *penose lagrime* (righe 415- 416); il suo è il cuore *povero e solitario* di un emigrante (riga 445); peraltro autori come Dante e Leopardi non dovevano essergli estranei visto che del primo cita due versi del XXVI canto dell'*Inferno* e del secondo ricorda, alle righe 55- 57, il "pessimismo cosmico". Il lessico impiegato per narrare alcuni momenti difficili (la malattia) si arricchisce di metafore e di immagini plastiche: *mi vedeva inmenzo ad un mare di confusioni mi pareva che volava* (righe 178-180), *il Signore si e venuto a cogliere la meglio uva della nostra pergola* (righe 182-184). Infine, nelle pagine in cui Antonio fa l'epopea di Roma e di Benito Mussolini, si susseguono parole ed espressioni che sembrano prelevate da manuali scolastici e disseminate, anche in maniera illogica, nel testo: *Roma, madre della civiltà millenaria* (righe 361 e 362); *Benito Mussolini Duce del Littorio rinnovatore del vecchio patriottismo Romano* (righe 366-368); *noi Italiani sotto il suo storico vessillo Littoresco* (righe 373-374); *le nostre future rosee speranze* (righe 375-376). Il ricorso a risorse linguistiche e stilistiche poco comuni, di reminiscenza scolastica o di altra provenienza, può essere interpretato come un segnale della scarsa fiducia che lo scrivente ripone nei propri mezzi oppure come segno del tentativo di dare al proprio scritto una certa solennità, una *facies* decorosa. E tuttavia, nella maggior parte dei casi, l'uso di un lessico eccessivamente ampolloso e solenne contrasta con la dimensione immediata e diretta del genere autobiografico. Nonostante il basso grado di istruzione (la quinta elementare; ma riprese gli studi in Argentina) De Mita non rinunciò a far sentire la sua voce, attraverso la scrittura, sugli avvenimenti del mondo contemporaneo; consapevole sin da piccolissimo dell'importanza di saper leggere e scrivere, riprese gli studi e si diplomò in Elettronica; lavorò e riuscì a mettere su una piccola fabbrica elettromeccanica. De Mita tornò a Nusco nel 1986 dopo quarantasette anni di assenza e lì morì non molto tempo dopo, il 18 marzo del 1991. Il figlio Claudio annota su un bigliettino: "Papà mi diceva siempre che a lui non li faceva paura la morte. Quello che desiderava era morire dove lui era nato".

4.   La lingua che si arrampica: una testualità oralizzante[14]

Analizziamo, dal punto di vista linguistico, una lettera del 1968, inviata da Antonietta T., detta Tattella (sulla quale cfr. 3.2), caratterizzata dalla presenza di molti tratti tipici della scrittura popolare.

1. Torino 18-12-968	39. meno 10 lo andavo aprendere
2. Cara sorella e cognato	40. e tu fami sapere como
3. con tanto piacere rispondo	41. stai spere che stati tutti
4. sula tua cara lettere la quale	42. bene, Cara sorela laltro
5. ci dave buone notizi e cosi	43. giorno mi e telefonato
6. vi assicuro anche di noi	44. Nuccio, per sapere il
7. tutti, unito Assunta e	45. tuo in dirizzo, si vede
8. famiglia. Cara sorella	46. che ti vuole mandare
9. il paCco labbiamo	47. qual cosa per Natale,
10. avuto, e Assunto vela	48. Poi io adesso ti mando
11. fatto gia sapere, grazie	49. il numero del telefono

---

[14] Nella trascrizione diplomatica della lettera i simboli < > indicano le cancellature della scrivente.

12. di tuto anche apparto
13. di miei suoceri, e arivato
14. tuto apposto senza che
15. si e scassato ma
16. solo che i mastaciuoli
17. e i taralli tutti rotti
18. ma noi cela <bbi> biamo
19. mangiato lostesso
20. Cara sorela dici che
21. cerardina non e stato
22. tanto bene, ma sarà
23. <l'influemza> l'influenza
24. che ce ingiro perche
25. lo fatto anche io ma
26. ame mi a prese ala
27. gola e la testa per
28. 3 giorni sono stato
29. propio mi faceva tanto
30. male adesso sto bene
31. ma 10 giorni non sono
32. usciti pero a casa
33. stavo alzato. A Giuseppe
34. lo portavo Pietro ala
35. scuola, perche mi endato
36. bene che Pietro faceva il
37. pomeriggio cosi ale 8|20
38. lo portavo e <leu> l'una

50. che fino al mento melanno
51. meso, e 214,832,
52. Caserta Antonia via Sospello
53. 163, scal 17 non confonde-
54. ta col numero vecchio
55. io vorrei <tell> telefonare
56. per Natale se vi chiamo
57. non ti prendere paura
58. Cara sorela Giuseppe era
59. scrito al nonno Saveri
60. che anatal lo volevamo far
61. venire qui a Torino, ma
62. non ci a popio risposto
63. Giuseppe e arrabiato nui
64. spere che ci fa la
65. sroprese che venisse, fatecelo
66. sapere Saluti e buone
67. feste a tuti unita a
68. tatillo a tua suocera
69. tanti baci a Cerardina
70. Saluti tanto a tuo Marito
71. Saluti da Pietro dai
72. miei suocere Buone
73. feste di Natale capo
74. d'anno Baci a tutti
75. da Peppe Enza tua
76. sorella Antonietta

▶Livello grafo-fonetico: irrazionale l'uso della punteggiatura, sporadico e incerto l'uso degli accenti (*cosi*; *gia*; *e arivato*; *e scassato* 'è rotto'; ecc., ma corretto *sarà*); l'apostrofo solo due volte è usato correttamente, mentre quasi sempre manca: *labbiamo*, *vela* 've l'ha', *cela biamo*; *lo* 'l'ho'; *laltro*, ecc. o segmentazioni improprie: *capo d'anno*; varie le altre univerbazioni e segmentazioni improprie: *apparto* 'da parte'; *apposto*; *rlostesso*; *ingiro*; *ame*; *endato* 'è andata'; ecc. e le segmentazioni improprie: *cela biamo*; *in dirizzo*; *qual cosa*; ecc. Non sempre corretto l'uso della maiuscola (a parte che con i nomi propri) che in alcuni casi segnala un nuovo periodo o argomento, pur senza essere preceduta da punto. Sono presenti due casi di omissione di [h] diacritica: *vela* 've l'ha' 10; *a* 26 e 62. A lapsus va imputato *sroprese* 'sorpresa' 62. Frequenti le degeminazioni di consonanti doppie: *sula* 4, *tuto* 12 e 14, *arivato* 13, *mastaciuoli* 'mostaccioli' 16; *sorela* 20, 42, 58 ecc. e la registrazione del raddoppiamento in fonosintassi (con conseguente univerbazione) *apparto* 12, *apposto* 14 dovuti all'interferenza col dialetto. Ricorrenti sono la riduzione di nessi consonantici complessi: *propio* 29 e *popio* 62 e apocopi vocaliche: *notizi*, *Saveri*; *anatal*.

►Livello morfosintattico: diffuse le sconcordanze e le irregolarità nella morfologia verbale, che, in alcuni casi, dipendono anche dal dialetto locale in cui si registra l'indebolimento del vocalismo finale atono: *cara lettere* 'cara lettera'; *miei suocere* 'miei suoceri' 72, *dave* 'dava' 5, r. 21 *e stato* 'è stata' 21, *prese* 'preso' 26, *sono stato* 'sono stata' 28; *usciti* 'uscita' 31; *alzato* 'alzata' 33; *portavo* 'portava' 34; *andavo* 'andava' 39; *spere* 'spero' 41 e *stati* 'state', ecc. Lapsus sarà *nui* per 'lui' 63. Diffusa nel sud è la sovraestensione del clitico dativale *ci* che neutralizza le opposizioni di genere e numero: *non ci a popio risposto* 62 in riferimento a *Giuseppe* 58. Incertezza nell'uso delle preposizioni: *sula* per 'alla' 4. In un solo caso si segnala l'accusativo preposizionale nella formula a r. 70 *Saluti tanto a tuo Marito*. Si registra la prevalenza dei tempi verbali dell'indicativo, ad eccezione di un congiuntivo imperfetto, seppure improprio, *venisse* 65 e del condizionale *vorrei* 55. Riconducibile all'area geografica di provenienza è la generalizzazione dell'ausiliare *essere*: *e telefonato* 'ha telefonato' 43 (mentre *era scrito* 'aveva scritto' 58-59 è dal piuccheperfetto latino *habueram*).

►Livello sintattico e testuale: tipiche difficoltà nella *consecutio temporum*, nelle frasi relative e nell'uso del *che*; di sapore parlato la frequente segmentazione sintattica, con alcuni anacoluti, ecc.: *il pacco labbiamo* 9, *cela biamo mangiato* 18-19 (riferito a *mastaciuoli* 16 e a *taralli* 17); *ame mi* 26, *A Giuseppe lo portavo Pietro* 33-34, *al nonno Saveri che anatal lo volevamo* 59-60.

►Lessico: anche in questa lettera non mancano parole ed espressioni dialettali o colloquiali: *si e scassato* per 'si è rotto' 15, *l'influenza ame mi a prese ala gola e la testa* 26-27, *stavo alzato* per 'stavo in piedi' 33; *non ti prendere paura* per 'non avere paura' 57, *lo fatto* per 'l'ho avuta' 25 (riferito a *influenza* 23); *mastaciuoli* per 'mostaccioli' 16; forme espressive e ipocoristiche: *Nuccio* per 'Carmine' 44; *tatillo* (diminutivo di *tato* 'papino') 68.

►Livello testuale e pragmatico: all'interno di una costruzione informale e fortemente oralizzante, si registra una notevole difficoltà nella scansione del discorso, che si evidenzia nell'assenza di capoversi. Frequenti sono i tentativi di usare formule fisse per scandire le varie porzioni del testo: *Cara sorella e cognato* 2; *Cara sorella* 8; *Cara sorela* 20, 42 e 58. Pochi i deittici: *qui a Torino* 61. Del disordine del progetto testuale fanno fede le continue ripetizioni: si vedano le righe 58-66, anche con varie ridondanze (i saluti, iniziati a r. 66 e conclusi a r. 76).

Per concludere torniamo al corpus *Metropolis* da cui siamo partiti. Il progetto di un disegno di una storia linguistica secondaria e sommersa, come è quella di scriventi semianalfabeti e perciò non direttamente protagonisti della storia linguistica, è rafforzato dal fatto che non esistono ancora corpora di italiano popolare che tentino di radiografare un'area geografica, linguisticamente più o meno omogenea, per un lungo periodo e attraverso scriventi e scritture eterogenee: esemplare, ma su scala nazionale per varie regioni, il lavoro di Salvatore (2017) che è stato già citato. Mettere insieme reperti scritti prodotti nell'arco di 150 anni in una zona geografica circoscritta e diversi per tipologia di scriventi, di tipi testuali, di destinatari ecc. consentirà di tratteggiare meglio i processi di acquisizione dell'italiano, di modellizzazione linguistica, di avvicinamento a norme alte e prestigiose, ma anche di inquadrare meglio le spinte, tra sostrato e modelli linguistici di riferimento, che agiscono su scriventi che dispongono anche di una minima capacità di modulare la propria scrittura.

Riferimenti bibliografici
BARTOLI LANGELI, Attilio. 2000. *La scrittura dell'italiano*. Bologna: il Mulino.
BERRUTO, Gaetano. 2012[2] (1987[1]). *Sociolinguistica dell'italiano contemporaneo*. Roma: La Nuova Italia Scientifica.
BIANCO, Francesco. 2013. "Le lettere dei migranti irpini fra italiano, dialetto e lingua straniera", in: Albizu, C. et al. edd. *Variante et varieté – Variante e varietà – Variante y variedad – Variante und Varietät. Actes du VIe Dies Romanicus Turicensis. Zurich, 24- 25 juin 2011*. Pisa: Edizioni ETS, 101-117.
BRUNI, Francesco. 1978. "Traduzione, tradizione e diffusione della cultura: contributo alla lingua dei semicolti", in: *Quaderni storici* 13/2, 523-554.
BRUNI, Francesco. 1984. *L'italiano. Elementi di storia della lingua e della cultura*. Torino: UTET.
CARDONA, Giorgio Raimondo. 1983. *Culture dell'oralità e culture della scrittura*, in: *Letteratura italiana Einaudi*, II. *Produzione e consumo*. Torino: Einaudi, 25-101.
D'ACHILLE, Paolo. 1994. "L'italiano dei semicolti", in: Serianni, Luca & Trifone, Pietro. edd. *Storia della lingua italiana*, vol. 2: *Scritto e parlato*. Torino: Einaudi, 41-79.
FRANZINA, Emilio. 1979. *Merica! Merica! Emigrazione e colonizzazione nelle lettere dei contadini veneti in America latina 1876-1902*. Milano: Feltrinelli.

FRESU, Rita. 2014. "Scritture dei semicolti", in: Antonelli, Giuseppe et al. edd. *Storia dell'italiano scritto*, vol. 3: *Italiano dell'uso*. Roma: Carocci, 195-223.

FRESU, Rita. 2016a. "L'italiano dei semicolti", in Lubello, Sergio. ed. *Manuale di linguistica italiana*, Berlin/Boston: de Gruyter, 328-350.

FRESU, Rita. 2016b. "Semicolti nell'era digitale: testi, scriventi, fenomeni in e-taliano (popolare?)", in: Lubello, Sergio. ed. *L'e-taliano. Scriventi e scritture nell'era digitale*. Firenze: Cesati, 95-120.

GIACALONE RAMAT, Anna. 2003. *Verso l'italiano. Percorsi e strtegie di acquisizione*. Roma: Carocci.

LUBELLO, Sergio. 2015. "Ancora sull'italiano burocratico. Riflessioni sulla base di un corpus recente (2011-2015)", in: *Studi di grammatica italiana* 34, 263-282.

LUBELLO, Sergio & NOBILI, Claudio. 2018. *L'italiano e le sue varietà*. Firenze: Cesati.

MALAGNINI, Francesca. 2007. *Nuovi semicolti e nuovi testi semicolti*, in: ead. ed. *Lingua, media, nuove tecnologie. Otto esercizi*. Lecce: PensaMultiMedia, 261-265.

SALVATORE, Eugenio. 2017. *Emigrazione e lingua italiana. Studi linguistici*. Pisa: Pacini Editore.

SPITZER, Leo. 1921. *Italienische Kriegsgefangenenbriefe. Materialien zu einer Charakteristik der volkstümlichen italienischen Korrespondenz*. Bonn: Hanstein. Trad. It.: *Lettere di prigionieri di guerra italiani (1915–1918)*. Torino: Boringhieri.

TESTA, Enrico. 2014. *L'italiano nascosto. Una storia linguistica e culturale*. Torino: Einaudi.

VEDOVELLI, Massimo. 2011. *Storia linguistica dell'emigrazione italiana nel mondo*. Roma: Carocci.

L'Italia al lavoro: Generazione 1000 €
Strategie didattiche per l'insegnamento dell'italiano a scuola e all'università
Simona Bartoli Kucher (Graz)

1. Introduzione

Se si pensa alle classi eterogenee della realtà scolastica contemporanea, se si hanno davanti agli occhi le tante situazioni di plurilinguismo in cui, per garantire la buona riuscita della comunicazione tra persone di madrelingua diversa, è necessario l'intervento di un mediatore o di una mediatrice, emerge l'importanza delle attività di mediazione linguistica e culturale, delle *mediating activities* presentate dal QCER fin dalla sua prima pubblicazione[1], e corredate di nuovi descrittori nel *Companion Volume* appena pubblicato online in inglese.[2]

In molte città e scuole di tutta Europa trovano oggi posto non soltanto le lingue e le culture europee, ma quelle di tutto il mondo, il che rappresenta una grande sfida per chi crede, da un lato che l'apprendimento e l'uso della lingua madre rappresentino uno dei fondamentali diritti dell'uomo (Delanoy 2014; Wintersteiner & Gombos & Gronold 2008), dall'altro che il ruolo della formazione sia quello di preparare a vivere in una società plurilingue e pluriculturale (Consiglio d'Europa 2002, 7; Luchtenberg 2009, 280; Belke 2012, 27; Roche 2013, 5 e 265).

---

[1] Secondo la definizione del QCER, la mediazione è un iperonimo per "diverse attività scritte e/o orali" che "rendono possibile la comunicazione tra persone che, per un qualunque motivo, non sono in grado di comunicare direttamente" (Consiglio d'Europa 2002, 2.1.3, 18). È fondamentale sottolineare lo spazio, ricoperto negli ultimi anni, dalle attività di *Sprachmittlung* (mediazione) nel discorso della didattica delle lingue straniere, soprattutto in ambito germanofono (Reimann & Rössler 2013, 11-12).

[2] Si vedano: *CEFR-Companion Volume with New Descriptors. In:* https://rm.coe.int/cefr-companion-volume-with-new-descriptors-2018/1680787989. Dal 2014 Brian North, co-autore del *QCER*, si è occupato di ampliare i descrittori delle competenze di mediazione, appoggiandosi a una rete internazionale di collaboratori per la validazione, tra cui il Centro DITALS dell'Università per Stranieri di Siena. Si veda in proposito: Elena Carrea. 2017. "Estensione dei descrittori del QCER. Focus sulla Mediazione", in: Diadori, Pierangela & Carrea, Elena. edd. *La nuova DITALS risponde*. Roma: Edilingua, 419-420.

2. Dalla teoria alla pratica

La didattica delle lingue straniere – disciplina scientifica interdisciplinare, che mira alla ottimizzazione dei processi di insegnamento e di apprendimento nel contesto istituzionale dell'insegnamento delle lingue straniere (Hallet & Königs 2010, 11) – si propone come scopo la comprensione di molteplici realtà e domini, implicitamente anche la disponibilità a confrontarsi, proprio nell'ambito dell'analisi e della ricerca, con temi rilevanti dal punto di vista pratico.

Da quando la crisi strozza l'Italia, da quando la disoccupazione giovanile nel Bel Paese ha toccato la vetta del 37% (dati ISTAT del giugno 2017)[3], il tema del lavoro precario rappresenta senza dubbio uno di quei discorsi sociali e culturali con cui anche gli insegnanti e gli studenti di italiano come lingua straniera dovrebbero confrontarsi. Il lavoro è infatti uno di quei domini in cui avvengono i cambiamenti più repentini (The New London Group, 2000, 10 segg).

Nel testo che segue, si cercherà di presentare uno scenario didattico che coniuga in una rete intertestuale e interdisciplinare gli obiettivi di alcune lezioni del corso di laurea in italiano dell'Istituto di Romanistica dell'Università di Graz: un corso di apprendimento della lingua, un corso di didattica delle lingue moderne, un corso di analisi contrastiva di testi, oltre che una lezione di Aspetti della cultura italiana.

Attraverso una rete intertestuale in cui i contenuti e gli obiettivi dei diversi corsi si intrecciano – questa la mia tesi – è possibile offrire agli studenti universitari di lingue straniere *learning opportunities*, oltre che *strategie didattiche* per attivare e/o potenziare lo sviluppo di abilità e competenze linguistico comunicative, realizzando al contempo un produttivo processo integrativo di *language and cultural awareness*, volto a trasferire gli approci della ricerca dalla didattica delle lingue straniere moderne alle future attività pratiche degli insegnanti di lingua in formazione.

---

[3] Si veda: Eurostat – Disoccupazione. Secondo i dati di Eurostat la disoccupazione giovanile in Italia sarebbe scesa nel novembre 2017 dal 34% al 32,7%, segnando il calo più significativo di tutta l'Eurozona. Ciononostante la disoccupazione giovanile italiana resta la terza più alta d'Europa dopo la Grecia (39,5% in settembre) e la Spagna (37,9%). Si veda: Istat – disoccupazione.

2.1 Uno scenario didattico: primo esempio

12 | International   Donnerstag, 4. Mai 2017

Generation von Nesthockern

Nestflüchter und Nesthocker in der EU
Durchschnittliches Alter bei
Auszug aus dem Elternhaus
EU-Schnitt: 26,1 Jahre

■ Jüngste
■ Unter EU-Schnitt
■ Über EU-Schnitt
■ Älteste

EU-Studie zeigt:
Nur Schweden
verlassen jung das Elternhaus.
Die Kroaten ziehen im Schnitt
erst mit 31,4 Jahren daheim aus.

„Hotel Mama" ist immer mehr gefragt – ob aus finanziellen Gründen, weil ein eigener Haushalt für viele einfach nicht mehr leistbar ist, oder ob rein aus Bequemlichkeit. Fest steht: Die junge Generation bleibt laut aktueller Studie immer länger dem heimischen Herd erhalten. „Nur die Skandinavier verlassen in jungen Jahren das elterliche Nest", berichtet ein Sprecher bei der gestrigen Präsentation der Eurostat-Studie. Demnach zieht der schwedische Nachwuchs im Schnitt mit 19,7 Jahren von zu Hause aus und ist damit eindeutig der Nestflüchter unter den EU-Bürgern. Auf

den Plätzen folgen die Dänen mit 21,1 Jahren und die Finnen mit 21,9 Jahren.

Am anderen Ende der statistischen Auswertung finden sich überraschenderweise die Kroaten, die erst mit 31,4 Jahren das Elternhaus verlassen – damit übertreffen sie noch die als „Hotel Mama"-Bewohner verrufenen Italiener, die immerhin auch auf 30,1 Jahre kommen. Österreich befindet sich im Mittelfeld, das Auszugsalter der jungen Generation liegt bei 25,5 Jahren und damit knapp unter dem EU-Schnitt von 26,1 Jahren. Ebenfalls im Mittelfeld: Tschechien, Irland, Litauen.

Männer nutzen das „Hotel Mama" übrigens deutlich länger als Frauen. Im EU-Schnitt ziehen Töchter mit 25,1 Jahren aus, Söhne erst mit 27,2 Jahren. Doch auch hier gibt es große regionale Unterschiede: Während in Schweden die jungen Männer gerade mal einen Monat länger als die nestflüchten-

den Frauen daheim wohnen, sind es bei den Rumänen gleich 4,4 Jahre Unterschied (Männer 30,0 Jahre, Frauen 25,6 Jahre). Experten nennen Geldmangel als häufigste Ursache für den aufgeschobenen Auszug. In Österreich ziehen Söhne im Schnitt mit 26,6, Töchter mit 24,3 Jahren von zu Hause aus.

Map labels: FIN 21,9; SWE 19,7; EST 23,6; LAT; LIT; IRL; DEN 21,1; GBR; NED; BEL; GER; POL; LUX 23,1; FRA; TCH; SVK 30,9; ÖST 25,5; SLO; HUN; ROM; POR; CRO 31,4; BUL; ESP; ITA 30,1; GRE 29,4; CYP; MLT 31,1; KLEINE; Quelle: APA/Eurostat

Fig.1: Generation von Nesthockern, Kleine Zeitung, 4.5.2017, Graz

Il primo scenario didattico si basa sul tema della '*Nesthocker-Generation*' nell'ambito di una indagine EU e prende le mosse da un semplice testo informativo tratto da un quotidiano locale in lingua tedesca (*Kleine Zeitung*, 4.5.2017), usato per elaborare e realizzare – come si è già sperimentato nel semestre estivo 2017 con un gruppo di apprendenti – alcune delle attività di mediazione indicate dal QCER (paragrafo 4.4.4). Auspicabile è un gruppo multilingue di apprendenti come lo è stato nel corso di laurea a Graz (con lingue materne come il rumeno, il serbo, il croato e l'albanese).

In riferimento al gruppo di apprendenti a cui abbiamo fatto accenno, il primo compito è consistito nel cercare analoghi testi informativi (tratti da giornali online, da altri testi trovati in rete) in lingua materna e presentarli, nella pienezza delle loro caratteristiche linguistiche e dei loro specifici accenti, in italiano (per tutti, lingua di apprendimento universitario). L'educazione plurilingue infatti, se rafforza e sostiene la lingua madre, sviluppa anche la lingua del paese di accoglienza:

> In einer globalisierten Welt und Wirtschaft, in einer Welt mit Arbeits-, Armuts- und Flüchtlingsmigration hat das Bildungswesen die Aufgabe, junge Menschen zu einem Leben in dieser mehrsprachigen Welt unter den Bedingungen der sprachlichen und kulturellen Vielfalt zu befähigen. Das bedeutet zum einen, Kinder und Erwachsene, die bereits mehrsprachig sind, nicht einsprachig zu machen, sondern ihre Sprachen und sprachlichen Fähigkeiten zu nutzen und zu erweitern; und das bedeutet zum andern, auch einsprachigen Kindern früh einen Zugang zu Mehrsprachigkeit zu eröffnen (Krumm 2013, 7).

Svolgendo queste attività sono venute alla luce da un lato particolarità linguistiche, soprattutto nell'ambito del lessico: *Nesthocker* in tedesco, 'mammoni' in italiano, *génération kangourou* o *génération Tanguy* in francese[4], *kidults* in croato, un calco dell'inglese kid e adults; *çun mamaje* in albanese, che si riferisce all'abitudine dei figli di tenere i propri genitori in casa per tutta la vita; *generaţia adulescenţilor* in rumeno.[5] Dall'altro – nella fase della riflessione – sono stati evidenziati e discussi anche il relativo contesto e il possibile sfondo: p.e. caratteristiche e aspetti diversi dei legami interfamiliari nelle varie culture, prospettive nel mondo del lavoro, oltre che proposte per affrontare queste caratteristiche sociali. Tutte queste attività – in particolare il transfer linguistico dalla lingua materna alla lingua di apprendimento e il confronto con il testo input in tedesco – determinano una maggiore attenzione sia per le differenze linguistiche che per quelle culturali, contribuendo al potenziamento della *language and cultural awareness*.

2.2 Testi specchio/*Spiegeltexte* per ampliare lo scenario didattico

In un secondo tempo, le scoperte e gli approfondimenti emersi durante le attività di mediazione possono venire ulteriormente approfonditi – nel nostro caso lo sono stati – nell'ambito di corsi diversi (un corso di competenza orale a livello professionale, un corso di didattica della cultura e un corso sugli aspetti della cultura italiana contemporanea) con l'uso di 'testi specchio' nella lingua di apprendimento (*Spiegeltexte* secondo Philipp & Rauch 2010). Questi testi

---

[4] *Génération Tanguy*: dal nome del film di Étienne Chatiliez (2001).
[5] Si veda: Adulescentii.

rendono più facilmente visibili le differenze rispetto a un tema in due o più culture, rendendo possibili i collegamenti interdisciplinari (lavoro sulla lingua – approfondimenti culturali- metodi didattici).

Un esempio di *testo specchio* è (stato) rappresentato dal commento di Massimo Gramellini, pubblicato sul *Corriere della Sera* del 19.5.2017 con il titolo di 'Scontrino generazionale'. Già la rubrica in cui compaiono quotidianamente i testi di Gramellini rappresenta un'ottima strategia didattica per la comunicazione in lingua straniera: ogni giorno 'una tazzina di parole' con cui commentare i fatti del giorno.

Il titolo del *Caffè* del 19.5.2017, 'Scontrino generazionale', riconduce il lettore ad una realtà del mondo del lavoro, che in questa forma sembra esistere solo in Italia: nella scala dei rapporti di lavoro precario esiste una climax al contrario. Ai 'precari', che rappresentano ancora dei lavoratori privilegiati perché percepiscono una sorta di stipendio, fanno seguito in una scala discendente i 'voucheristi'. Si tratta di lavoratori precari che, in cambio dei servizi prestati, incassano alle poste il corrispettivo in contanti di un voucher/buono lavoro da 7,50 € l'ora, il cui costo comprende anche la copertura previdenziale e assicurativa – seguiti, all'ultimo gradino della scala, dagli 'scontrinisti': prestatori d'opera volontari, per i quali è stato addirittura creato un neologismo, che svolgerebbero un lavoro subordinato, rimborsato dalle presunte spese fatte nel corso della propria attività tramite la presentazione di scontrini. Gli 'scontrinisti' lavorano ufficialmente come volontari per 400 € al mese per 24 ore di lavoro settimanale nella biblioteca più grande d'Italia. Svolgono in realtà le mansioni di dipendente (nei settori accoglienza, catalogazione, fornitura di libri ai tavoli) senza contributi né tutele, p.e. turni, rientri, ferie, malattie, maternità, pensione (Il Manifesto).

Sul piano del lessico e della formazione delle parole, per quanto riguarda la consapevolezza metalinguistica[6], un breve articolo come quello di Gramellini consente scoperte importanti riguardo ai suffissi produttivi dell'italiano che consentono di creare parole nuove, dotate di un alto grado di trasparenza per

---

[6] *Language Awareness* viene definito dalla *Association for Language Awareness* come "explicit knowledge about language, and conscious perception and sensitivity in language learning, language teaching and language use" (ALA 2009).

ogni parlante, a partire "da una base lessicale già esistente secondo modelli formativi ben determinabili"[7] (Serianni 1989, 633).

Sul piano della consapevolezza culturale, lo stesso articolo consente di fare in lingua straniera riflessioni, commenti, confronti e ricerche intertestuali. Di fatto gli scontrinisti sono moderni schiavi del lavoro: uno scandalo che ha portato il Ministero a sostituirli con i ragazzi del servizio civile. "E questo in Italia si chiama Progresso" è la sarcastica conclusione di Gramellini.

Per non offrire ai giovani italianisti, a scuola e all'università, un'immagine troppo negativa del mondo del lavoro precario in Italia, si potrebbe aprire la prospettiva della rete intertestuale, inserendo – a fianco del testo del *Corriere della Sera* – il testo specchio *Nous venons libérer les stagiaires,* tratto da *Le Monde* del 24.4. 2015 (Stagiaires). L'articolo, illustrato dalla foto incisiva di maschere bianche e prive di espressione, denuncia una prassi disumanizzante praticata in Francia dalle cosiddette imprese Start-up che impiegano fino al 40% di *stagiaires.* Un confronto tra i due testi e le immagini che li illustrano – nel segno delle 'Veranschaulichungsstrategien' del 'Text Spectacle' (Held 2009, 125) – offre all'insegnamento delle lingue straniere una serie di strategie didattiche che vanno dal *language awareness* (Gnutzmann 2010), anche nel segno dell'intercomprensione tra lingue della stessa famiglia, alla *cultural awareness.* I testi potrebbero fornire un input sulla cui base formulare compiti di mediazione e di riflessione in lingua straniera su questo tipo di rapporti di lavoro, secondo il motto che 'tutto il mondo è paese'!

Dall'altro lato si potrebbe sottolineare che in Italia spesso da situazioni di crisi emergono potenzialità critico-creative: la vicenda degli scontrinisti ha portato a una singolare installazione creata dall'artista Francesco Capponi (Il Manifesto) ed esposta a Perugia dal 7 al 9.5.2017.

---

[7] È proprio facendo riferimento al linguaggio della stampa che L. Serianni ricorda i *saccopelisti* ("giovani turisti che per evitare le spese di albergo dormivano all'aperto, a Venezia o in altri centri monumentali") e i *titolisti* ("nell'accezione polemica di 'giornalisti' che scrivono titoli ad effetto, non corrispondenti al contenuto dell'articolo"). Si veda: Serianni (1989, 633).

"I ritratti di Federica, Alessandra, Laura e Andrea sono stati stampati allo stesso modo in cui vengono stampati gli scontrini, ciascun volto si compone di 100 scontrini usati stampati uno ad uno e col passare del tempo ogni volto svanirà progressivamente e apparirà un mosaico di cento foglietti bianchi, **scomparsi dalla memoria come scomparsi sono quotidianamente i loro diritti.** Non un giorno di retribuzione dignitosa per aver consentito da anni, col proprio lavoro, che la più importante biblioteca pubblica italiana potesse aprire e garantire a tutti di accedere alla cultura"

Fig. 2: Gli scontrinisti

Non serve sottolineare quante sono le attività didattiche ricettive e produttive (orali e scritte) orientate all'azione, generabili da un input di questo tipo: immaginare e raccontare la storia di Federica, Alessandra, Laura e Andrea; mettersi nei panni di uno degli scontrinisti ed esporre a un pubblico di coetanei la propria vita quotidiana e i propri problemi; organizzare una tavola rotonda in cui discutere il disagio della disoccupazione giovanile e fare proposte per uscirne.

2.3   *Interplay* di testi e culture

Per collegare le basilari attività di mediazione con altri tipi testuali e altri registri linguistici, si può far riferimento a testi letterari e filmici sulla precarizzazione del lavoro, ricorrendo a un *"Interplay* di testi e di culture" (Hallet 2001, 103). Testi letterari e film che contribuiscono a far conoscere culture e realtà da un altro punto di vista, creando condizioni ottimali per insegnare la lingua straniera sulla base di materiale autentico. Un approccio orientato all'azione e alla produzione, al cui centro stanno gli apprendenti, un paradigma didattico al cui centro stanno empatia, assunzione di prospettive e partecipazione sociale:

Von einer solchen Teilhabe würde ich vielmehr erst dann sprechen, wenn die Fähigkeit hinzutritt, literarische Einsichten und Erfahrungen mit anderen LeserInnen *auszutauschen* – in Gespräch und Diskussion, aber auch in Inszenierung und eigenem Entwurf (Schreiben) (Abraham 2005, 21).[8]

Si tratta di una forma di partecipazione che, come vedremo, coinvolge non soltanto nuove forme di *printmedia*, ma una sempre più ampia gamma di testi mediatici (op. cit. 20). A partire dalle nuove realtà di precarizzazione, anche nella critica letteraria italiana sono nati p.e. nuove categorie letterarie e nuove definizioni di generi letterari: si parla di 'scrittori precari', di 'docufiction' o di 'docudramma' (Donnarumma 2014). Nel più attuale panorama della letteratura italiana contemporanea è riconoscibile una chiara traccia documentale (op. cit. 117); un aspetto che può diventare particolarmente produttivo nella didattica della letteratura di lingua straniera, perché vicino alla realtà degli studenti (Bredella 2008, 15-16).

Già nel 2006 Aldo Nove, pseudonimo di Antonello Centanin[9], pubblicava p.e. il romanzo "Mi chiamo Roberta, ho 40 anni, guadagno 250 Euro al mese". Il romanzo è nato da interviste fatte dall'autore stesso a giovani e meno giovani, disillusi, tutti alla ricerca di un lavoro, sullo sfondo del tasso di disoccupazione giovanile dei 20-25enni che, già in quegli anni approdava al 40%. L'intervista a Maria Giovanna comincia così:

> Dopo il diploma ho lavorato per un po' come apprendista parrucchiera. Però non mi pagavano. Dicevano che intanto imparavo il mestiere e che a diciotto anni non si può pretendere di guadagnare uno stipendio… (Nove 2006, 131).

---

[8] È fondamentale sottolineare che le proposte didattiche di Abraham – pensate in primo luogo per la didattica del tedesco come lingua materna – possono essere produttive anche nella didattica delle lingue straniere. Fondamentale è partire dalla tesi centrale dell'autore che: "Man kann – und sollte – literarische Kompetenz nicht nur mit Hilfe der Printmedien fördern, sondern davon ausgehen, dass „Literatur" am Beginn des 21. Jahrhunderts eine breitere Medienbasis hat" (op. cit. 20).

[9] Antonello Centanin, nato nel 1967, è stato sotto questo nome autore della raccolta di poesie *Nelle galassie oggi come oggi. Covers*, pubblicata insieme a Tiziano Scarpa e Raul Montanari e uscita da Einaudi nel 2001. Lo pseudonimo Aldo Nove è nato dalla frase "ALDO DICE 26x1", scritta nel telegramma redatto nell'aprile 1945 dal Comitato Nazionale di Liberazione Alta Italia (CLINAI) per comunicare il giorno (26) e l'ora (l'una di notte) in cui far partire l'insurrezione dei partigiani di Torino durante la guerra di liberazione dall'occupazione tedesca. Aldo è il nome che compare nel telegramma, Nove la somma delle 3 cifre presenti nel testo.

Maria Giovanna risponde all'annuncio di una rivista di moda, si candida presso un'agenzia di Milano e racconta così la sua esperienza:

> Mi hanno scritto una lettera dicendo che avevo un volto estremamente interessante e mi hanno fissato un appuntamento, a Milano. Era come un sogno. Dal paesino agli splendori della moda [...]
> Sono entrata in una stanzina, una signora mi ha fatto un paio di domande, mi ha misurato l'altezza e mi ha detto che ero troppo bassa per fare la modella. Però avrei potuto avere molte altre possibilità [...] E qui sta la fregatura. Avrei dovuto iscrivermi a un corso dove mi avrebbero insegnato coreografia, portamento [...] Il corso costava qualcosa come 1.500€ e durava una settimana (Nove 2006, 131-132).

Visto che non può permettersi spese, la ragazza finisce per iscriversi a un'agenzia interinale che le propone un impiego in un'agenzia matrimoniale. Dopo la prima esperienza, scioccante – un incontro galante con un signore cinquantenne alla ricerca, per una notte, dell'anima gemella – Maria Giovanna lascia stare tutto e ritorna in Sardegna. Alla domanda dell'intervistatore *E adesso, cosa fai?*, risponde: *Aiuto mia madre in casa. E cerco lavoro* (136).

Un *docudrama* come quello di Nove – le cui 14 storie brevi, per lunghezza, complessità linguistica, legame con la realtà e possibilità di collegamenti intertestuali (Nünning & Surkamp 2006, 45) rappresentano una scelta testuale adeguata a una classe di italiano come lingua straniera all'università, ma anche a scuola – può costituire il punto di partenza per alcune, basilari competenze parziali: per fare della letteratura (intesa in senso ampio) una 'prassi culturale' (Abraham 2005, 21). Sulla base di questa storia si può esercitare p.e. la competenza narrativa (raccontare la storia di Maria Giovanna dal punto di vista di un'altra persona, mettersi nei panni di Maria Giovanna e telefonare alla madre), integrandola alla competenza testuale (scrivere l'email di Maria Giovanna alla madre in Sardegna, scrivere un articolo di cronaca sulla difficile situazione lavorativa dei giovani italiani, organizzare in classe un talk show o una tavola rotonda sullo stesso tema in paesi diversi).[10] Gli studenti possono essere preparati alle difficoltà della lingua straniera attraverso supporti linguistici che mettono a disposizione gli elementi lessicali e le strutture della lingua necessari

---

[10] Questo tipo di testi e questo tipo di compiti consentono, a mio parere, anche in lingua straniera, "literarische Einsichten und Erfahrungen *auszutauschen*" (op. cit.) sotto forma di discussioni, tavole rotonde, ma anche messe in scena e varie forme di produzione scritta.

per scrivere articoli di cronaca, per discutere su un tema evidenziando pro e contra ecc. (Henseler & Möller & Surkamp 2011, 91).

La lettura di un'intervista come quella di Nove può generare una discussione in lingua straniera – potenziando la competenza di azione orale (Surkamp 2014, 225-227), la competenza estetico letteraria, la competenza interculturale (si veda in questo stesso volume le schede di lavoro in Bartoli Kucher, 25-46) – e stimolando anche riflessioni sulla tematica di genere.

Un docuromanzo come quello di Nove potrebbe essere collegato – nella rete intertestuale da cui siamo partiti – non soltanto ad estratti dai romanzi di altri autori italiani contemporanei pubblicati nello stesso anno (2006), come p.e. *Generazione Mille Euro* di Antonio Incorvaia e Alessandro Rimassa, oppure *Il mondo deve sapere* di Michela Murgia, ma anche a singole sequenze delle rispettive trasposizioni cinematografiche. Nell'insegnamento di una lingua straniera, un film tratto da un testo letterario può facilitare la competenza ricettiva: il sistema dei segni mimici, le immagini e i suoni hanno un valore comunicativo che integra la lingua parlata, rendendo con ciò il testo filmico più facilmente comprensibile del testo scritto.

In prospettiva intertestuale gli apprendenti potrebbero essere invitati – dopo una ricerca individuale che tenga conto delle preferenze dei singoli (Nünning & Surkamp 2006, 42)[11] – a lavorare in gruppi sull'*incipit* delle trasposizioni cinematografiche citate (Abraham 2016, 135-136) sul tema del lavoro precario: p.e. *Generazione Mille Euro* (2009) di Massimo Venier, tratto dal romanzo omonimo del 2006, o *Tutta la vita davanti* (2010) di Paolo Virzì, adattamento cinematografico del primo romanzo di Murgia, concepito e nato come un *blog*.

Nel nostro setting interdisciplinare in cui gli studenti – frequentando corsi diversi sulla base di un *interplay* di tipi testuali e registri linguistici – hanno già affrontato il mondo del lavoro precario come tema rilevante "für die Lebens- und Erfahrungswelt der jungen Menschen sowie der Verwobenheit in gesell-

---

[11] Come sottolineano, tra gli altri, anche Nünning e Surkamp, nell'insegnamento centrato sull'apprendente, la possibilità di contribuire alla scelta testuale ricopre un ruolo fondamentale per la motivazione.

schaftliche Diskurse"[12] (Hallet 2016, 178), il 'campo d'azione' si chiude con la prima traccia del film di Venier.

Mentre scorrono i titoli di testa, la pellicola comincia con la voce fuori campo di Matteo Moretti (02:55), una laurea in matematica e un dottorato in statistica avanzata che, al contrario dei *Nesthocker*, dei *mammoni* da cui siamo partiti, 1000 € al mese li guadagna: 'per fare un lavoro che non mi piace in un'azienda a cui non piaccio io. E tutti non fanno altro che ripetermi quanto sono fortunato. Non so se mi rinnoveranno il contratto, non so dove sarò tra 6 mesi, non so quale sarà il mio futuro, non so niente di niente'.

Sul sottofondo della colonna sonora curata da Malika Ayane, la voce diegetica del protagonista continua a dialogare con lo spettatore: "Avete presenti quei giovani, non più tanto giovani, di cui ogni tanto parlano in TV, scuotendo la testa con rassegnazione? Ecco. Quei giovani sono io", mentre in una mattinata di pioggia battente si vede Matteo tentare invano di far partire il motorino, per precipitarsi poi a rotta di collo alla fermata più vicina della metropolitana milanese e arrivare nella Sala Riunioni dell'azienda in cui lavora, quando la riunione mattutina col direttore del Marketing è appena terminata.

La traccia iniziale del film offre uno scenario didattico multimodale con coordinate precise, che – sulla base di compiti dopo la visione – consentono agli apprendenti, non solo di confrontarsi con l'alfabeto del cinema[13], ma anche di discutere la realtà messa in scena dal film e i problemi a cui tenta di dare risposta.

---

[12] "Im Mittelpunkt steht immer die Frage, wovon der Film handelt, welche Wirklichkeits- ausschnitte er (fiktional oder nicht fiktional) inszeniert und welchen kulturell wichtigen oder dringlichen Problematiken er zu antworten versucht" (op. cit.).

[13] Per quanto riguarda le strutture narrative del film e i metodi di analisi, si rimanda a Henseler & Möller & Surkamp (2011, 39-96).

COMPITI DOPO LA VISIONE	
Attività orali	Gli studenti immaginano la continuazione della storia di Matteo
	Gli studenti mettono in scena un dialogo tra Matteo e un amico o un'amica, sulla base degli stessi contenuti espressi dalla sua voce fuori campo
	Gli studenti confrontano il personaggio di Matteo nella prima traccia del film con il personaggio di Claudio nel primo capitolo del romanzo omonimo (A. Incorvaia, Rimassa. *Generazione 1000 Euro*)
	Guardano senza suono la traccia successiva del film (il dialogo tra Matteo e il Direttore del Marketing) e fanno previsioni
	Gli studenti simulano un'intervista con l'attore e il regista
Attività scritte	Gli studenti scrivono una breve sinossi del film
	Gli studenti scrivono un commento sulla situazione lavorativa precaria di un genio della matematica come Matteo
	Gli studenti sostituiscono alla voce fuori campo di Matteo, un dialogo scritto con un amico o con un'amica sulla base degli stessi contenuti
Attività creative	Gli studenti disegnano un poster del film
	Gli studenti mettono in scena il dialogo tra Matteo e il Direttore
	Gli studenti organizzano una tavola rotonda sul tema del lavoro precario

3. Conclusioni

Sullo sfondo di un setting didattico come quello che abbiamo mostrato, basato su mediating activities e sulla prospettiva di un Interplay di testi e culture, si apre un ampio spettro di possibilità per dare ai processi di apprendimento della lingua la dimensione di un vero e proprio 'campo d'azione' (Abraham 2013, 119).

Una rete intertestuale come quella che abbiamo proposto richiama competenze linguistiche già esistenti, motiva gli apprendenti a trasportarle nella lingua di apprendimento, stimola l'interazione fra gli apprendenti stessi sensibilizzandoli nella ricerca di differenze e similitudini linguistico culturali, offrendo loro strategie didattiche e prospettive concrete da realizzare nell'ambito della loro futura pratica di insegnamento, usando cioè la lingua per agire in modo efficace anche dal punto di vista sociale.

Riferimenti bibliografici

ABRAHAM, Ulf. 2005. "Lesekompetenz, Literarische Kompetenz, poetische Kompetenz Fachdidaktische Aufgaben in einer Medienkultur", in: Rösch, Heidi. ed. *Kompetenzen im Deutschunterricht Beiträge zur Literatur-, Sprach- und Mediendidaktik.* Frankfurt am Main: Lang, 13-26.

ABRAHAM, Ulf. 2013. "Geteilte Aufmerksamkeit für Literatur? ‚Literarische Kompetenz' als Fähigkeit kulturelle Praxis zu teilen", in: Hallet, Wolfgang. ed. *Literatur- und Kulturwissenschaftliche Hochschuldidaktik Konzepte, Methoden, Lehrbeispiele.* Trier: Wissenschaftlicher Verlag, 87-119.

ABRAHAM, Ulf. ³2016. *Filme im Deutschunterricht.* Seelze-Velber: Klett Kallmeyer.

ADULESCENTII. https://stirileprotv.ro/stiri/social/adulescentii-sau-generatia-copiilor-care-staucu-parintii-si-dupa-25-de-ani-fenomenul-social-care-ia-amploare-in-romania.html.

ALA. 2009. http://www.lexically.net/ala/la_defined.htm.

BELKE, Gerlind. ⁵2012. *Mehr Sprache(n) für alle. Sprachunterricht in einer vielsprachigen Gesellschaft.* Baltmannsweiler: Schneider.

BREDELLA, Lothar. 2008. "What makes Reading Literary Texts Pleasurable and Educationally Significant?", in: *Fremdsprachen Lehren und Lernen* 37, 12-26.

CARREA, Elena. 2017. "Estensione dei descrittori del *QCER*. Focus sulla Mediazione", in: Diadori, Pierangela & Carrea, Elena. edd. *La nuova DITALS risponde.* Roma: Edilingua, 419-420.

CEFR. https://rm.coe.int/cefr-companion-volume-with-new-descriptors-2018/1680787989.

DELANOY, Werner. 2014. "Mehrsprachigkeit, Englisch und Literatur(unterricht)", in: *Zeitschrift für interkulturellen Fremdsprachenunterricht*, 19 (1), 63-76.

DONNARUMMA, Raffaele. 2014. *Ipermodernità. Dove va la letteratura contemporanea.* Bologna: Il Mulino.

EUROSTAT – DISOCCUPAZIONE. https://www.istat.it/it/files/2017/07/CS_Occupati-edisoccupati_giugno_2017.pdf.

GNUTZMANN, Claus. 2010. "Language Awareness", in: Hallet, Wolfgang & Königs, Frank G. edd. *Handbuch Fremdsprachendidaktik.* Seelze-Velber: Klett Kallmeyer, 115-119.

GRAMELLINI, Massimo. 2017. *Scontrino generazionale*, in: *Corriere della Sera*, 19.5.2017, 1.

HALLET, Wolfgang. 2001. "Interplay der Kulturen: Fremdsprachenunterricht als 'hybrider' Raum'. Überlegungen zu einer kulturwissenschaftlich orientierten Textdidaktik", in: *Zeitschrift für Fremdsprachenforschung* 12 (1), 103-130.

HALLET, Wolfgang. 2016. "Was heißt film literacy? Filmverstehen und fremdsprachige Diskursfähigkeit", in: Blell, Gabriele & Grünewald Andrea & Kepser Matthis & Surkamp, Carola. edd. *Film in den Fächern der sprachlichen Bildung.* Baltmannsweiler: Schneider, 177-194.

HALLET, Wolfgang & KÖNIGS, Frank G. edd. 2010. *Handbuch Fremdsprachendidaktik.* Seelze-Velber: Klett Kallmeyer.

HELD, Gudrun. 2009. "Le texte spectacle – Überlegungen zu Veranschaulichungsstrategien auf multimodalen Printtexten", in: Kaluweit, Rolf & Pfänder, Stephan. ed. *FrankoMedia: Aufriss einer Französischen Sprach- und Medienwissenschaft.* Berlin: Berliner Wissenschaftsverlag, 125-145.

HENSELER, Roswitha & MÖLLER Stefan & SURKAMP, Carola. 2011. *Filme im Englischunterricht. Grundlagen, Methoden, Genres.* Seelze-Velber: Klett Kallmayer.

IL MANIFESTO: https://ilmanifesto.it/noi-gli-scontrinisti-i-nuovi-schiavi-del-lavoro-precario/.

INCORVAIA, Antonio & RIMASSA, Alessandro. 2006. *Generazione mille Euro*. Milano: Rizzoli.

ISTAT – DISOCCUPAZIONE. http://www.ansa.it/sito/notizie/economia/2018/01/09/istat-tasso-disoccupazione-giovani-cala-al-327_8fe8ffce-cae5-4377-9747-42c108a3d8be.html.

KRUMM, Hans-Jürgen. 2013. "Elite- oder Armutsmehrsprachigkeit: Herausforderungen für das österreichische Bildungswesen", in: https://homepage.univie.ac.at/hans-juergen. krumm/KrummElitemehrsprachigkeit.pdf.

LUCHTENBERG, Sigrid. 2009. "Vermittlung interkultureller sprachlicher Kompetenz als Aufgabe des Deutschunterrichts", in: Nauwerck, Patricia. ed. *Kultur der Mehrsprachigkeit in Schule und Kindergarten. Festschrift für Ingelore Oomen-Welke*. Freiburg/Br.: Fillibach, 277-282.

MONTANARI, Raul & NOVE, Aldo & SCARPA, Tiziano. 2001. *Nelle galassie oggi come oggi. Covers*. Torino: Einaudi.

MURGIA, Michela. 2006. *Il mondo deve sapere. Romanzo tragicomico di una telefonista precaria*. Milano: Isbn edizioni.

NOVE, Aldo. 2006. *Mi chiamo Roberta, ho 40 anni, guadagno 250 euro al mese*. Torino: Einaudi.

PHILIPP, Elke & RAUCH, Kerstin. 2010. "Sprachmittlung mit Spiegeltexten", in: *Der fremdsprachliche Unterricht Französisch* 44, 2-7.

ROCHE, Jörg. 2013. *Mehrsprachigkeitstheorie. Erwerb – Kognition – Transkulturation*. Tübingen: Narr.

REIMANN, Daniel & RÖSSLER, Andrea. edd. 2013. *Sprachmittlung im Fremdsprachenunterricht*. Tübingen: Narr.

SCONTRINISTI. https://francescocapponi.tumblr.com/scontrinisti.

SERIANNI, Luca. 1989. *Grammatica italiana Italiano comune e lingua letteraria*. Torino: UTET.

STAGIAIRES. https://www.lemonde.fr/stages-premier-emploi/article/2015/04/24/chez-my-little-paris-action-contre-l-abus-de-stages_4622360_4468494.html#meter_toaster.

THE NEW LONDON GROUP. 2000. "A pedagogy of multiliteracies. Designing social futures", in: Cope, Bill & Kalntzis, Mary. ed. *Multiliteracies. Literacy Learning and the design of social futures*. London/New York: Routledge, 9-37.

WINTERSTEINER Werner & GOMBOS Georg & GRONOLD Daniela. edd. 2008. "15 Thesen zur Mehrsprachigkeit", in: *ÖDAF Mitteilungen* 2, 60-61.

Film

GENERAZIONE MILLE EURO, regia di Massimo Venier, 2009.

TUTTA LA VITA DAVANTI, regia di Paolo Virzì, 2010.

"Salsicce" in salsa postcoloniale.
La riscrittura della *Commedia all'italiana* in un racconto di Igiaba Scego
Alessandro Bosco (Innsbruck)

1. Premessa

Il breve racconto "Salsicce" di Igiaba Scego è stato pubblicato per la prima volta nel 2003 nel volume miscellaneo *Impronte. Scritture dal mondo* e nello stesso anno è stato vincitore del premio Eks&tra, un'associazione dedita a promuovere "la conoscenza e la diffusione della letteratura della migrazione in Italia". Nel 2005 – insieme a testi di Gabriella Kuruvilla, Ingy Mubiayi e Laila Wadia – il racconto è stato ristampato nel volume *Pecore nere* (Laterza), ora disponibile, per la cura di Michaela Banzhaf, anche presso l'editore Reclam nella collana "Rote Reihe". L'edizione del libro in questa collana è significativa per chi insegna italiano LS nell'area germanofona poiché apre ad una maggiore diffusione della raccolta nelle scuole. La discussione del racconto di Scego che proponiamo in quanto segue intende in questo senso fornire uno strumento interpretativo per chi intendesse lavorare col testo in classe. La ricchezza e attualità tematica e linguistica, l'intenso dialogo con fonti extraletterarie (e in particolare con la tradizione della Commedia all'italiana), l'interesse letterario così come gli impliciti riferimenti storici al recente passato coloniale dell'Italia fanno di questo racconto un ideale punto di partenza per un variegato e impegnativo percorso didattico attraverso vari aspetti della cultura italiana.

2. La finzione autobiografica

Subito dopo la sua pubblicazione nel 2003 il racconto di Scego è stato oggetto di due studi specifici entrambi pubblicati nel 2004 rispettivamente da Christine Siggers Manson e da Monica Hanna.[1] Entrambe le studiose mettono in luce il

---

[1] Cfr. rispettivamente Monica Hanna, *«Non siamo gli unici polemici»: intersecting difference and the multiplicity of identity in Igiaba Scego's* Salsicce, in «Quaderni del

tema centrale dell'identità del soggetto migrante che nel racconto viene polemicamente e umoristicamente tematizzato in relazione alla legge Bossi-Fini del 2002 che, com'è noto, introduceva l'obbligo per "lo straniero che richiede il permesso di soggiorno" di sottoporsi "a rilievi fotodattiloscopici",[2] ovvero a fornire le proprie impronte digitali. La narrazione procede in prima persona secondo le regole del "patto autobiografico", con la conseguente corrispondenza dell'istanza narrativa (o *io narrante*) con il personaggio della storia (o *io narrato*) (cfr. Lejeune 1975). La protagonista del racconto, tuttavia, non ha nome. Di essa sappiamo unicamente che è una ragazza italiana, musulmana sunnita, di origini somale. Questa evidente corrispondenza anagrafica con l'autrice del racconto ha condotto in qualche caso ad una ingiustificata identificazione della protagonista con l'autrice, secondo un pregiudizio tipico verso quella che viene ancora impropriamente definita 'letteratura migrante' o 'della migrazione'. Nel saggio della Manson, ad esempio, ci si riferisce alla protagonista dando per scontata la sua identificazione con l'autrice, tanto che la studiosa chiama il personaggio "Scego" benché, come detto, questi in realtà non abbia nome. Ora, come ha notato bene Chiara Mengozzi:

> Ricondurre le opere di finzione della letteratura migrante al vissuto dell'autore è in parte autorizzato, se non altro perché l'autobiografia è anche una «figura della lettura e della comprensione» (D'Intino, 2003, p. 240) e dunque essa è presente e rintracciabile in varia misura in tutti i testi, ma è certamente un'operazione semplicistica che può condurre a esiti grotteschi, come sottolinea Igiaba Scego in un articolo intitolato *Ingabbiati nella vita vera* (2007). Qui Scego racconta una quasi surreale intervista con una giornalista televisiva che le chiede, su richiesta della redazione, se fosse stata violentata dallo zio, trovando lo spunto per questa domanda in un racconto pubblicato dall'autrice e poi confluito nel romanzo *Oltre babilonia*: «allora ho capito – scrive Scego – che per quella giornalista, e per altri come lei, io non potevo scrivere letteratura. Da "straniera", ero condannata nella gabbia-limbo della storia vera. Secondo loro, tutto ciò che scrivo deve essermi accaduto (Mengozzi 2013, 127).

Un esito non meno grottesco si ha nel caso della gratuita sovrapposizione di autrice e personaggio in "Salsicce", in cui sia l'ingenuità della protagonista sia

---

'900», a. IV, 2004, 67-76 e Christine SIGGERS MANSON, *Sausages and Cannons. The Search for an Identity in Igiaba Scego's* Salsicce, ivi, 77-86.

[2] Cfr. la Legge n. 189 del 30 luglio 2002, "Modifica alla normativa in materia di immigrazione e di asilo" (pubblicata nella Gazzetta Ufficiale n. 199 del 26 agosto 2002) consultabile su http://www.camera.it/parlam/leggi/021891.htm

la straniante idea di ingerire delle salsicce per dimostrare di essere italiana a tutti gli effetti, finiscono per essere ricondotte al vissuto dell'autrice invece di venir riconosciute nella loro qualità di espedienti letterari funzionali alla chiave umoristica del racconto. Il testo, in altre parole, invece di essere discusso in quanto prodotto letterario viene ridotto al rango di testimonianza, di documento, di confessione, di referto psicanalitico. Ora, se è vero che l'elaborazione di percorsi didattici non può prescindere dalla comprensione della complessità semantica del testo, allora bisogna innanzitutto sgomberare il campo da tali pregiudizi e considerare il racconto per quello che è, ossia un prodotto letterario.

3. Il discorso identitario

Sulla base di queste premesse possiamo ora passare all'analisi strutturale e discorsiva del testo. L'azione che genera l'intero sviluppo dell'intreccio è l'acquisto da parte della protagonista di "una grande quantità di salsicce". Il fatto in sé non dovrebbe costituire un avvenimento. Lo diventa tuttavia nel momento in cui, per dirla con Lotman, si configura in quanto violazione di una norma che segna "il trasferimento del personaggio oltre i confini del campo semantico" assegnatogli. Infatti "lo spostamento dell'eroe all'interno dello spazio a lui assegnato non costituisce un avvenimento" (Lotmann 1990 [1972], 276). Lo spazio semantico che viene in questo caso violato corrisponde ad un'area ben definita della complessa mappa dell'identità culturale del personaggio, ossia quella riconducibile alle proprie origini etniche, che vietano la consumazione di pasti a base di carne suina. Ecco dunque come inizia il racconto:

> Oggi, mercoledì 14 agosto, ore 9 e 30, mi è accaduto un fatto strambo. Per ragioni mie e ancora poco chiare ho comprato una grande quantità di salsicce. Il fatto strambo non consiste naturalmente nel comprare salsicce. [...] Allora, vi chiederete, cos'è stato strambo? Cosa ha rotto l'equilibrio della normalità? Naturalmente sono stata io! La stranezza infatti non è nell'oggetto comprato, ma nel soggetto compratore di salsicce: io, me medesima, in persona. Io, una musulmana sunnita (Scego 2005, 23seq.).

Si noti intanto subito il tono umoristico della narrazione, con la narratrice che in un linguaggio infarcito di espressioni colloquiali si rivolge ripetutamente ai lettori (intesi in quanto "destinatari")[3] proiettando così esplicitamente nel testo la controfigura dialogante, chiamata a far da spalla e quasi a rilanciare il monologo dell'attrice-narratrice. Il testo si presenta quindi fin da subito in una delle sue caratteristiche fondamentali, ovvero come una sorta di messa in scena teatrale, con la narratrice che veste i panni, per così dire, della (tragi)commediante.[4]

I motivi dell'inquietudine interiore che in un moto abbastanza irrazionale inducono il personaggio ad acquistare le salsicce sono sostanzialmente due. Il primo è l'introduzione della già ricordata legge Bossi-Fini, come ci spiega la stessa protagonista del racconto:

> La mia ansia è cominciata con l'annuncio della legge Bossi-Fini: *A tutti gli extracomunitari che vorranno rinnovare il soggiorno saranno prese preventivamente le impronte digitali.* Ed io che ruolo avevo? Sarei stata un'extracomunitaria, quindi una potenziale criminale, a cui lo Stato avrebbe preso le impronte per prevenire un delitto che si supponeva prima o poi avrei commesso? O un'italiana riverita e coccolata a cui lo Stato lasciava il beneficio del dubbio, anche se risultava essere una pluripregiudicata recidiva? [...] Perché umiliare così la gente? E perché creare scompensi in altra gente non sicura della propria identità? Quelle maledette impronte avevano svegliato in me un demone che si era assopito da tempo immemorabile. Avevo sperato che quel demone non si svegliasse mai. Ma poi sono arrivate loro: le impronte, quelle maledette, fottutissime impronte (Scego 2005, 26).

Il "demone" improvvisamente ridestatosi è quello dell'identità lacerata tra due poli, Italia e Somalia, in un dualismo apparentemente inconciliabile e costantemente rinnovato in domande tipo: "Ti senti più italiana o più somala?". A questa domanda è legato il secondo episodio che genera inquietudine nel personaggio, ossia un recente colloquio d'esame sostenuto nel quadro di un concorso pubblico:

> Non ricordo nulla di quell'esame. Mi ricordo solo di un'enorme faccia butterata che mi stava davanti. [...] Non era una persona sgradevole e l'esame stava andando piuttosto bene, mi stavo giocando la partita in modo onorevole. E poi il patatrac! Quella domanda odiosa sulla mia identità del cazzo! Più somala? Più italiana? Forse ¾ somala e ¼

---

[3] Per la terminologia narratologica il riferimento è a Cesare Segre, *Avviamento all'analisi del testo letterario*, Torino, Einaudi, 1999 [1985].

[4] Secondo Mengozzi che giustamente ha notato come "gli appelli al lettore" costituiscano "una costante nelle scritture migranti", la "necessità di chiamare in causa esplicitamente il lettore" sarebbe "la marca evidente di una distanza implicita, supposta o temuta, tra il narratore e destinatari"; dall'altro indicherebbe invece "la volontà di superare questa distanza grazie alla letteratura, dove si può immaginare una complicità con la società di arrivo e prefigurare nuove comunità" (Mengozzi 2013, 135).

italiana? O forse è vero tutto il contrario? Non so rispondere! Non mi sono mai «frazionata» prima d'ora, e poi a scuola ho sempre odiato le frazioni, erano antipatiche e inconcludenti (almeno per la sottoscritta). Naturalmente ho mentito. Non mi piace, ma ci sono stata costretta. L'ho guardata fissa in quegli occhi da rospo che si ritrovava e le ho detto «italiana». Poi, anche se sono del colore della notte, sono arrossita come un peperone. Mi sarei sentita un'idiota anche se avessi detto somala (Scego 2005, 28).

Ora, questi due episodi paiono generare inconsciamente nella protagonista la necessità di sottomettersi ad una grottesca quanto assurda "prova di italianità", che consiste appunto nel mangiare dimostrativamente le salsicce. È una sorta di prova di coraggio che non a caso viene esplicitamente paragonata ad una "bravata":

Ora sto chiusa in cucina con il mio pacco pieno di salsicce impure e non so che fare! Perché cazzo le ho comprate? E mo' che ci faccio? Un'idea sarebbe cucinarle, ma chi la sente la mamma, dopo? [...] Ma si cucinano in padella le salsicce? Si friggono? O forse si lessano? E se usassi il forno? Ma poi me le magno davvero, tutte intere? O sul più bello mi manca il coraggio e le butto? Guardo l'impudico pacco e mi chiedo: ma ne vale veramente la pena? Se mi ingoio queste salsicce una per una, la gente lo capirà che sono italiana come loro? Identica a loro? O sarà stata una bravata inutile? (Ivi. 25-26)

Finalmente la protagonista arriva a sciogliere i propri dubbi: "Cazzo, ho deciso! Le lesso queste fottutissime salsicce! Chissà se influiranno sulle impronte. Forse mangiando una salsiccia passerei da impronte neutre a vere impronte digitali made in Italy, ma è questo che voglio?" (Ivi. 31). Lessate le salsicce e apparecchiata la tavola non fa però in tempo a metterle in bocca che vomita. Le salsicce rimangono intere nel piatto con il vomito sopra. Nuovamente indecisa sul da farsi prende in mano il giornale che si trova sul tavolo e inizia a sfogliarlo. Il suo sguardo viene attratto da un trafiletto che recita: "Comunità afroamericana in rivolta per il pestaggio da parte di poliziotti bianchi di un minorenne nero" (Ivi. 32). Nei paragrafi successivi viene così esplicitamente tematizzato un ulteriore dualismo, quello tra bianchi e neri, e con esso la questione del razzismo: "Noi neri conviviamo con il sospetto che tutti ci giudichino dal nostro colore. In realtà è proprio così, ma ci illudiamo che non sia così! Ci accusano di avere la coda di paglia, di invocare il razzismo alla minima sciocchezza, ma vuoi sapere una cosa? Il razzismo ahimè non è una burla" (Ivi. 33). Parole che alla luce dei recenti e cupi, molto cupi sviluppi della politica italiana assumono un'attualità drammatica. Il colore della pelle in quanto marchio della diversità viene esplicitamente paragonato alle impronte digitali,

cioè all'atto di (pre)giudicare qualcuno per il semplice fatto di essere diverso.
"Allora che devo fare?" si chiede quindi la protagonista del racconto
ritrovandosi di fronte il piatto con le salsicce:

> Devo mangiarmi la salsiccia con il vomito per dimostrare di non avere la coda di
> paglia? [...] Di avere impronte made in Italy a denominazione di origine controllata?
> Accendo la tele. Voglio dimenticarmi le salsicce. Non ho ancora deciso cosa ne farò.
> Non ho ancora deciso se le mangerò. Non so cosa fare, ma sono tentata dal «peccato»
> (Scego 2005, 34).

Si noti come in questo passo si continui ad insistere sul momento di indecisione
del personaggio, il quale tuttavia alla fine – e ancora una volta con un certo
gusto per la sfida, per l'atto proibito e, insomma, per la "bravata" – pare pro-
tendere verso il "peccato", ossia verso la consumazione del "pasto immondo".
Quand'ecco invece il colpo di scena:

> Guardo le salsicce e le getto nell'immondezzaio. Ma come ho potuto solo pensare di
> mangiarle? Perché voglio negare me stessa, solo per far contenta una signora butterata
> con la voce da travestito? O far contenti i sadici che hanno introdotto l'umiliazione delle
> impronte? Sarei più italiana con una salsiccia nello stomaco? E sarei meno somala? O
> tutto il contrario? No, sarei la stessa, lo stesso mix. E se questo dà fastidio d'ora in poi
> me ne fotterò! (Ivi. 35)

Perché d'un tratto il personaggio decide di buttare le salsicce nella spazzatura?
Non perché le "manca il coraggio" di compiere la "bravata", come ci viene
prospettato all'inizio ("Ma poi me le magno davvero, tutte intere? O sul più
bello *mi manca il coraggio e le butto?*").[5] Le butta perché è giunta alla
consapevolezza dell'assurdità di questa presunta prova di coraggio. Il che
significa che ha preso coscienza della necessità di sottrarsi al ricatto dell'*aut aut*,
all'imperativo del dualismo "Italia o Somalia", all'umiliazione del fraziona-
mento per abbracciare un concetto di identità plurale, aperto e affrancato da
logiche esclusivistiche. In altre parole il personaggio della storia, alla stregua di
un eroe da *Bildungsroman*, attraversa un *processo di maturazione* che lo
conduce alla fine ad un presa di coscienza.

Ora, nel delineare l'intelaiatura strutturale del racconto ho di proposito
omesso l'episodio che ne segna la *svolta narrativa*, ossia il momento in cui la

---

[5]   Scego (2005, 25-26). Corsivi aggiunti.

protagonista facendo lo zapping alla tv si imbatte in un film di Ettore Scola. Vista l'importanza del brano, vale la pena riportarlo qui per esteso:

> La mia attenzione è calamitata dalla scena di un film che conosco bene: *Riusciranno i nostri eroi a ritrovare l'amico misteriosamente scomparso in Africa?* di Ettore Scola. È un bel film e insegna molte cose sugli italiani. La trama è avvincente: Alberto Sordi e il suo ragioniere si mettono alla ricerca del cognato del Sordi per mezza Africa. Alla fine lo ritrovano dopo essere passati per avventure di tutti i tipi. Il cognato, un Manfredi con treccioline finte rasta (molto trendy) è diventato un santone, una sorta di *pae de santo* di una tribù primitiva. Manfredi, anche se riluttante, decide (per motivi suoi) di abbandonare la sua tribù e seguire il borghese Sordi a Roma. Ed è in quel momento del film che arrivo io con il mio zapping. Manfredi si commuove quando sente il richiamo violento della sua tribù: «Titì nun ce lascià», gridano; e lui non resiste! Mi commuovo anch'io quando lo vedo salire sul predellino della nave e tuffarsi per tornare a nuoto da quella che è ormai la sua gente. Ma mi commuovo ancora di più quando vedo la faccia di un Sordi disfatto da un sentimento strano condito di amarezza, stupore e invidia. Accenna a gettarsi dietro al cognato, ma il ragioniere giustamente lo ferma, lo richiama nei ranghi. Lui, Sordi, non ha scelta, non è libero come il cognato, lui è condannato ad essere sempre un borghese che deve ritornare nel recinto di una vita alienante. Non ha scelta. Questa scena mi distrugge, mi metto a piangere. Guardando quei due uomini mi rendo conto che io ho ancora una scelta, ho ancora me stessa. Posso ancora tuffarmi in mare come Manfredi-Titì (Ivi. 34-35).

In questa riscrittura o rilettura del film abbiamo chiaramente la chiave del racconto. Infatti, è proprio riguardando questa scena che nel personaggio matura la detta presa di coscienza che Monica Hanna descrive in questi termini:

> She [la narratrice] uses her re-reading of the film to reconsider her position. Through viewing the film, she creatively imagines a space for herself that does not require negation, a space similar to that of the in-between space of the ocean for the character in the movie who obtains a double name that reflects his identity between cultures. She decides to restructure her position as one of choice and possibility rather than one of limitation. This possibility is considered through an interpretation which incorporates within an Italian film a space for the narrator who might by some standards be considered not Italian; she envisions room for herself *within* Italian culture, though it is one that would include her specific form and use of that culture.[6]

Un'"identità tra culture", quindi, che diviene consapevole della propria indole nel rileggere a suo modo i prodotti della cultura italiana e nel cercare nella riscrittura di questi prodotti uno spazio condiviso, una comune base di riflessione e dialogo con il lettore. Ora, questa presa di coscienza del discorso identitario da parte della protagonista, questa sua presa di posizione, questa sorta

---

[6] Hanna (ivi. 73). Corsivi nel testo.

di riconciliazione con se stessa porta allo scioglimento della trama e alla implicita proposta di una via all'integrazione sociale (non a caso il racconto si chiude con la notizia che la protagonista ha vinto il concorso). È un finale che a mio modo di vedere pecca di un certo schematismo, un *happy end* che a differenza delle opere successive di Scego forse concede ancora un po' troppo a quelle logiche editoriali che sfruttano il genere della testimonianza autobiografica (reale o finzionale che sia) a fini commerciali.[7] Ciò nulla toglie tuttavia a quello che a me pare l'elemento più interessante di questo racconto, ossia la sua capacità di riattualizzare e riscrivere i moduli e le tematiche della *Commedia all'italiana* e, nella fattispecie, di uno dei primi film postcoloniali *avant la lettre,* ovvero il già ricordato *Riusciranno i nostri eroi a ritrovare l'amico misteriosamente scomparso in Africa?* di Ettore Scola.

4. L'intertesto cinematografico

Nell'analisi discorsiva del racconto abbiamo tentato di mettere in evidenza il fatto che l'episodio chiave consiste in una esplicita citazione cinematografica che non ha quindi una funzione esornativa bensì strutturale. Si tratta ora di capire meglio il tipo di dialogo che s'instaura tra il racconto e l'intertesto cinematografico e quindi di cogliere la complessità semantica che ne deriva.

Iniziamo intanto col dire che il film di Scola non è l'unico riferimento alla *Commedia all'italiana* che troviamo in "Salsicce". Nel momento in cui la protagonista si accinge a narrare la propria traumatica esperienza relativa all'esame sostenuto nell'ambito del concorso pubblico, vi è infatti un esplicito richiamo ad un film di Luigi Zampa, *Il vigile* (1960):

> I concorsi sono le moderne macchine da tortura; se non si ha un santo in paradiso, diventa una corsa riservata a pochi eletti. Mi ricordo di una frase del grande, vecchio, buon De Sica a un Alberto Sordi vigile fresco di assunzione che lo ringrazia per la «raccomandazione». De Sica guarda un po' torvo l'Albertone nazionale e poi con una

---

[7] Si vedano in proposito le fondamentali osservazioni di Mengozzi che tra le altre cose ricorda come «a partire dagli anni Duemila la rinnovata attenzione verso la "letteratura migrante" da parte delle grandi case editrici si accompagna ad una promozione della narrazione autobiografica e testimoniale, segno che si ritiene di poter creare il *best seller* proprio attraverso la figura autoriale dell'"immigrato" che racconta di sé» (cfr. Mengozzi, *Narrazioni contese, ivi.* 123).

voce sferzante lo corregge: «si dice segnalazione», scandendo bene tutte le lettere della parola: S-E-G-N-A-L-A-Z-I-O-N-E (Scego 2005, 27).

Attraverso l'esplicita ripresa del termine nel paragrafo successivo ("Io e altri 299 disgraziati, tra cui una buona parte *segnalati d'annata*" ecc.) l'eco comica di questa scena del film si ripercuote sulla rievocazione dell'episodio dell'esame, conferendo alla narrazione quella patina umoristica tra il serio, il faceto e il grottesco (si pensi alla stilizzazione quasi mostruosa del personaggio dell'esaminatrice descritta come un "travestito" dai tratti animaleschi) che caratterizza lo stile della *Commedia all'italiana*. A ben guardare questa cifra stilistica caratterizza l'intero racconto di Scego (ad eccezione probabilmente del finale, il cui tono riconciliante è estraneo, nei casi migliori, a quel particolare tipo di commedia che è appunto la *Commedia all'italiana*). E l'implicito punto di riferimento di questa scelta stilistica non può che essere, viste anche le consonanze tematiche, il film di Scola.

Riusciranno i nostri eroi a ritrovare l'amico misteriosamente scomparso in Africa? esce nel 1968. La sceneggiatura di Age e Scarpelli, tuttavia, era già pronta nel 1965, anno in cui Scola si reca in Angola, allora colonia portoghese, per fotografare i luoghi in cui sarebbe successivamente stato girato il film (Luijneburg 2014, 44). Sono gli anni della cosiddetta decolonizzazione. Era il settembre del 1961 allorché Jean-Paul Sartre nella prefazione alla prima edizione dei *Damnés de la terre* di Frantz Fanon scriveva: "Il n'y a pas si longtemps, la terre comptait deux milliards d'habitants, soit cinq cents millions d'hommes et un milliard cinq cents millions d'indigènes. Les premiers disposaient du Verbe, les autres l'empruntaient".[8] In questo senso, come ha osservato Fredric Jameson, gli anni Sessanta furono il periodo "in cui tutti questi "indigeni" divennero esseri umani", facendo emergere "nuove categorie sociali e politiche": colonizzato/colonizzatore, razza, marginalità, genere e così via. Categorie che misero in crisi, ampliandola, quella fino ad allora predominante, ossia il classico concetto di "classe sociale" (Jameson 1984, 181). Il film di Scola si inserisce esplicitamente in questo dibattito e lo fa interrogando con i mezzi propri alla *Commedia all'italiana* il rapporto degli italiani con il loro passato coloniale. Non a caso il film si apre con una carrellata di immagini che

---

[8]   Cfr. la prefazione di Jean-Paul Sartre a Frantz Fanon (1961, 5).

rievocano la colonizzazione dell'Africa. Di fronte all'uomo occidentale (bianco, maschio, vestito, dall'aspetto curato, colto, armato di pistole e fucili) le popolazioni africane vengono rappresentate come forme di vita inferiore (neri, seminudi, selvaggi, muniti di armi rudimentali, impegnati in balli tribali, ecc.). Ma in queste immagini – tratte peraltro da un libro del celebre giornalista ed esploratore britannico, Sir Henry Morton Stanley, *In darkest Africa* (1890)[9] – colpisce soprattutto il gioco degli sguardi, nel senso che la prospettiva è sempre regolata dall'uomo bianco che osserva con superiorità e distacco "l'altro", il diverso da sé, che viene quindi costantemente ridotto al rango di oggetto o cosa (fig. 1 e 2).

Fig. 1: Illustrazione tratta da Stanley, *In darkest Africa* (1890), cit. vol. 2, 431.

---

[9]   Cfr. Stanley 1891/1890, 2 voll. Nessuno scritto a mia conoscenza sul film di Scola ha fino ad oggi indicato questo testo quale fonte delle immagini che si vedono in apertura, senza contare che il racconto di Stanley, che come *Riusciranno?* narra un viaggio alla ricerca di una persona in Africa, potrebbe essere tra i testi che ispirarono Scola. Di solito viene indicato in questo senso *Cuore di tenebra* di Joseph Conrad (esplicitamente citato nel film). Interessante inoltre, specie in chiave didattica, l'analogia della scena finale del film con quella del fumetto *Topolino e il Pippotarzan* (1957) di Romano Scarpa (per cui cfr. http://it.paperpedia. wikia.com/wiki/Topolino_e_il_Pippotarzan).

Fig. 2: Illustrazione tratta da Stanley, *In darkest Africa* (1890), cit. vol. 1, 439.

È proprio con questo atteggiamento, vestito in abiti coloniali, che l'editore Fausto Di Salvio (Alberto Sordi) sbarca in terra africana, e armato di video-camera invece che di pistole inizia a riprendere le persone che gli passano davanti come se fossero degli arredi. Scola in altre parole mette qui esplicitamente in scena lo sguardo del soggetto coloniale così come lo si trova nelle varie illustrazioni poste in apertura del film. Ma ecco che d'un tratto ci accorgiamo che Fausto è a sua volta ripreso con una macchina da presa di un residente locale, cosa che lo lascia confuso e imbarazzato mentre prova a mettersi in posa davanti alla persona che lo sta riprendendo. Nel momento del primo contatto di Fausto con il suolo africano la prospettiva coloniale cui lo spettatore occidentale è abituato viene dunque capovolta: da soggetto l'uomo occidentale diventa oggetto dello sguardo. Il viaggio attraverso l'Africa di Fausto e del suo fido ragioniere Ubaldo (Bernard Blier) inizia dunque sotto il segno di questa inversione dei ruoli. Inversione che, come ha del resto notato anche Luijnenburg, ritroveremo anche in altre scene del film.

Il viaggio africano si configura, nelle stesse parole di Fausto, come una vera e propria *quête*: "Siamo due uomini che vanno alla ricerca di un altro uomo". La frase può assumere almeno tre significati diversi. È chiaro che in senso letterale l'"uomo" in questione è Titino, di cui Fausto e Ubaldo si mettono alla ricerca. Ripensando all'osservazione di Sartre e al gioco dell'inversione dei ruoli che abbiamo appena notato, la frase tuttavia può anche esser letta come un andare alla ricerca di un "altro" che finora non era mai stato considerato "uomo". Non a caso il film denuncia chiaramente qualsiasi atto razzista nei confronti della popolazione "indigena". Si pensi ad una delle prime scene, quando Fausto licenzia "in tronco" la guida portoghese che si era rifiutata di considerare "fratelli" gli africani. Oppure, più avanti, quando di fronte ad un atto di schiavismo perpetrato da una coppia di portoghesi che li sta trasportando in auto, Fausto e Ubaldo preferiscono proseguire a piedi (il che scaturisce in una colluttazione). Va da sé che nel film italiani e portoghesi, in quanto colonizzatori, costituiscono nazionalità interscambiabili come si evince da questa battuta di Fausto alla detta coppia portoghese: "Lei sa señor come chiamano in Italia gli scrocconi? Portoghesi!". "Noi così chiamiamo gli italiani", risponde il portoghese, al che Fausto: "Todo il mundo è paès". Ma vi è ancora un ulteriore significato attribuibile alla detta *quête* di Fausto, ed è egli stesso a svelarcelo in un'altra battuta del film: "È vero che stiamo cercando mio cognato, ma è anche vero che stiamo cercando noi stessi". Solo che questa ricerca di se stessi si riduce comicamente in Fausto, esponente dell'alta borghesia benestante, ad una vuota retorica pseudo-marxista, posticcia ed elitaria, costantemente posta in ridicolo dalle battute contrappuntistiche del ragioniere Ubaldo. Si osservi ad esempio il seguente dialogo:

> Fausto (*mentre armeggia con un macete in mano*): «Ormai ho le idee chiare io. Il benessere può distruggere l'individuo quanto e più del bisogno. Bisognerebbe ribellarsi! Zaino a tracolla, pane, frittata e via per i grandi sentieri alla ventura come viene viene, come ha fatto Titino! La dobbiamo smettere, caro ragioniere, con questa corsa al possesso! E che è! Siamo diventati matti! Ville, piscine, camerieri finti inglesi! Buttiamo via Maserati, Rolls Royce, basta con questi feticci! Bisogna scagliarvisi contro, via, via, viaaaa!»
> Ubaldo (*impassibile*): «Io tutto questo benessere non ce l'ho. Non si potrebbe aspettare un po' a scagliarcisi contro?»
> Fausto: «Io neanche le rispondo ragioniere. Tanto ho sempre sospettato che lei fosse un immaturo!»

Nell'immaginario di Fausto l'Africa è il luogo dell'evasione dalla quotidianità della vita borghese, un astratto desiderio di fuga e avventura condito di improbabili aneliti pseudo-rivoluzionari. L'Africa è quindi *una proiezione* dell'immaginario borghese che non scalfisce minimamente le certezze di Fausto, come sottolinea il suo ossessivo ritornello di avere le "idee chiare". Tant'è vero che alla prima vera difficoltà, ossia quando i due si trovano abbandonati e costretti a girovagare nel deserto senza meta, l'Africa in quanto egotistica proiezione del desiderio di evasione borghese svanisce e si rivela agli occhi di uno stremato Fausto come uno "schifosissimo paese".

La *quête* di Fausto sembra insomma avviarsi verso una mera disillusione, quand'ecco finalmente l'incontro con Titino che i due trovano in veste di santone impegnato in riti propiziatori per la pioggia in un minuscolo villaggio nel deserto. A differenza di Fausto Titino rappresenta un'identità fluida e sfuggente. Nel ricordo delle varie persone che Fausto e Ubaldo incontrano nel loro viaggio, Titino assume infatti molteplici identità: cercatore d'oro, capo di una ditta di trasporti, missionario, ingegnere, trafficante di armi, santone. Tutto ciò ha indotto Luijnenburg a vedere in Titino "a stereotyplical image of the business man, the capitalist who has no problem with using others in order to make profit" (Luijnenburg 2014, 49). Titino, in altre parole, incarnerebbe secondo la studiosa una caricatura stereotipizzata del colonizzatore. Tale lettura tuttavia non solo non è plausibile, ma è palesemente contraddetta dal film. Si riveda in particolare la scena che segue l'arrivo nel villaggio del mercenario chiamato "il leopardo", il quale scambia dei sassolini che Titino portava con sé in un sacchetto per dei diamanti. Benché Titino gli spieghi che non si tratta affatto di diamanti bensì, appunto, di sassolini che egli, in quanto santone, usa per i suoi esorcismi pluviali, "il leopardo", lui sì secondo una logica coloniale, non gli crede e si prende il sacchetto in cambio della vita di Titino. Non appena "il leopardo" se ne va Fausto esplode in un accorato monologo credendo, anche lui in una logica coloniale (che però rifiuta sul piano etico), di aver capito i motivi per cui Titino vive nel villaggio africano interpretando il comportamento di Titino come una messa in scena, una buffonata volta a celare i veri motivi del suo soggiorno:

> Fausto (*rivolgendosi a Titino*): «Buffone! Qui c'è un giacimento diamantifero, ecco perché stai qui! La pioggia?! Ma quale pioggia! Finalmente si è capito chi sei! *Uamandé*, "non esiste in italiano",[10] sì che esiste! La parola c'è: ladro! Sei un ladro! Sei

---

[10] Fausto si riferisce qui ad un precedente dialogo in cui Titino tenta spiegargli il senso della parola *Uamandé*: «Fausto: "E sulla collina? Perché si sono messi tutti a urlare? Che gli hai detto?" Titino: "Che stasera pioverà". […] Fausto: "Ma glielo hai promesso altre volte?" Titino: "No, mai". Fausto: "E chi te l'ha fatto fa' proprio oggi, perché?" Titino:

un imbroglione, uno sfruttatore! Adesso ho le idee chiare. Sei qui per sfruttare questa povera gente, approfitti della loro ingenuità! Guarda che brave persone, con queste loro facce oneste, questi visi aperti, leali, fiduciosi. (*Guardandosi intorno e inseguendo gli abitanti del villaggio dentro le loro capanne*): Chi è il capo qui? Signore, lo stregone sta qui solo per i diamanti, fatevi furbi! Signorina, quello vi spoglia, parola mia! Lo dico per il vostro bene, vi rapina! Avete dato la fiducia a chi non la merita! Quello è un birbaccione, ma non tutti gli italiani sono così!»

Fausto continua ad avere le "idee chiare" perché tutto sembra ora tornare entro quella logica "europea" o dei "bianchi" che Titino stigmatizza in un precedente dialogo. Anche il riferimento alla parola *Uamandé* è significativo: infatti Titino aveva precedentemente tentato di spiegare a Fausto e Ubaldo il senso della parola, arrivando tuttavia alla conclusione che essa era intraducibile. L'intraducibilità della parola allude al fatto che Titino ha assimilato e interiorizzato un concetto, un orizzonte culturale, un modo di pensare totalmente estraneo alla logica occidentale, il che agli occhi di Fausto è assolutamente straniante. Il momento in cui Fausto traduce la parola *Uamandé* con "ladro" equivale dunque al tentativo di far rientrare o di circoscrivere il discorso identitario entro logiche familiari e rassicuranti. Quand'ecco che Titino deciso a partire con Fausto per Roma stravolge nuovamente le certezze di quest'ultimo:

Titino: «Vengo a Roma con voi».
Fausto: «Vieni a Roma?»
Ubaldo: «E la miniera di diamanti?»
Titino: «I diamanti? Quali diamanti? Eccoli i diamanti! (*svuotando in terra un sacco pieno degli stessi sassetti di cui si era appropriato "il leopardo"*). Sassi! Non valgono niente. Quarzo ferroso, ce n'è a montagne qui intorno».
Fausto (*incredulo e disorientato*): «Sassi? E così hai fregato "il leopardo" un'altra volta?».
Titino (*voltandosi di scatto verso Fausto*): «Ah io l'ho fregato?! He, siete curiosi voi bianchi. Ma come, gliel'ho detto cento volte che non valgono niente, che sono sassi!».
Fausto (*sempre incredulo*): «Non valgono niente? Ma qui allora che ci stai a fare?»

"Uamandé". Fausto: "Che è?" Titino: "Uamandé?" Fausto: "Eh". Titino: "Come si dice in italiano, è una cosa che si sente..." Fausto: "Presentimento?" Titino (*cercando la parola*): "No, che presentimento, no..." Fausto: "No?" Titino: "No, è di più, molto di più..." Fausto (*cercando anche lui l'espressione*): "Sì, sì, eh..." Titino (*sempre cercando le giuste parole*): "...eh, ti appare..." Ubaldo: "Telepatia?" Titino: "Ma che telepatia!?" Fausto (*rivolto ad Ubaldo*): "Ma che telepatia, stia zitto se non lo sa, no!?" Titino: "E come quando si avverte la presenza di una cosa che non si sa se viene..." (*rivolgendo gli occhi al cielo*) "...ecco in italiano sarebbe esattamente..." (*volgendo lo sguardo su Fausto, rassegnato*) "non esiste in italiano"».

L'ultima domanda di Fausto è rivelatrice: se il motivo per cui Titino ha deciso di vivere in un villaggio nel deserto non risiede in una logica (per quanto condannabile) coloniale del profitto, allora nel ristretto orizzonte borghese di Fausto non c'è spiegazione razionale per la scelta di Titino. Titino, in altre parole, introduce nel film una prospettiva straniante in grado di decostruire le logiche (coloniali) del razionalismo occidentale.

In questo senso la scena finale sancisce lo scacco definitivo di tali logiche. Il tuffo di Titino equivale infatti ad una sorta di drammatica messa in scena e quindi di esplicita enfatizzazione di una scelta che non solo trascende ma che addirittura squarcia l'orizzonte razionale di Fausto. Il tuffo di Titino produce una sorta di pirandelliano "strappo nel cielo di carta" della razionalità borghese di Fausto, "strappo" che non solo cancella definitivamente le linee di separazione tra commedia e tragedia, ma che in quanto epifania dell'incommensurabile, in quanto perdita del senso della misura insinua il dubbio, il disorientamento, la perdita delle certezze: *"Non ho* le idee chiare" sono non a caso le ultime parole di Fausto e, nello stesso tempo, le ultime parole del film.

5.   Osservazioni conclusive

Alla luce di queste osservazioni il film di Scola può senz'altro essere definito un film 'postcoloniale', che mira cioè a decostruire il punto di vista e l'orizzonte razionale che regge la logica colonialista delle nazioni europee e dell'Italia in particolare. Pur essendo una commedia, *Riusciranno i nostri eroi a ritrovare l'amico misteriosamente scomparso in Africa?* è un film 'impegnato' e uno dei pochi che affronta a viso aperto, seppur in chiave grottesca, una questione lungamente rimossa dalla storiografia italiana, ovvero il passato coloniale dell'Italia con tutto il conflittuale bagaglio di crimini, stereotipi e pregiudizi che questo passato comporta. Sullo sfondo di questo intertesto il discorso identitario e la questione della convivenza sociale in "Salsicce" vengono messi implicitamente in relazione non solo con il passato storico (e storiografico) ma anche con la tradizione estetico-formale della nazione italiana essendo "Salsicce", come detto, una sorta di riscrittura di uno dei prodotti più specifici di tale cultura, ossia appunto la *Commedia all'italiana*. Il racconto acquista in questo modo una profondità di significati, implicazioni e riferimenti pari all'attualità e all'urgenza delle tematiche trattate.

Ma torniamo, per concludere, alla scena finale del film per tentare di capire il tipo di rilettura che ne fornisce il racconto. Più che sul discorso della decostruzione dell'orizzonte della razionalità borghese (e quindi delle logiche colonialiste che ne derivano), l'accento cade qui sul discorso identitario impostato nei termini dell'avere o meno una scelta. Il non avere una scelta significa essere costretti in una gabbia costrittiva, che non lascia scampo, che soffoca qualsiasi anelito di evasione. Questo sarebbe il caso di Fausto: «Lui, Sordi, non ha scelta, non è libero come il cognato, lui è condannato ad essere sempre un borghese che deve ritornare nel recinto di una vita alienante. Non ha scelta» (Scego 2005, 35). Titino al contrario incarna chi, come la protagonista, sente di avere ancora una scelta, di non essere costretta in rigide gabbie identitarie definite una volta per tutte. La «libertà», di cui parla la protagonista, consiste allora propriamente nell'emancipazione da modelli di identità 'forti', 'solidi', 'chiusi' per abbracciare quella che abbiamo definito un'identità 'debole', fluida, aperta, di cui Titino costituisce agli occhi del personaggio una sorta di emblema.

Se questa rilettura mette così in risalto un aspetto del film che risulta molto più attuale oggi rispetto all'epoca in cui il film fu girato, nulla della propria attualità hanno tuttavia perso le altre questioni in esso affrontate, a cominciare dal razzismo, dalle logiche colonialiste e dal rapporto con l'«altro» che vengono discusse nel racconto attraverso la riscrittura di quello spazio culturale condiviso costituito dalla 'Commedia all'italiana'.

Riferimenti bibliografici

HANNA, Monica. 2004. "«Non siamo gli unici polemici»: intersecting difference and the multiplicity of identity in Igiaba Scego's *Salsicce*", in: *Quaderni* del '900, a. IV, 67-76.

JAMESON, Fredric. 1984. "Periodizing the 60s", in: *Social Text* 9/10 (Spring - Summer), 178-209.

LEJEUNE, Philippe. 1975. *Le pacte autobiographique*. Paris: Éditions du Seuil.

LOTMAN, Juri. 1990/1972. *La struttura del testo poetico*, a cura di Eridano Bazzarelli. Milano: Mursia.

LUIJNENBURG, Linde. 2014. "The grotesque as a tool. Deconstructing the imperial narrative in two *commedie all'italiana* by Ettore Scola", in: *Incontri. Rivista europea di studi italiani*, 29, 2, 43-54.

MENGOZZI, Chiara. 2013. *Narrazioni contese. Vent'anni di scritture italiane della migrazione.* Roma: Carocci.

SARTRE, Jean-Paul. 1961. "Préface", in: Fanon, Frantz. ed. *Les damnés de la terre.* Paris: Maspero, 5-25.

SCEGO, Igiaba. 2005. "Salsicce", in: Capitani, Flavia & Coen, Emanuele. edd. *Pecore nere.* Roma-Bari: Laterza, 23-36.

SEGRE, Cesare. 1999/1985. *Avviamento all'analisi del testo letterario.* Torino: Einaudi.

SIGGERS MANSON, Christine. 2004. "Sausages and Cannons. The Search for an Identity in Igiaba Scego's *Salsicce*", in: *Quaderni* del '900, IV, 77-86.

STANLEY, Henry M. 1891. *In darkest Africa or the quest, rescue and retreat of Emin governor of Equatoria.* New York: Charles Scribner's Sons.

Film

RIUSCIRANNO I NOSTRI EROI A RITROVARE L'AMICO MISTERIOSAMENTE SCOMPARSO IN AFRICA? Italia, 1968, regia di Ettore Scola, sceneggiatura di Age, Scarpelli e Scola.

Adressen der Beitragenden

Banzhaf, Dr. Michaela (Tübingen)	michaelabanzhaf@gmx.de
Bartoli Kucher, Dott. Dr. Simona (Graz)	simona.bartolikucher@uni-graz.at
Bosco, Dr. Alessandro (Innsbruck)	Alessandro.Bosco@uibk.ac.at
Franke, Dr. Manuela (Potsdam)	manufranke@uni-potsdam.de
Kramer, Prof. Dr. Johannes (Trier)	kramerj@uni-trier.de
Kroes, Dr. Gabriele (Münster)	gabriele.kroes@t-online.de
Lubello, Prof. Dr. Sergio (Salerno)	slubello@unisa.it
Maier, Christina (Stuttgart)	christina.maier@seminar-stuttgart.de
Moriggi, Rachele (Salzburg)	Rachele.Moriggi@sbg.ac.at
Lobin, Prof. Dr. Antje (Mainz)	alobin@uni-mainz.de
Rueß, Monika (Stuttgart)	monika.ruess@gmx.de
Rückl, Mag. Dr. Michaela (Salzburg)	michaela.rueckl@sbg.ac.at
Schöpp, Frank (Würzburg)	frank.schoepp@uni-wuerzburg.de
Thiele, Prof. Dr. Sylvia (Mainz)	thieles@uni-mainz.de
Videsott, Dr. Ruth (Brixen)	Ruth.Videsott@unibz.it
Willems, Jun.Prof. Dr. Aline (Köln)	a.willems@uni-koeln.de
Witzmann, Stefan (Oldenburg)	switzmann@arcor.de
Zama, Monica (Stadtallendorf)	monicazama27@gmail.com